비판적 생명철학

비판적 생명철학

초판 1쇄 인쇄 2016년 7월 13일
초판 1쇄 발행 2016년 7월 20일

지은이 최종덕
펴낸이 박미옥
디자인 이원재

펴낸곳 도서출판 당대
등록 1995년 4월 21일 제10-1149호
주소 04047 서울시 마포구 독막로3길 28-13 (서교동) 204호
전화 02-323-1315~6   **팩스** 02-323-1317
전자우편 dangbi@chol.com

ISBN 978-89-8163-167-3 93110

최종덕 지음

비판적
생명
철학

- 소외에 길들여져 가는 삶에
- 저항하고 거부하는 법

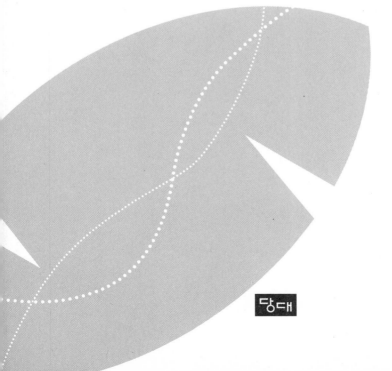

당대

머리말
생명철학의 이유: 생명은 녹색사회의 원동력이다

생명의 평등성　생명철학은 모든 생명의 시원이 같으며 오늘의 모든 개체생명도 평등한 지위를 지닌다는 것을 깨닫는 데 있다. 생명은 시간적으로 동등하다. 고대 구석기인이나 현대 문명인 모두 같은 감성과 감정의 생명성을 지니고 있다. 남부유럽에서 3만 년 전에 새의 뼈로 만든 4구피리가 발굴되었다. 그 피리를 불었던 선조의 감성은 현대인의 음악감성과 크게 다르지 않다. 1994년 발굴된 쇼베(Chauvet) 동굴의 3만 6천 년 전 고대인 벽화는 오늘의 예술과 종교의 감성 그대로이다. 마찬가지로 생명은 공간적으로도 동등하다. 시베리아 사람이나 페루 산악지대 사람이나 비슷한 감정을 보이고 비슷한 반응행동을 하며, 모슬렘의 어떤 사춘기 소녀나 아프리카 잠비아의 한 소녀나 독일의 소녀는 모두 비슷한 부끄러움이나 같은 수치심을 느끼고 애틋한 사랑의 감정을 품으며 벌레를 보면 움찔거리고 뱀을 보면 소스라치며 놀란다.

　　감정이 생명성의 모든 것을 말해 주는 것은 아니지만 겉으로 드러나는 행동과 반응이 생명의 중요한 특징임을 이 책은 강조한다. 그래서 생명은 역사적으로나 지리적으로 동등하다는 전제에서 이 책은 전개된다. 생명이 동등하다는 말은 생명이 신체로 드러날 때 서로 평등하다는 뜻이며, 생명이 사회로 연장될 때 전체로 균형적이라는 것이다.

　　호모 사피에스, 즉 사람끼리만 동등한 것도 아니다. 생명체와 다른 생명체 사이, 모든 생명종 간에도 각각의 생명은 동등하다. 현존

하는 모든 생명종은, 박테리아에서부터 포유류까지 모든 식물과 동물의
각 생명종의 존속은 그 자체로 특이적인 진화의 소산물이다. 모든 생명
종 서로는 서로에게 서열이 없으며 우열이 없다. 다만 서로 다를 뿐이다.
이러한 생명진화의 동등성을 생명과학에서는 특이성(specific)이라고
말하지만 철학에서는 평등성이라고 말할 뿐이다.

　　　　　생명의 다양성　　설악산의 산양의 존재는 동물원의 한낱 표
　　　　본이 아니라 설악산 생태계의 생물학적 다양성을 대신하는
　　　　절대적인 지표인 것이다. 캄브리아기 이후 5억 년 동안 존재
했던 생물종 중에서 99%는 절멸되었고, 현재 존재하는 생물종은 1%밖
에 안 된다. 그 절멸의 이유는 간단히 말해서 생물종 다양성 구조가 붕
괴되었기 때문이다. 특정 생물종이 아무리 번성해도 오로지 그것만 번
성하면 결국 다른 모든 것도 절멸한다. 생명철학의 의미는 다양성을 확
보하는 데 있다. 사는 환경이 서로 달라 사막이나 밀림, 아니면 온대지역
이나 고산지대에 따라 문화가 다양해졌다. 진화인류학으로 볼 때 그런
문화적 다양성은 인류의 특수화의 대표적인 양상이다. 수많은 방식으로
특수화된 몸과 마음들은 서로에게 우위를 차지하지 않으며 서로를 동
등하게 인정한다.

　　　　　생명의 가장 중요한 의미는 다양성이다. 생명의 다양성이
무너지고 획일화된다면 생명 자체가 자멸한다. 예를 들어 우리 동해안
에도 서식하는 개복치는 알을 3억 개 수준으로 낳는다. 그중에서 성체
로 살아남는 개체는 아주 드물 것이다. 그 많은 3억 개의 알 어느 하나라
도 유전자의 염기서열이 같은 것은 없다. 이러한 생명의 다양성이 있기

때문에 생명종이 풍부해지는 것이다.

　　　　이 책은 생명의 다양성이 문화의 다양성과 등질적임을 말하려 한다. 그래서 과학적 생명과 사회적 생명이 다 같이 중요하다고 말하려 한다. 예를 들어 문화적 다양성이 인류사에서 얼마나 중요한 의미였는지 사회적 역사를 분석한다. 동서고금을 통틀어 지나온 5천 년 인류사에서 획일적 시스템을 강요한 종교나 독재권력은 결국 다 무너지고 말았다. 인간의 다양한 지식을 단절한 동서양의 분서갱유 권력은 결국 망하고 말았다.

　　　　다양성이 단절된 획일성을 거부하는 것은 생명의 원동력이다. 마찬가지로 문화적 획일성에 대해 저항하는 것은 생명철학의 기초이다. 국정교과서로의 획일화, 핵발전으로 획일화, 음식과 패션의 획일화, 교육과 입시의 획일화, 민족의 획일화, 아파트로의 획일화 등은 결국 우리 삶을 갉아먹으면서 끝내는 모두를 붕괴시키게 될 것이다. 획일성은 개인을 철저하게 소외하며 결국 개인의 생존 자체를 파괴한다. 그래서 생물종 다양성을 포함한 문화적 다양성이 보전되고 확장되어야 한다. 문화적 다양성은 단순한 소망이 아니라 생존의 절규이다. 여기서 생명철학이 요청된다. 생명철학이 바로 생명과 문화 사이를 관통하는 다양성의 현존을 일깨우기 때문이다.

　　　　생명의 순환성　사회구성원으로서 개개인 모두가 단 한 명의 예외 없이 평등하며 누구나 사회와 소통할 수 있는 것이 생명의 사회이며 생명의 신체이다. 한 사람의 신체가 60조 개의 세포로 구성되어 있지만 60조 개 그 하나하나의 부분은 전체와 항상적 소통을 유지하고 있다. 세포 각각은 다른 모든 세포와 네트워크를 이루고 있듯이 말이다. 어떤 뇌세포 하나가 다른 세포들을 지배하는 것이 아니듯이, 생명의 사회는 지배와 피지배의 고착된 관계로 움직이는 것이 아니다. 정지되지 않은 운동, 고착되지 않은 미래, 조작되지 않은 자유가 바로 생명이며 이런 생명의 모습을 순환성이라고 말한다. 생명의 순환은 저절로 이루어져야 하며 스스로 이뤄져야 하며 더불어 이루어진다.

생명의 면역성 생명은 자신의 생명을 유지하는 것이 주요한 의미이다. 외부환경에 대하여 자신의 생명 유지능력이 바로 면역작용이다. 면역작용의 특징은 자기(self)의 자기다움을 확보하는 데 있다. 자기의 자기다움이 있어야 자기의 정체성을 확보할 수 있기 때문이다. 생명의 자기다움이란 생명을 파손하려는 외부 사태에 대하여 저항하고 파손된 것이 있다면 이를 복원하려는 작용에 있다. 저항과 자기복구는 생명의 원형이다. 면역적 생명성은 생명철학에서 아주 중요한 의미를 지닌다. 면역적 생명성은 우리 사회의 건강을 회복하는 데 아주 중요한 변수이다. 순치된 사회에서 불법의 관행에 침묵으로 동참한다면, 나의 신체 역시 타자에 의해 프로그램화된 게임 캐릭터에 지나지 않을 것이다. 나 자신이 나의 진짜 주인이라고 생각하고 행동하는 것이 바로 생명철학의 선언서이다.

생명의 사회 확장성 : 사회로 확장된 생명   이 책에서 생명을 말할 때 생명은 개체 생명체만을 의미하는 것이 아니라 사회에 투영되고 사회의 영향을 받은 생명을 의미한다. 이 책을 읽는 독자들 대부분은 장회익의 '온생명' 개념을 알 것으로 생각한다. 장회익의 '온생명'은 개체생명이 네트워크 방식으로 연결된 하나의 우주적 생명을 함의한다. 그러나 이 책에서 말하는 '사회로 확장된 생명'(socially extended life)은 개체생명이 사회적 환경과 상관적이며, 따라서 사회적 건강성이 붕괴되면 개체의 생명성이 보장되지 않는 그런 생명을 의미한다. '사회로 확장된 생명'을 다루는 기존의 연구영역 하나가 바로 잘 알려진 사회생태학이다.

생명철학의 의미는 생명 자체의 개념을 해명하는 데 있지 않고, 생명을 지닌 신체와 사회가 건강한지 묻는 데 있다. 생명의 신체, 생명의 사회를 이루려면 권력과 돈의 힘에 눌리고 길들여진 우리의 자화상을 내부로부터 깨부수려는 철학적 선언서가 필요하다. 나아가 조작된 사회구조에 개인의 신체를 짜 맞추도록 하는 가짜권력을 의심하고 되묻는 것, 그것이 바로 생명철학이다. 예를 들어 4대강 파괴, 설악산 케이블카 및 강정의 해군기지 설치, 유전자 변형 작물(GMO) 최고 수입국 등, 자연파괴와 폭력적 기만과 빈부격차에 의한 소외에 길들여져 가는 '순치된 신체' 그리고 '순치된 사회'에 저항하고 거부하는 것이 생명철학의 핵심이다.

생명철학의 의미는 실천과 행동에 있다. 노동자 김진숙이 크레인에 올라가 기업권력의 허구에 항거했을 때, 우리는 김진숙으로부

생명철학의 이유			
생명의 다양성	생명의 순환성	생명의 연속성	생명의 평등성

사회로 확장된 생명
생물학, 사회과학, 철학의 접근법을 서로 결합한 방법론

생명의 생동성 : 실천철학의 과제

터 생명철학의 현장성을 목격했다. 자연을 사랑하는 사람 박그림이 3년여 걸친 거리시위를 통해 설악산의 케이블카 반대를 외친 목소리가 생명철학의 진짜 생동성이다. 강정마을로 아예 이사하신 문정현 신부의 목숨 건 평화운동이 생명철학의 진정성이다. 생명철학은 고귀한 신성이 아니며 박제된 형이상학이 아니며, 프로그램화된 기계성도 아님을 깨닫는 데서 시작한다. 생명철학이란 의존적 허망으로부터 탈출하여 구체적 생명자원을 되찾는 삶의 실천적 매뉴얼이다.

서술과 관련하여 한 가지 첨언하자면, 이 책에서 말하는 생명 개념의 정의는 7장에서 다룰 것이다. 생명 개념을 먼저 정의하고 그것을 풀어가는 연역방향이 아니라 확장된 생명의 사례를 전개하고 나중에 생명 개념을 정의하는 귀납방향을 취하고 있다.

마지막으로, 이 책을 서둘러 출간해 준 당대출판사에 감사한다. 미완성이나 다름없는 원고 나부랭이를 하나의 책으로 만들어주었

으니 그보다 더 고마울 데가 없다. 생명철학의 다리를 놓았던 독일 철학
자 아도르노(Theodor L. Adorno, 1903~69) 역시 "생명은 살아 있지
않다"(Lebens lebt nicht)라는 말을 인용하면서, 문명사회에서 생명을
존속시키는 일이 정말 어려운 것임을 실토했다. 이 책에서도 마찬가지로
현대 문명사회에서 위선적 생명이 아닌 진짜 나의 생명을 끌어내어 어떻
게 더 오래 지속시킬 수 있는지를 고민하였다. 그런 고민은 개인의 생명
만이 아니라 사회적 생명의 가치 또한 손상당하지 않도록 노력하는 일
이라고 생각한다. 아도르노의 이 같은 철학과 나의 원래 전공인 생물철
학을 현장에서 연결하도록 자극해 준 사람들이 있었다. 환경시민단체인
'녹색연합'과 그 부설기관 '녹색사회연구소'이다. 녹색연합과 녹색사회연
구소에 의해 이 책은 시작되고 마무리되었다. 고마울 따름이다.

2016년 7월
녹색사회연구소장 최종덕

차례

1.
은폐와 광신의 반생명에서
생명을 되찾기

욕망의 심리학

1971년 스탠퍼드 대학에서 심리학자 짐바르도(Philip Zim-bardo)가 실시한 가상감옥 실험은 인간의 처절한 본성을 보여준 사례로 매우 유명하다. 대학건물 지하실에 가상의 감옥을 설치하여 실험에 참가할 대학생을 신청 받아 자원신청자 가운데 몸과 마음이 모두 건강한 젊은 청년 24명을 선발하였고, 간수와 죄수의 역할을 실제로 행하도록 안내한 후 그들의 행동을 관찰한 실험이다. 관찰결과는 놀라웠다. 간수 경험이 전혀 없는 청년들이 실험을 시작한 다음날부터 전형적인 간수의 역할을 하면서 악랄한 행동을 서슴지 않았는가 하면, 죄수 역할을 하는 사람들 또한 극심한 공포심리를 표출하였다.

이 실험은 원래 2주일로 예정되어 있었으나, 참가자 전원이 극도의 사디스트 성격장애를 겪는데다 급기야 위험한 수준의 비도덕적 상황에 직면하면서 불과 6일 만에 실험은 서둘러 종료되었다. 간수 역할을 맡은 사람은 그것이 임상실험에 지나지 않는다는 것을 알면서도 스스로 간수 역할에 빠져들어, 죄수들을 무릎 꿇게 한다거나 변기를 손으로 청소하게 하는 등 적개심을 불러일으키는 악역을 거침없이 자행하였다. 이후 이 실험은 "조용한 광기: 스탠퍼드 감옥실험"이라는 제목의 비디오로 일부 과정이 공개되었는데, 비디오를 본 시청자들 대부분이 인간의 숨겨진 폭력성에 대해 놀라움을 금치 못하였다.

2002년에는 〈BBC〉에서 이와 유사한 실험을 하여 다큐멘터리로 제작했는데, 참가자들이 심리적 폭행에 해당하는 심한 스트레스를 받으면서 이 실험 역시 예정된 기간을 채우지 못하고 일찍 마감되었다. 2004년 또 하나의 동영상이 세상사람들을 놀라게 하였다. 다만 이번에는 가상이 아닌 실제의 상황이었다. 실제 상황들이 담긴 동영상이 유튜브에 실렸고, 그 동영상은 사람들을 충격에 빠뜨렸다. 동영상에는 이라크의 아부 그라이브 포로수용소에서 미군 간수들이 이라크 포로들에게 자행한 반인간적 행태가 고스란히 담겨 있다. 지극히 평범해 보이는 미군들이 이라크 포로들을 마치 동물을 대하듯이 하고 나체쇼를 강요하고 심지어 분뇨를 먹게 한다거나 시체처럼 다루는 등, 포로들을 강한 수치심과 극도의 분노로 유도하는 행태를 의도적으로 취하고 있었기 때문이다.

　　　　인간의 이런 행동이 유발하게 된 배경에는 개인의 트라우마와 심리적 공황의 여파도 있지만, 집단행동 속에 자신의 수치와 양심을 묻어버리는 무임승차의 기회를 능동적으로 활용한다는 점이 있다 (Hardin 2003).

　　　　우리가 살고 있는 오늘의 한국에서 이 같은 상황을 여실히 보고 있다. 이를테면 가정이나 학교에서 소통을 거부당하고 소외감을 갖게 된 아이들이 성인이 되어서 공격적이고 파괴적인 방식으로 인정욕구를 실현하려는 행태가 나타난다. 사회적으로 권력의 독점과 불평등이 만연하면서 사람들이 부정과 비리에 손쉽게 접근하거나 눈감아버리는 상황들은 갈수록 늘어만 간다. 불과 며칠간의 올림픽을 위하여 아름드리 나무 수만 그루를 한꺼번에 베어내 버리는 반(反)생태적 권력이 우리의 현실이다. 제주도의 해군기지나 설악산의 케이블카 설치가 불필요한 이유를 조목조목 따지는 사람들을 오히려 철창에 가두어버리는 반공공성의 사회가 우리의 현실이다. 정의와 합리성이 오히려 일제 식민

녹색사회의 근간		
역사의식 회복	공공의식 정착	생태의식 존중

지배를 합리화하는 세력에 의해 거꾸로 퇴출당하는 몰역사의 상황이 바로 오늘 한국사회의 현실이다.

이 모두 앞서 말한 누적된 무임승차의 기회주의와 기만적 집단주의의 결과이다. 무임승차와 기만사회를 방치하면 결국 녹색사회의 꿈도 사라진다. 녹색사회의 실현은 다른 것이 아니다. 손실되어 가는 역사의식을 되찾고, 공공성을 정착시키며, 산의 나무와 강의 물을 오로지 돈과 물질로만 보는 파괴정책을 뽑아내어 생태의식을 보전하는 길이 곧 녹색사회의 근간이다.

불행히도 한국에서 녹색사회로 가는 길은 장애가 많다. 역사를 망각하고 개인의 사적 욕망을 공공정책으로 밀어붙이는 행위는 결국 자연의 생태주의만이 아니라 우리 사회의 생태계마저 병들게 한다. 깊은 병증에 빠진 독점권력은 그러한 병증을 치료하고 극복하려는 노력을 포기하고 오히려 그런 병증을 자기합리화하고 있다. 이런 권력의 악순환이 바로 자기기만 현상이다. 자기합리화와 자기기만의 병리적 행동유형은 믿음의 오류에서 시작된다(Martin 2013).

예를 들어보겠다. 22조 원이라는 천문학적 비용을 들인 4대강 파괴사업은 경제적·환경적으로 그리고 지정학적으로 타당하지 못하다는 것이 밝혀졌다. 그럼에도 불구하고 "자전거 타는 길이 얼마나 멋 있어" 하며, 이른바 포토샵으로 풍광 좋은 자전거 길을 홍보하여 4대강 토건사업의 비리를 아직도 위장하고 있다. (착각유도의 오류)

당장 폐기해야 할 원전 건설사업을 강행하면서 "여태까지 잘해 왔는데 왜 이제 시비야?"라며 한반도 전체를 위협하는 재앙위기를 모른 척하고 있다. (관행선호의 오류)

증세 없이 복지가 가능하다고 말했다가도 상황이 바뀌면 "그때그때마다 다른 거야"라며 발뺌하는 것이 보수사회에서 관행화되고 있다. (상황조작의 오류)

기존의 정책결정과 행동의 이유를 질문하면 사실의 논거나 설명을 회피하고 단지 "난 그냥 알아" 하며 권위로 밀어붙이는 일들이 다반사다. (권력신앙의 오류)

죄 없는 상대방의 명예와 신체를 사실과 다르게 크게 손상시키고도 나중에 아닌 것으로 밝혀지면 "아니면 말구"라는 식으로 무책임한 행위를 한다. 인터넷과 SNS가 급속히 확장되면서 '아니면 말고'의 무책임성은 언어횡포의 도를 넘어서 치명적 사디스트의 망동으로 이어지고 있다. (관망의 오류)

"대기업 회장을 했으니 국민경제도 잘하지 않겠나"라는 편향적 믿음은 결국 기업만 살찌웠지 서민들에게는 더 많은 빚만 안겼다. (탈선유비의 오류)

"피디수첩 하는 놈들, 무조건 다 바꿔치워" 혹은 "언론사는 내가 입 다물게 할게" "비행기 당장 돌려서 하차시켜!" "밀어붙이면 다 되지 않겠어" 등 자신의 세력이 무소불위임을 보여주려는 권력욕에 빠져 있기도 하다. (망상세력의 오류)

올림픽 특수라는 것이 다 환상임이 분명한데도 불구하고 "동계올림픽 하는데 이 정도 나무쯤이야 베어버리면 어때" 하면서 국민의 세금인 예산을 낭비하고 후손과 나눠야 할 환경을 서슴없이 파괴하고 있다. (봉이 김선달의 오류)

다른 사람 혹은 다른 공동체의 생각이 자신의 것과 다르다는 그 이유 하나만으로 합리적이고 사실적인 다른 모든 것을 부정해 버리는 것이 바로 우리 사회 권력집단의 현실이다. (악마변호의 오류 devil's advocate)

보통의 정상적인 사람들이 스트레스가 심한 환경에 접하게 되면 그로부터 살아남기 위한 한 가지 행동유형으로 자신의 믿음과 행동을 자신만의 편견으로 합리화하고 정당화하는 편향성을 취한다. 편향된 믿음은 더욱더 오도된 행동유형을 낳는다. 오도된 행동을 하는 사람들은 자신의 행동을 은폐하고 자기합리화하려고 끊임없이 노력한다. 그런 노력 가운데 대표적인 것이 자신의 행동을 스스로 합리화하려는 믿음의 조작이다. 행동을 꿰어 맞추려는 믿음을 조작하면서 믿음과 행동은 끊임없이 악순환한다.

예를 들어 기득권 세력은 자신의 오류를 인정하지 않으며 권력을 방패삼아 자신들의 부정과 비리를 가능하게 하는 믿음의 심리구조를 보통사람들에게 전이시킨다. 자신이 한 거짓말이 들통나면 오히려 그 거짓말을 미화시킨다. 미화시키는 수준을 넘어서 자신의 거짓말을 폭로한 상대방을 오히려 죄인으로 몰아간다. 자신의 비리가 밝혀지면 그런 행동이 국가경제나 혹은 국가안전을 위해 불가피했던 일이라고 자기 행동을 끝까지 변명한다. 자신의 부정이 드러나면 그런 행동은 그네들 집단의 관행이었노라고 뻔뻔하게 핑계를 댄다. 그리고 그런 핑계와 변명이 누적되면서, 그들 행동을 합리화시키는 심리적 믿음이 고착된다. 오류로 치닫는 편향된 믿음이 고착되면서 그들은 점점 자신의 행동에 대한 반성력을 잃어가게 된다.

이런 상황까지 온 권력집단은 정의와 공평으로 사는 보통의 사람들까지 거꾸로 감옥소에 가두려 한다. 비리를 고발하면 명예훼손으로 거꾸로 고발당한다. 노동자들이 임금체불을 항의하면서 법적인 단체행동을 하면 기업주로부터 오히려 업무방해죄로 끔찍할 정도의 손해배상 청구소송과 무차별 가압류를 당하게 된다. 아이들을 배려하고 민주적으로 가르쳐보려는 교사들은 색깔테러를 당하고 만다. 부적절한 언사를 담은 파일이 새어나가면 그 해당 정치인이 응징당하기보다 오히려 그 파일을 언론사에 건네준 고발자가 불이익을 당한다. 아이들에게 공정한 먹을거리를 제공하려고 무상급식을 실시하려 하면 오히려 기존의 복지예산마저 삭감되어 버린다. 2014년 기준으로 한국은 GDP 대비 복지예산이 OECD 28개 국가 중 최하위이다. 그럼에도 불구하고 정치인들은 과잉복지의 대한민국이라며 스스로를 기만하며 타자에게 더 큰 기만의 피해를 준다. 한국사회의 기득권자들은 비리에 둔감해지고, 부정에 편승하려 하고, 부적절한 상황을 고발하기보다 눈감아버리고, 최고권력자의 권력욕망에 무임승차하는 자기기만에 빠져 있다.

한국사회의 여러 측면에서 편향된 믿음들이 현실을 무자비하게 왜곡시키고 있다. 독재권력이 일순간에 경제를 부흥시킬 것이라는 허망의 믿음들, 부자기업이 가난한 사람들도 부자로 만들어줄 것이라는 환상의 믿음들, 넓은 농지가 미개발의 아파트 건설부지라는 착시의 믿

음들, 국민 가계빚이 1100조 원(2016년 1분기 기준)이 넘는데도 불구하
고 빚을 늘려서라도 침체된 아파트 가격을 다시 올리기만 하면 국가경
제가 활성화될 것이라는 오욕의 믿음들, 탈세·투기·군대면피도 끝까지
우기면 안 될 것 없다는 무소불위의 믿음들, 하루가 멀다 하고 원전의
안전사고와 수주비리가 연이어 터지는데도 불구하고 안전하다는 거짓
말만 되풀이하는 원전 마피아들의 망상의 믿음들, 자전거 길로 위장시
킨 4대강 파괴의 허구의 믿음들, 이러한 믿음의 오류, 편향된 믿음이 우
리 사회에 누적되고 고착되고 있다.

　　　　녹색사회의 실현은 간단하다. 망상의 믿음을 고착시키려는
사회적 모순을 인지하고 거부하는 몸짓을 보여주는 데 있다. 먼저 망상
의 믿음에서 과감히 벗어나야만 역사가 보이고 공공성이 이해되며 생태
계의 순환이 보인다. 어려운 일이 아니다. 위장된 껍질을 벗고 잠에서 깨
어나면 되기 때문이다.

은폐와 광신

　　　　권력집단이 그들만의 믿음의 편향을 유지시키는 데는 두
가지 메커니즘이 있다. 하나는 은폐를 조작하는 일이고, 또
하나는 광신을 유도하는 일이다. 은폐란 권력집단이 사실
에 대한 지식을 조직적으로 차단하고 있음을 말한다. 그리고 끊임없이
대중에게 광신주의를 심으려 한다. 인간존엄에 대한 공감능력을 포기하
고, 자신들의 몰공감성을 위장하기 위하여 사실과 진실을 왜곡하여 전
파하고 그것이 대중 안에서 스스로 전파되기를 시도한다. 오도된 이념
이 스스로의 전파력을 가진 채 대중 안에서 확산되는 현상이 광신주의

의 특징이다. 은폐와 광신에 기꺼이 희생하려는 우리의 모습은 우리 사회를 억누르는 무임승차 욕망을 벌거벗은 채 드러낸 것과 같다.

믿음과 지식의 관계에 대해 플라톤 『메논』을 통해서 간접적으로 언급하려 한다(Fine 2004). 플라톤의 『메논』은 믿음의 허상에서 벗어나 진리의 인식을 찾도록 한다. 특히 편향된 믿음은 사실의 지식을 부정함을 사례로 들어 설명하고 있다. 믿음의 특징은 첫째 믿음을 믿는 자와 믿게끔 하는 자의 집단이 다르며, 둘째 믿음을 주는 자는 믿음을 받는 자에게 철저한 믿음을 강요하면서 믿음의 대상에 대한 지식을 알려주지 않는다는 데 있다. 믿음을 받는 자가 혹시 지식을 알려고 하면 믿음의 부족이라고 핀잔과 처벌을 받게 된다. 한편 믿음을 주는 자는 자신의 권력 외에 어떤 누구도 믿지 않으며, 오로지 자신들의 지식을 폐쇄적으로 소유하며 자신들만의 지식을 비밀의 성소로 조작하기도 한다. 예를 들어 어떤 기업은 분식회계를 통해 사실을 은폐하며 애국주의를 내세워 소비자의 주머니를 털고 있다. 상당수 친일세력인 고위공무원들은 친일 교과서 등으로 역사적 사실을 은폐하는 시도들을 조직한다. 국가경제를 들먹이며 소비장려와 기업 이미지 선전으로 믿음만을 강요한다. 핵발전소 비리를 밝히려 하지 않는 토건독재도 은폐의 달인들이다. 대형사고가 나도 관련자들은 그 다음날 몰래 관련자료를 파기시키고 모르는 일이라고 잡아떼면 그만이다.

인류사적으로 볼 때 집단의 무리에게 믿음을 강요하고 권력자 자신의 지식을 은폐하는 전략은 권력의 성곽을 유지하는 전통적인 방식의 하나이다. 대부분의 독재권력, 아니 인류사에 나타났던 모든 독재권력은 예외 없이 이런 은폐전략을 구사했다. 집단을 유지하기 위하여 집단의 권력그룹은 구성원들에게 집단의 결합을 추종토록 하는 일방적 믿음을 강요한다.

앞서 말했듯이 녹색사회는 비밀스런 믿음의 망상이 아니라 공개된 지식의 공유를 지향한다. 공공성의 조건은 정보공개이다. 정보공개를 하지 않는 집단은 이미 공공성의 집단이라고 볼 수 없다. 공개의무가 있는 법인도 그렇지만 당연히 정보를 공개해야 할 의무가 있는 정부나 지자체에서 이런저런 이유를 달아 자료를 공개하지 않는다면, 그것은 필히 부정비리와 연관된 것으로 보아도 무리가 없다. 좀 작은 예를 들어 보자. 집단의 최소단위인 가족 안에서조차도 불화가 있다면 많은 경우 아버지에게 어떤 비밀이 있다고 볼 수 있다. 가족 안에서 아버지의 비밀은 두 가지인데, 그 하나는 소소한 것을 가족들에게 떠넘기지 않고 혼자 해결하려는 가부장적 책임감에서 나온 비밀이며 또 하나는 바람피우는 아버지가 자신의 행동을 들키지 않으려는 은폐이다. 어쨌든 두 가지 모두 가족 내 소통부재의 결과이다.

국가기관에서는 국민들을 속이거나 진실을 은폐하는 경우는 전적으로 부정권력을 유지하려는 목적을 갖고 있다. 유럽사에서 봉건 귀족이 농노로부터 거둬들이는 세수의 관리는 최고의 은폐된 사항이었으며, 당시 교황권력의 재산목록은 더더욱 건드릴 수 없는 비밀이었다. 고대중국 진시황이나 북방을 호령했던 몽고의 칭기즈 칸 혹은 인도 타지마할로 유명한 무굴제국의 황제 샤자한 등은 자신들의 절대권력을 상징하는 건축물의 비밀을 유지하기 위해 많은 백성들을 죽였다. 현대에 들어와 나치집단은 최고의 비밀정보집단이었으며, 절대 교황권력을 모방했던 루마니아의 차우셰스쿠나 1980년대까지 무소불위의 권력을 자

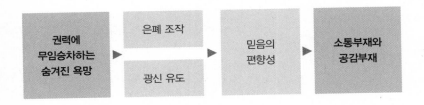

랭했던 라틴아메리카의 많은 독재자들, 우리와 아픈 역사를 나누고 있는 북한의 김정은 권력집단은 철저한 비밀유지와 광신적 추종자를 관리함으로써 집단의 권력을 유지하고 있다. 이러한 독재권력은 사적 이익을 공적 권력으로 위장하는 은폐주의와 그런 권력을 유지하기 위한 광신주의에 의해 존속된다.

우리의 문제는 이런 역사적 상황과 직결되어 있다. 40년의 일제 식민독재와 또 이어진 40년의 군부독재를 거치면서 은폐와 광신의 정치학이 생명성을 파괴하고 있다. 그 결과 공감부재와 소통부재의 혼돈이 우리 사회를 좀먹고 있다.

편향의 반생명

일상생활 속에서 흔히 볼 수 있는 '내가 싫어하는 것을 남에게 하지 않는' 그런 태도는 『논어』에도 나오지만(위령공편 衛靈公篇), 서양의 종교경전에서도 주요하게 등장하는 인간본성론의 한 주제이다. 『논어』에서는 이를 측은심이라고 말한다. 측은심은 공감의 한 가지 양태라 할 수 있는데, 공감의 두드러진 사례는 아마 아기엄마가 자기 아기에게 느끼는 공유감정일 것이다. 공감은 가족 내에서 가족들끼리 발현되는 데서 출발한다. 혈족이나 씨족 안에서 그리고 유사한 관심사를 가지고 있는 공동체 구성원끼리 나아가 민족과 지구인 사이에서 공감이 형성된다. 공감은 무생명체를 포함한 다른 자연종에도 가능하다. 즉 다른 동물이나 식물 자연생명계와의 공감으로 확장될 수 있다.

인간사회에서 공감성은 생명계의 생물학적 공감성을 벗어나 문화적으로 확장되어 있다. 자연의 생명계, 특히 포유동물계 이상에서는 혈족집단 안에서만 집단을 유지하기 위한 진화형질로서 생물학적 공감이 발현된다. 한편 문화를 지닌 인간은 생물학적 혈족을 초월하여 확장된 공동체에서 문화적 공감을 널리 가질 수 있는데, 이를 공감의 문화적 확장이라고 한다. 공감의 문화적 확장은 사회성 동물로서 문명화를 이룬 호모 사피엔스의 가장 중요한 특징으로 간주된다.

생물학적 공감은 자칫 서로 다른 개체를 연결하는 신비한 힘으로 인식되기 쉽다. 그러나 그것은 신비한 것이 아니라 개체들마다의 감각기능이 서로 동일하기 때문에 생기는 생물학적 능력이다. 공감성과 공감집단은 논리적으로나 혹은 자연학적으로 다음과 같이 밀접한 관계를 가진다. 첫째, 생물학적 공감능력은 혈족집단을 유지하는 강한 결속력을 제공한다. 둘째, 혈족집단 간 결속을 위해 진화된 소산물이 유기체 나아가 인간개체의 공감능력이다.

진화심리학에서 볼 때 측은심은 집단의 협동심을 유발하는 기본적인 감정들이다. 협동과 측은함의 공감을 더 많이 발현하는 집단이 그렇지 못한 집단보다 더 번성했기 때문에, 오늘날 측은심의 공감이 엄연히 존속한다는 것이다. 측은심과 협동심을 불러일으키는 생물학적 공감은 남의 아픔을 같이하고, 남을 돕는 행위로 이어지고, 남의 고민을 덜어주어 상호간 갈등을 해소하려 하고, 공동의 적으로부터 우리 자신을 보호하려는 사회적 협동심과 동조한다. 진화론적으로 볼 때 생물학적 공감성은 친밀집단의 결속력을 높여주기도 하며 나아가 자연모방의 원동력이 된다. 자연모방은 자연에 대한 공감능력의 산물이기 때문이다. 자연모방의 문화적 산물이 바로 예술이다. 3만 4천 년 전 구석기 사람들의 동굴벽화는 자연물에 대한 공감의 소산물이다.

생물학적 공감성은 혈족집단의 친밀성과 미학적 감성을 우리에게 가져다준다는 점에서 인간본성의 중요한 측면이지만, 다른 부작용을 낳기도 한다. 부작용의 차원이라기보다 인간성의 다른 모습이기도 하다. 생물학적 공감성은 친밀집단 안에서는 서로 포용하고 도와주고 정보를 전해 주는 결속력을 자랑하지만, 반면에 집단 바깥의 타자에게는 강한 경계심과 배타심 그리고 적개심까지 보인다. 이렇게 인간사회에서 생물학적 공감성은 편향적 유대감으로 비뚤어지게 발현되는 경우가 많다. 즉 갈등과 불화, 질시와 권력욕, 편협과 차별, 나아가 침탈과 전쟁을 낳는 부작용을 보이기도 한다.

공감의 부정적 작용을 '편향적 유대감'이라고 부르는데, 첨단의 통신과 교통으로 묶여 있는 현대 지구촌사회에서 편향적 유대감은 국수주의와 인종주의, 패권주의와 광신주의의 원천이 된다(Orwell 1944). 오늘의 한국사회를 짓누르고 있는 이른바 지연, 학연, 혈연이 편향적 유대감의 대표적인 경우이다. 도덕적 비리, 정치적 부패, 경제적 부정 등의 비도덕적 행위나 무임승차를 자기합리화하려는 사람들끼리의 집단주의를 정당화하는 심리적 도구가 되기도 한다.

편향적 유대감의 또 다른 사례를 들어보자. 국제투명성기구는 한국을 OECD 뇌물방지협약을 "거의 또는 전혀 이행하지 않는 나라"로 분류하고 있을 정도로, 한국은 OECD 국가 중에서 부패지수 최고 부류에 속한다. 2014년 기준으로 한국은 국내총생산 대비 사회복지 지출 비율이 10.4%로 OECD 28개국 중에서 최하위이다. 2014년 기준으로 세금을 거둬가는 세수율은 높으면서 세금을 이용한 소득불평등 개선효과는 OECD 국가 중에서 최하위에 속하여 이로 인한 빈곤율 감소 효과는 2.5%로 역시 OECD에서 최하위를 차지했다. 이런 통계들은 한국사회에서 계층 간 불평등이 심화되고 있음을 보여주고 있다. 편향적 유대감의 사회는 계층 내 소집단주의를 확대시키면서 배척과 분리의 사회적 병증에 빠지게 된다.

　　편향적 유대감의 중요한 특징은 두 단계의 상태로 설명할 수 있다. 첫번째 단계는 자기옹호의 상태이다. 즉 편향적 공감이 이루어지는 편향집단 안에서 그들끼리의 비리와 부정을 옹호하고 감싸준다는 점이다. 자기옹호는 집단 내부의 자기보호와 상호지지 및 공세적 방어를 포함한다. 두번째 단계는 타자공격의 상태이다. 자기옹호를 확고히 하기 위하여 그들은 자신들의 비리와 부정을 비판하거나 고발하는 상대방을 오히려 적대시하고 죄악시하며 사회적 도덕기준을 자가당착으로 역류시킨다는 점이다. 우리 한국사회는 이미 편향적 유대의 두번째 단계로 이전된 상황이다. 이런 상황으로 되기까지 편향성 강한 권력의 뒷받침이 있었다. 이런 상태가 갑자기 조장된 것은 아니며, 일제 식민지권력의 청산 없는 승계로부터 군부와 개발 독재에서 오늘에 이르기까지 자기보호와 공세적 방어가 누적되어 드러난 결과이다.

　　사회적 범법행위를 저지른 사람을 고위공무원으로 임명하

거나 전관예우라는 이름으로 권력남용이 횡행하고 과거의 학위조작이 나 논문조작 비리조차 옛날에는 그럴 수도 있었다는 식으로 덮어버리고 있다. 더 심각한 문제는 그 이후이다. 이런 정치집단에서는 부정과 비리를 저지르거나 숨겨둔 권력조력자들의 과거 전력이 모두 면책되고 있다. 그들 간의 상호면책은 그들 사이의 유대감, 즉 편향적 유대감을 더욱 강하게 만든다. 그들 사이에서 그 정도쯤의 부정과 비리는 불문율이 되고, 오히려 서로가 서로를 옹호하고 보호해 주기까지 한다. 이런 상태가 자기옹호의 첫번째 단계인데, 이 단계는 외부집단의 강한 비판에 부딪히게 된다.

그래서 편향적 유대감의 권력집단은 두번째 단계로 접어드는 것이 상례다. 두번째 단계는 앞서 보았듯이 타자공격의 상태를 말한다. 서로의 부정과 비리를 감싸주는 단계를 벗어나 상식의 공감능력을 갖고 있는 사람들을 죄악시하여, 비판하는 모든 상대방을 공격해서 자신의 행위를 합리화하려 한다. 그들 자신의 은폐된 부정과 비리를 고발하고 비판하는 상대를 거꾸로 흠집 내고 무차별 공격한다. 예를 들어 공무방해나 업무방해라는 법적 장치를 악용하거나 아니면 가장 비열한 이념공격을 조작하여 상대의 심신을 파괴하려는 의도를 노골적으로 행동으로 옮긴다. 이런 상태가 편향적 유대집단의 두번째 단계이다.

우리는 생물학적 공감의 부산물로서 나타나는 편향적 유대감의 부작용을 벗어날 수 있는가? 원론적으로 말해서, 그 답은 공감대 집단의 폐쇄성을 무너트리는 데 있다. 흔히들 말하듯이 혈연이나 지연, 학연과 같은 소집단 내 배타적 유대감 집단의 벽을 허물고 타(他)집단을 배려하고 존중하는 공감의 확장이 필요하다. 구체적으로 공감의 확장이 무엇이며 어떻게 실현할 수 있는지 철학적 검토가 필요하다. 이는 생명철학 인식론의 핵심이다.

우리는 대부분 권력집단의 공포정치를 무서워한다. 권력욕망은 그런 공포심을 잘 활용한다. 공포심에서 벗어나는 길은 공포심을 활용하려는 권력욕망을 잘 아는 것이 중요하다. 집단의 공포욕망을 아는 일이 공공적 앎의 핵심이다. 공공적 앎을 통해서 우리는 공포정치의 두려움에서 벗어날 수 있다. 타집단에 대한 편향성의 배타적 공세는 말 그대로 그들의 이기주의적 이익편향을 숨기려는 의도에서 만들어진 것이다. 모든 독재권력이 공포정치를 하는 이유가 거기에 있다. 독재권력을 유지하는 그들의 방법은 오로지 공포심을 조장하는 것밖에 없기 때문이다. 권력집단은 구성원들에게 사실의 인식을 은폐하고 오도된 믿음을 조작하고 강압적으로 전파한다.

오도된 권력집단의 편향적 유대감이 지금까지 존속되어 온 이유는, 편향집단의 두번째 단계인 타자공격의 공포로부터 자신의 희생을 피하려는 인간의 자연적 본능 때문이다. 이 글의 필자를 포함해서 보통사람들은 공공장소에서 평화적 시위와 의사표시를 했다고 해서 공무방해죄로 구속당하고 싶지 않을 것이며, 진실을 말하거나 내부고발을 했다고 해서 정보보호법으로 유린당하고 싶지 않을 것이다. 가난한 노동자가 노동법에 근거한 파업을 했다고 해서 업무방해죄로 10억 원이라는 엄청난 벌금을 내게 하는 통한의 희생을 당하고 싶지 않을 것이다. 교실에서 진심으로 학생을 사랑하는 교사들이 종북세력으로 몰려 하늘마저 노하여 용납될 수 없다는 뜻의 천인공노의 억울함을 당하고 싶지 않을 것이다.

조작된 믿음들	현재의 역경을 참으면 밝은 미래가 온다. 부자가 권력을 잡으면 서민도 부자가 될 것이다. 기업이윤이 많아야 국민경제도 잘 돌아간다. 우리 당이 잘되어야 대구도 살아난다. 복지가 지나치면 경제가 파탄난다. 낙동강 녹조도 수질이 좋아진다는 징조다. 식민지배와 독재는 하느님의 뜻이다. 군부독재가 화끈하게 국가경제를 세웠다. (그외, 우리를 압박하는 수많은 기만적 행위들)	"의심하지 말고 믿어야 한다"는 독단의 허구를 자각하는 공공적 앎이 요청됨	인식과 자각

　　보통사람들의 마음을 역이용하는 편향성 권력집단은 자신들에게 동조하지 않는 비판적 타자에게 보복성 공격을 하는 데 상당히 익숙해져 있다. 한국 정치권에서 권력집단의 타자공격의 수준이 심하게 노골적이라는 점은 이미 전세계가 아는 사실이다. 앞서 말했듯이 권력집단의 편향성 부정과 비리의 행위는 공공적 지식에 의해서가 아니라 조작된 믿음체계에 의해 가능하다. 거꾸로 보면 그런 조작된 믿음의 허상은 공공적 지식에 의해 붕괴될 수 있다. 공적 지식을 공유하는 일이 그래서 더욱 중요하다.

　　사회적 자각심 혹은 공적 지식이 필요한 다른 사례를 들어보자. 공공정책에서 권력집단은 비판자에게 "비판만 하지 말고 대안을 내어놓으라"고 강하게 역공한다. 그러면 대부분의 비판자들은 움칫 수그러들게 된다. 그러나 수그러들 필요 없다. 대안은 상대의 구조를 잘 아는 지식과 상황에 대한 자각심이 쌓이면서 자동적으로 생기는 것이지, 단번에 그리고 인위적으로 만들어지는 것이 아니기 때문이다. 대안을 당장 내놓으라는 그들의 압박은 믿음체계의 소산물이다. 앞서 말했듯이

집단권력은 사실을 은폐하고 사실을 밝히려는 사람들의 시도들을 무산
시키고 나아가 징벌하기까지 한다. 진실 대신에 그들만의 의도된 믿음만
을 강요한다는 점에서 편향성 권력은 "의심하지 말고 오로지 믿으라"는
광신적 독단을 거리낌 없이 행사한다.

기만의 반생명

편향성 소규모 집단주의자들은 자신들의 이기적 성향을
자기합리화하기 위하여, 원래 모든 사람은 누구나 예외 없
이 이기주의자라는 것을 끊임없이 간접적으로 표현하고 은
근히 동조받기를 원한다. 이러한 동조의식으로부터 그들만의 잔치가 강
하게 조직되며, 혈연과 지연과 학연 같은 소집단의 이기적 횡포가 횡행
해지고, 급기야 국수주의나 인종주의 혹은 편향적 이념주의로 드러난
다. 나아가 권력형 편향주의자들은 도덕적 직관 자체를 무시하고, 오직
자신들만이 도덕적이라는 자기기만에 빠지고 만다. 슬픈 사실이지만, 권
력집단의 자기기만은 더 정교해진다. 권력집단의 자기기만이 집단 구성
원들을 기만하는 가장 효과적인 수단이 된다는 것을 그들은 잘 알기 때
문에 그들의 자기기만 전략은 더 강화된다는 뜻이다(김원식 2015, 7장).

우리는 그런 기만적 믿음으로부터 탈출하기 위하여 믿음
을 깨부수고 사실에 접근하는 공공적 지식을 수용해야 한다. 그런데 이
런 입장은 비난을 많이 받을 수 있다. 사실을 아는 것이 문제가 아니라
행동을 하지 않는 것이 문제라고 비난을 받는다. 안다고 해서 그런 앎이
행동으로 옮겨지는 것이 아니라는 비판이다. 그러나 알지 못하면 더 깊
은 오도된 믿음의 수렁에 빠지고 만다. 인식과 자각 없는 믿음의 굴레에

서 벗어남으로써 집단 간 공감의 확장을 위해 현실적으로 존재하는 권력집단 내 편향성을 소거할 수 있다. 타집단에 대한 배타적 편향성은 집단 내 권력주도자에 의해 만들어진 오도된 믿음체계에서 시작되기 때문이다. 집단 편향성을 줄이기 위하여 그 믿음체계가 잘못된 것임을 의심하고 알아차리고 지적하는(인식하고 비판하는) 공공적 앎 혹은 자각적 인식이 요청된다.

부패의 권력은 은폐를 주도하고 편향된 공모자는 광기를 표출한다. 우리 사회의 진실과 사실을 밝히려는 모든 시도는 물론이거니와 의구심을 갖는 것조차 권력집단에 의해 허락되지 않는 금기의 비밀로 하고 있다. 이러한 은폐와 광기는 "의심하지 말고 오로지 믿으라"는 전형적인 광신적 독단과 같다. 독단은 공포를 조성한다. 정치권력 역시 공포정치를 도모한다. 라틴아메리카의 몇몇 국가에서 1980년대까지 그럴듯한 이유 없이 공공연히 일어났던 납치살인은 공포정치의 으뜸이다. 대부분의 독재권력자들은 공포조성의 핑계와 이유를 조작한다. 예를 들어 중세 때 공포정치의 대표적인 양상은 경쟁자를 이단자로 만드는 마녀사냥이었고, 한국사회에서 공포정치의 유형은 이념적 이단자를 양산하는 일이다.

인간은 누구나 외적 공포대상에 대해 내적 공포심을 느낀다. 외적 공포대상은 원래 천둥, 번개, 지진, 일식, 어두운 밤, 포식자, 역병과 독성의 자연물질 등과 같은 자연의 상태를 말한다. 반면에 내적 공포심이란 그런 공포대상에 적절히 대처하려는 심적 기제로 진화되어 온 것이다. 구석기인이나 전근대인과 달리, 현대인은 일식의 자연과학적 지식을 알게 되면서 일식에 대한 공포심도 떨쳐버릴 수 있었다. 마찬가지로 권력집단의 외적 공포 조성도 그것이 그들의 권력을 유지하기 위해 조작된 것임을 보통사람들도 알기 시작하면 권력집단에 대한 공포심을 없앨 수 있다. 그래서 의심과 질문은 정치권력이 종교화되는 것을 방지하는 보통사람들의 권리이다.

　　자기기만에 빠질 수 있는 자기 자신에 대해서도 질문을 던지는 일은 세월호 이후를 공감하는 우리 모두의 책임이기도 하다. 자기기만을 낳는 믿음의 신화를 깨트리는 일은 첫째 자신을 자각하고, 둘째 공공적 앎을 획득하고 공유하는 일이다. 은폐와 광신에 무임승차하려는 사람들의 욕망을 생물학적으로 직시하며 철학적으로 반성하고 심리학적으로 교정하여, 교정된 앎의 행동을 사회적으로 실천한다면 세월호 사고와 같은 고통은 두 번 다시 없을 것이다. 구체적으로는 혈연, 지연, 학연과 같이 한국 진보집단에서도 만연한 편향적 유대감의 소집단주의를 깨는 일이 그런 집단 구성원이 되기를 거부하는 데서 시작되어야 한다(바우만 2013, 3장).

　　이를 현실화하기 위하여 나 자신의 고독을 외면하지 않고 정면으로 받아들이는 실존적 태도가 필요하다. 고독을 외면하지 않는 태도가 곧 조작된 공포에 맞설 수 있는 길이기 때문이다. 고독한 존재가 결국 타자와 협동하는 공존의 존재가 될 수 있다는 사실을 받아들이는 것이 실존적 태도이며, 살아 있는 생명의 지식이다. 소집단주의를 환호하고 옹호하는 의존적 존재는 타자와 협동하고 타자와 대화하며 타자를 인정하고 타자를 수용하는 공감능력을 잃어버린다. 소통부재의 권력으로부터 공감상실을 뼈저리게 실감한 우리는 이제 내적으로는 공포에 맞설 수 있는 실존적 용기와 과학적 지식을 가지며, 외적으로는 권력의 은

폐와 광신을 저지하는 의심과 질문을 계속 던져야 할 것이다. 이와 같은
생각과 실천은 특수한 도덕주의자들만의 것이 아니라 보통사람들 누구
나 이뤄낼 수 있는 직관적 본성이다.

생명유지의 감정장치: 반성하는 용기

동물에게 감정이 있다면 감각에 기초한 신체 신진대사율
의 만족스러움과 불만스러움이라는 단순감정일 것이다. 감
정 수준이라기보다는 외부조건을 지각하는 기초적인 자극
반응 양식이다. 그러나 인간은 만족과 불만족의 단순감정을 확장하여
그때그때 상황에 따라 다양한 감정을 발현한다. 즐거워하고 기뻐하고 화
내고 노여워하고 슬퍼하며 두려워하고 미워하거나 좋아하고 싫어하거
나 욕망하는 감정 등이 그것이다. 인간감정의 발현은 여기서 그치지 않
는다. 감정의 단계는 더 상승한다. 불쌍한 이를 보면 측은해하기도 하고
어떨 때는 부끄러워하고 미안해하기도 하며 나쁜 것을 보면 울컥하거나
피하기도 하며, 옳고 그른 것을 가를 줄 아는 마음도 생긴다. 불행하게도
인간마음에는 이런 유형말고도 시기하거나 집착하고 사기 치고 속이고
아부하고 업신여기며 이기적인 마음의 유형도 도사려 있다. 그리고 이런
마음의 유형을 넘어서는 더 높은 단계의 마음이 가능하다. 숭고함과 이
타성이 그것이다.

이렇게 마음의 수준은 다층적이다. 첫째 반응적 감각 수준,
둘째 이른바 칠정(七情)과 같은 직접감정의 마음, 셋째 사단(四端)과 비
슷하게, 판단하고 사유하는 간접반성의 마음 그리고 넷째 간접반성의
마음으로부터 직접창출의 마음으로 되돌려 발현되는 숭고함이나 이타

성의 마음도 있다. 이처럼 마음의 수준은 다층적으로 겹쳐 있다.

용기는 간접반성의 마음에 해당하기도 하지만, 용기가 실천되는 과정에서는 오히려 직접발현의 감정에 해당하는 경우가 많다. 불의를 보고 나도 모르게 저항을 하는 경우이다. 어떤 나쁜 상황에 부딪혔을 때 즉자적으로 용기가 발현되는 경우 말고 삶 속에서 연습되고 간접적으로 교육된 용기의 발현도 가능하다. 전자를 '직접감정의 용기'라고 말할 수 있다면, 후자를 '간접반성의 용기'라고 부를 수 있다. 반면 나쁘거나 잘못된 것을 보아도 잠자코 있는 사람도 많다. 나쁘고 잘못된 것, 즉 직접감정의 마음 수준을 분명히 느꼈는데도 불구하고 가만히 있다면, 용기가 없거나 아니면 그것에 동조하는 것과 다를 바 없다. 동조하지 않는다면 용기를 내어 고쳐야 하지만, 나부터 그런 용기를 내기가 쉽지 않다. 그렇다고 나쁜 깡패정치꾼, 독재자에게 미리 알아서 기는 주변 아부꾼들 그들을 가만히 두고만 본다면, 결국 나는 그들과 한패가 된 것이나 마찬가지다.

용기를 낼 일이 더 이상 없었으면 좋으련만 아직도 우리는 용기가 요구되는 시대에 처절하게 살고 있다. 정치권력에서 볼 때 과거의 군부독재 시절처럼 사람의 생명이 직접 손상당하는 일은 줄었지만, 자연의 생명이 파괴되는 일은 되레 늘어났다. 한반도 산하의 강줄기의 흐름을 틀어막아 부수고 저수지로 만들어 물의 생명이 죽어가고 있고, 산줄기의 맥을 끊어놓고 철탑과 도로와 케이블카로 장식하여 땅의 생명이 죽어가고 있다. 생명의 소통을 담당하는 방송사를 장악하고, 교육비리 척결을 명분으로 오히려 교육환경 격차를 벌려놓고, 서민의 빈 주머니마저 쥐어짜면서 빚잔치로 희롱하고, 색깔논쟁의 매카시 선풍을 재조직하여 최후에 남은 선량한 시민들의 마지막 생명선까지 끊어가면서 우리 사회의 병증은 깊어만 가고 있다. 그런데 오늘 우리가 앓고 있는 병증의 진짜 심각성은 권력에 의해 생명성의 병증들이 은폐되고 있다는 사실이다.

은폐된 병증은 '직접감정의 용기'를 직접 끌어당기지 않는다. 은폐된 병증은 사람들로 하여금 용기를 내지 못하게 생명을 갉아먹는다. 질문과 의문을 차단하며 행동의 용기내기를 단절시킨다. 그러나 우리는 용기의 기억을 갖고 있다. 다시 용기의 저항력을 되살려야 한다. 그리고 희미해진 용기의 저항력을 되살리려면 심했던 그 전염병을 힘들게 이겨낸 저항 면역력을 기억해 내야 한다.

감기의 면역성이 얼마간 지속되듯 말이다. 감기에 한번 걸리고 나면 당분간은 같은 감기에 걸리지 않는다. 전염병 중에서 홍역 같은 것은 한번 치르면 평생 다시 치르지 않을 정도로 그 기억은 아주 오래 가기도 한다. 우리 몸의 저항력이 내 몸을 크게 힘들게 했던 기존의 감기 바이러스나 홍역 바이러스 등을 기억하고 있기 때문이다. 그런 기억이 가능한 것은 희소하나마 내 몸 림프구에 존재하는 기억세포들 덕분이다. 건강한 몸은 자신의 기억세포를 다시 활성화시키는 일을 잘한다. 이것이 생명의 기억력이다.

저항력을 기억하는 일은 중요하다. 저항의 기억은 내 몸 안에 저장되어 있는 직접감정의 용기를 켜는 스위치 구실도 하기 때문이다. 우리에게서 사라져 버린 것 같은 저항의 면역력, 우리 안 아주 깊은 곳에 숨겨져 있는 저항의 기억을 회생시켜야 한다. 기억은 용기의 스위치다. 기억의 스위치를 켜야 할 때이다. 그러려면 스위치를 켜기 위해 필요한 불빛도 있어야 할 터인데, '간접반성의 용기'가 그 구실을 잘할 수 있다. 나처럼 지식인 행세를 조금 하는 사람들은 대체로 직접창출의 용기가 부족한 편이다. 이것 재고 저것 재면서 '현장과 순간'에서 발을 빼는 경우가 많다. '현장과 순간'을 놓쳤다면 '역사와 기억'을 통해 주변의 불특정 다수에게 용기의 마음을 불어넣어야 한다. 간접반성의 용기란 이런 감정이입과 공감의 구현에서 드러난다.

2

생명의 키워드 : 공감

공감의 정의

생명무시와 환경파괴가 극에 달한 상황은 공감부재의 결과이다. 사회적 파국과 심리적 공감부재의 상관성은 매우 중요하다. 인지과학의 측면에서 그 원인에 대한 답은 두 가지로 나눠 추적할 수 있다. 하나는 공감이 아예 결핍되었다고 답하는 방식과, 또 하나는 공감이 존재하지만 사회적 조건과 환경 때문에 발현될 수 없었다고 답하는 방식이다. 이 두 가지 가능한 답변은 미시적 원인에 해당한다. 이러한 미시적 접근을 위하여 공감을 정의하는 일반적인 설명들을 살펴본다.

공감은 영어의 측은심(compassion)과 공감(empathy)의 뉘앙스를 합쳐 말하는 포괄적 의미이다. 좁은 의미의 공감이란 타인의 감정을 대신하는 경험을 지칭하는 것이지만, 측은심의 공감은 여러 방식으로 정의될 수 있다. 측은심의 공감은 타인의 고통을 보고 북받치는 감정이며 저절로 생기는 감정이 그 타인을 도우려는 생각을 불러일으키는 것이라고 정의할 수 있다. 혹은 타인의 고통에 대해 직접 반응하지 않더라도 저절로 생기는 자비스런 마음의 상태를 측은심의 공감이라고도 한다(최종덕 2015, 191쪽). 독일어로 감정이입(Einfühlung)에 해당하는데, 고전적 의미에서 공감은 일반적으로 타인의 '감정상태에 들어가는'(feeling into) 느낌이라 말할 수 있다.

현대 인지과학에서 공감은 뇌의 발달과정의 소산물로 파악된다. 예를 들어 디세티는 공감을 나의 특수한 상황에서 타자의 관심과 이미지를 취할 수 있는 인지과정으로 정의한다(Decety and Jackson 2004). 사람들은 자기집착에서 벗어나 타자의 감정상태를 의식하는 공감상태

를 수용한다(De Vignemont and Singer 2006). 일반적으로 공감은 의식을
동반하는 인지적 측면(cognitive aspect)과 비의식적 감성을 유발하는
감수적 측면(affective aspect)을 갖는다고 설명된다. 인지적 측면이란
타인의 인지적 상태를 공유할 수 있다는 것이다. 즉 타자와의 공감을 통
해 나의 인지적 행동과 생각을 유발하게 하는 측면이다. 감수적 측면이
란 타인의 감정상태를 공유하여 타자가 어떻게 느끼는지 혹은 어떻게
느낄 것이라고 여겨지는지를 거의 비슷하게 느낄 수 있는 감정능력을 말
한다. 이는 일종의 감수적 반응결과(affective reaction)이다(Eisenberg
and Fabes 1998, p. 702). 공감은 실제로 타자의 감정상태가 현재 나의 감정
상태를 대체한 반응으로 볼 수 있다(Hoffman 2000, p. 4).

　　　　타자의 감정을 그대로 느낀다는 점에서 공감은 감정전염
(emotional contagion)이라는 용어로 표현되기도 한다(Hatfield, Cacioppo,
and Rapson 1994). 여기서 감정은 정서와 느낌의 의미를 동반한다. 감정
(emotion)은 다양하게 정의될 수 있다. 나는 감정을 외부환경의 자극에
대하여 개체생존에 도움이 되는 방향으로 반응하는 신체적 표현방식이
라 정의한다. 최근 인지과학에서는 공감성을 보상과 처벌의 자극에 따
라 반응하는 감정으로 설명한다. 혹은 상황에 따라 좋고 싫어하는 자극
에 반응하는 뇌의 작용으로 설명할 수 있다. 이런 점에서 감정은 뇌 안
에서 일어나는 정보처리 과정이라고 라자러스는 말한다(Lazarus 1991,
ch. 2). 감정은 감수적이다. 감정의 감수성이 인지능력에 앞선다는 분트의
감수성 우선주의(affective primacy)는 이미 유명하다. 분트가 말하는
감수성이란 다음과 같이 정의된다. 첫째, 그때그때 찰나에 일어나는 신
체적 반응이다. 둘째, 타인을 만나는 순간 그에 대한 좋고 나쁨의 느낌과

반응이 먼저 일어난다(Wundt 1907, ch. 1).

감정전염은 의식상태만이 아니라 표정과 목소리, 몸동작같이 행동을 흉내내는, 이른바 '카멜레온 효과'(chameleon effect)라고 부르는 행동의태(mimicry)의 결과이기도 하다(Chartrand and Bargh 1999). 이러한 감정전염과 행동의태는 사람들 사이의 상호작용과 소통 기능에 도움을 준다는 점에서 그 의미가 크다(Bavelas et al. 1996). 생명의 가장 중요한 특징으로서 공감은 결국 다음과 같이 정리된다. 공감은 타자의 감정을 따라서 느끼거나 타자의 감정에 이입하는 상태로서, 감수적 측면과 인지적 측면으로 드러난다.

블레어는 공감이란 관찰자가 피관찰자의 내적 심리상태에 대한 정보를 사용할 수 있는 능력이라고 말한다. 블레어의 이런 정의에 따르면, 공감은 정서적 공감과 인지적 공감 그리고 행위적 공감으로 구분된다. 여기서 인지적 공감은 마음이론을 말하며, 행위적 공감은 타인을 따라 하는 모방적 본능에 해당한다(Pfeifer and Dapretto 2009에서 재인용). 블레어가 구분한 정서적 공감과 인지적 공감은 각각 아이젠버그가 구분한 감수적 측면과 인지적 측면에 해당하며, 블레어의 행위적 공감은 상황에 따라 감수적 측면으로도 혹은 인지적 측면으로도 발화된다고 볼 수 있다.

공감부재의 개인적 원인들: 거울신경계와 마음이론

공감결핍의 공통된 현상은 앞서 정의한 공감의 인지적 측면을 상실하고 있다는 점이다. 공감의 인지적 측면이란 곧 '마음이론'을 의미하는데, 마음이론(theory of mind,

ToM)은 감수적 공조 외에 마음의 추론적 작용을 통해 타자의 마음상태를 파악하는 작용이다. 거꾸로 공감결핍이란 상대의 마음을 읽지 못하거나 의도적으로 마음의 벽을 쌓아두는 경우이다. 공감결핍은 개인의 차원만이 아니라 사회의 차원이 있다. 개인의 공감능력이 발현할 수 없는 사회적 조건에서 공감결핍이 더 심각해진다는 점을 중시해야 한다. 개인과 사회의 범주에서 공감을 다루는 것이 생명철학의 과제이다.

공감의 개인적 차원을 분석해 본다. 개인의 공감결핍은 미시적으로 볼 때 마음이론의 부조화를 의미한다. 마음이론을 처음 제시한 우드러프의 정의에 따르면 마음이론이란 나와 다른 믿음, 의지, 기만, 관점, 지식 등이 타인에게도 있다는 것을 이해할 수 있는 능력이다 (Premack and Woodruff 1978). 최초 연구자들은 원숭이를 대상으로 실험했지만 최근에는 fMRI(functional magnetic resonance imaging)를 이용하여 사람에게도 실험했고, 그 결과도 비슷했다. 쉽게 말해서 우리는 남이 무엇을 믿는지 거짓을 꾸미는지, 다른 사물이나 사람을 어떻게 대하려 하는지 혹은 남이 무엇을 인지하는지 등을 이해할 수 있다. 그런 마음의 능력을 마음이론이라고 부른다.

마음이론의 현상적 근거는 많은 실험을 통해서 입증되었으나, 그 해부학적 근거는 리졸라티의 거울신경의 연구성과에 있다. 거울신경계 논의는 짧은꼬리원숭이(Macaca arctoides)의 실험으로 시작되었다. 피실험체가 엄지와 중지를 움직이면 그 동작을 본 원숭이에게서도 피실험체와 동일한 뇌의 국소에서 동일한 발화작용이 생겼다. 거울신경을 발견한 초기에는 특정의 국소적 부위를 찾고자 했으나, 지금은 특정 부위가 아니라 뇌의 시스템으로 작동한다는 것을 알게 되었다. 이후 거

울신경이라는 용어 대신에 거울신경계(mirror-neuron system, MNS)
라는 용어를 사용한다. 원숭이가 실험자의 동작을 의도적으로(goal-
related) 따라하거나 아니면 실험자의 동작을 단순히 보기만 해도 뇌의
F5(ventral premotor cortex) 영역과 PF(inferior parietal lobule) 영
역의 같은 부위가 발화한다는 것을 검측할 수 있었다(Gallese et al. 2004;
Rizzolatti et al. 2004).

　　　　이후 거울신경계는 인간에게도 적용될 수 있음을 간접적
으로 확인하였다. 거울신경계의 의미는 첫째 공감능력이 뇌의 작용으로
설명될 수 있다는 점과, 둘째 자아와 타자 사이의 사회적 관계망의 구체
적 연관성을 찾을 수 있다는 데 있다. 그리고 셋째로, 타자를 경청함으
로써 자아를 성숙시킬 수 있다는 철학적 성찰의 함의를 제시했다. 즉 타
인의 행동유형을 관찰함으로써 나는 타인의 긍정적인 점을 따라하고 나
의 습성으로 발달시키는 일이다. 넷째, 나 자신을 성찰함으로써 사회인
식을 발달시킬 수 있다는 점이다. 나의 행동과 타인의 행동 사이의 신경
계적 동등성이 확증되기만 하면 결국 타인에 대한 공감을 통해 나 자신
을 알 수 있음을 보여주었다. 나아가 나 자신의 성찰을 통하여 타자 혹
은 사회적 타자들의 사회적 집단을 더 많이 그리고 더 잘 이해할 수 있
음을 알게 되었다. 집단 안에서 나 자신의 행동유형을 객관적으로 진단
할 수 있다고 리졸라티는 말한다(Rizzolatti 2004).

　　　　유전적 요인에 의한 자폐증과 조현증이나 마약중독, 알
코올중독, 수면결핍증, 주의력 부족이나 과잉행동 습관자, 순간감정 조
절 미숙자 등에서 거울신경계의 비정상 특이성을 발견한 연구는 많다
(Korkmaz 2011). 즉 개인 차원에서 개인의 이상행동 증상은 개인의 공감

48

성 결핍에서 기인한다는 연구와 개인의 공감성 결핍과 마음이론 혹은
거울신경계의 관계에 대한 연구는 많이 이루어져 왔다. 그런데 생명의
자기침식 증상처럼 권력집단의 공감성 결핍과 집단의 마음이론 사이의
상관성 연구는 거의 없다. 그 이유는 간단하다. 마음이론과 거울신경계
연구는 집단이 아닌 개인에 국한된 설명이기 때문이다.

　　　그럼에도 불구하고 한국의 생명침식의 사회정치적 조현
증, 즉 집단형 비리인 배임권력, 책임전가, 밀실정치, 언론장악 그 대부
분은 개인 차원에서 행해진 군미필, 전관예우, 뇌물수수, 비자금조성, 친
일행적 등 개인형 비리와 밀접하게 연관되어 있다. 다시 말해서 권력집
단은 그들 개인의 사적 욕망을 채우기 위하여 집단의 공적 기구와 정
책을 운영, 관리한다는 것이다. 개인은 자신의 심적 성향과 취향에 따
라 집단화된다. 쉽게 말해서 끼리끼리 모인다는 뜻이다. 소집단의 공
감불능 상태는 개인의 고집불통(stubbornness, adherence), 고정관
념(stereotype), 편견(prejudice)의 감정으로 설명할 수 있다(Ito and
Willadsen-Jensen, and Correll 2007).

　　　(소)집단의 공감 부재성과 불통의 권력양태를 미시적으로
설명하려면, 개인 차원의 신경학적 분석이 집단 차원의 행동양태를 충
분히 해명할 수 있다는 논리적이고 실증적인 가설을 필요로 한다. 그러
나 관련 연구성과에서 볼 때 이러한 실증적 가설은 아직 확보되지 못했
다. 그럼에도 불구하고 미시적 원인분석이 한국의 사회붕괴 증상을 해명
할 수 있다. 왜냐하면 정치적 조현증은 전적으로 소수의 개인이 집단의
권력행태를 지배하는 독재정치의 결과이기 때문이다. 그래서 개인 차원
에 대한 미시적 신경과학적 분석은 권력의 집단 차원의 행태분석에 큰

도움을 줄 수 있다(결정적 해답을 줄 수 없지만 '도움을 줄 수 있다'는 말은 다음의 명제로 다시 표현될 수 있다. 미시적 분석이 거시적 행동유형에 대한 필요충분조건은 아니지만 필요조건은 충족시킨다). 결론으로 말해서, 정치사회적 생명붕괴 증상의 미시적 원인은 편향성 권력을 장악한 소집단의 우두머리와 그에 추종하는 구성원들의 심리적 편향성, 즉 개인의 고집불통, 고정관념, 편견, 이기적 욕망 등이 사회적 합의장치 없이 그대로 표출된다는 데 있다.

공감과 도덕감

공감부재의 또 다른 원인은 공감성의 발현을 막는 사회적 환경에 있다. 이 설명방식은 개인의 선천적 공감능력이 인정되지만 단지 사회적 조건 때문에 공감능력이 발현될 수 없음을 강조한다. 생물학적 공감성은 선천적으로 타고난 사람의 성정이다. 정도의 차이는 있지만, 무릇 사람은 측은심을 본능적으로 갖고 있다는 것이다. 맹자가 강조한 측은심도 그런 마음의 하나로 볼 수 있다. 맹자는 그런 마음을 양심으로 간주했지만, 인지과학에서는 양심이라는 가치론적 표현과 무관하게 측은심을 그냥 선천적 자발심으로 해석할 뿐이다. 예를 들어 2001년 일본 도쿄 지하철에서 취객을 구한 후 유명을 달리한 이수현씨의 헌신적 행동도 특별한 측은심의 성정을 소유한 특별한 사람만의 행동으로 보는 것이 아니라, 보통사람들에게도 숨겨져 있는 잠재적 양심의 결과라는 것이다. 우리 모두 그런 이타행동을 할 수 있는 성정을 내부에 가지고 있음을 뜻한다.

여기서는 '감춰진 공감성'과 '드러난 공감성'으로 공감능력을 구분하고자 한다. 감춰진 공감성은 공감의 행동을 불러일으키는 내적 동기가 되지만 반드시 공감행동으로 나타나는 것은 아니다. '드러난 공감성'은 공감을 하고 그 공감에 따라 모종의 행동을 표출하는 공감능력을 말한다. '감춰진 공감성'은 직관주의 도덕성의 생물학적 기반이 된다. 맹자가 말하는 측은지심은 일종의 '감춰진 공감성'에 해당한다. 공감은 선천적 능력이지만, 보통은 드러나지 않고 감춰진 의식상태로 머문다.

감춰진 공감성은 직관주의 도덕성의 생물학적 기반이 된다는 점을 논거해 보자. 이를 위해 요나스(Hans Jonas)의 '공포의 발견술'(Heuristik der Furcht) 개념을 살펴보자. 요나스에 따르면, 인간은 악으로 상징되는 욕망과 불의를 접하면서 유혹에 빠지게 된다. 욕망의 유혹이 먼저 떠오르는 것은(in dubio pro malo) 인간의 생물학적 본능에 해당하기 때문이다. 사람은 욕망을 경계하면서도 욕망에 치우쳐 행동하게 될 우려가 높아진다. 그러나 욕망의 유혹이 잘못된 것임을 인간은 본능적으로 느낄 수 있다. 인간은 악을 직면하고는 "앗, 이게 아닌데…" 하면서 거꾸로 선을 찾아가려는 다른 본능의 마음이 작동된다는 것이다. 이런 본능의 특성 하나가 바로 요나스 특유의 설명구조인 '공포의 발견술'이다.

이런 점에서 1979년에 출간한 『책임의 원칙』에서 보여진 요나스는 도덕적 직관주의자이다. 요나스에게 인간의 도덕적 가치는 부여된 것이 아니라 존재론적으로 체현된 것이다. 요나스의 책임원칙에서 중요한 점은 신의 존재를 설정하지 않아도 충분히 책임의 당위성을 논증할 수 있다는 데 있다. 첫째, 당신이 하는 행동에 대한 책임은 당신 스스로 져야 한다고 말할 때 여기에는 그 행동의 주체가 신에 의해 부여된 주체성이기 때문에 당신은 그에 대한 대가도 마땅히 치러야 한다는 뜻을 담고 있다. 둘째로, 당신이 지구의 환경과 후대의 지구인에 대해 책임을 져야 한다고 말할 때는 신에 의해 창조된 지구환경을 당신이 훼손할 권리가 없다는 뜻을 담고 있다. 그러나 요나스는 신을 거론하지 않아도 책임문제를 마땅하고도 충분하게 다룰 수 있다는 것이다. 왜냐하면 책임은 개인의 사적 영역이 아니라 존재 자체에 내재된 존재의 목적이기 때문이다. 이 세계는 신이 자의적으로 창조한 것이 아니라는 생각이 요나스의 전제이다. 신의 창조에 앞서 존재의 당위는 선의 기준에 따라 이미 주어져 있었다고 요나스는 말하는 것이다. 모든 존재는 그것이 다 있을 만하니까 있는 법이라는 말과 비슷하다. 모든 존재는 각자에 상응하는 가치를 이미 가지고 있다(요나스 1994, 2장). 다시 말해 사람은 도덕적 선과 악의 차이를 선천적으로 안다는 것이다. 이는 자연주의 인식론의 관점이며 나아가 도덕적 직관주의의 한 가지 특징이다. 결국 공감은 생명현상의 근원이며 도덕적 직관주의의 근거이다.

　　　도덕적 직관주의는 두 가지 형태로 나타난다. 하나는, 앞서 말했듯이 선과 악의 차이 혹은 상대적 차이를 식별하거나 느낄 수 있다는 점이다. 인간은 개체생존과 종족번식에서 어느 쪽이 더 큰 이익이 생길지를 확인하는 경제적 동물이다. 인간은 합리적이고 경제적인 이유를 좇아서 이기적인 행동을 하도록 진화했다는 뜻이다. 또 한편으로 인간은 하등의 경제적인 이유가 없는데도 불구하고 이타적인 행동을 하도록 진화했다는 점이다. 이렇게 인간의 본성은 양면성 혹은 다층적 진화의 소산물이다. 도덕적 직관주의는 인간의 본성이 원래부터 도덕적이라는

주장을 하는 것이 아니라, 우리의 본성 안에는 이기적 욕망과 더불어 이
타적 도덕심도 깔려 있음을 강조한다.

전통적인 관점에서 혹은 무어(G. E. Moore)의 입장에서 볼
때, 존재와 가치를 동일시하는 하는 것은 심각한 자연주의적 오류(natu-
ralistic fallacy)에 속한다. 그러나 진화윤리학에서 존재와 가치는 상
호 등가적이다. 존재와 가치의 기원을 동일하게 보는 진화윤리학의 입장
은 무어의 자연주의적 오류를 범한다는 비판을 받기 때문에 여러 논란
이 있을 수 있다. 존재와 가치가 등가라는 논변을 위해 감정, 의식, 느낌,
이성 등의 정신적인 것이 신체적인 것과 분리될 수 없다는 것을 말해야
한다. 이런 존재를 기반으로 한 책임을 도넬리는 '자연적 책임'(natural
responsibility)이라고 부른다(Donnelley 2002). 책임은 존재 전체가 함께
지고 있는 규범성(imperative of responsibility)을 엄연하게 갖고 있다.
다시 말해 자연적 책임이란 책임의 당위성조차도 자연적인 기원을 갖고
있다는 뜻이다. 그래서 책임의 문제를 풀기 위해 신의 존재나 선험적 존
재를 도입할 필요가 없다. 선(goodness)은 윤리의 근거인데, 그 선은 악
을 통해서 우회적으로 인식된다. 선을 대하는 인간의 직관적 본성은 도
덕심의 진화론적 배경이 될 수 있다.

공감의 상황 의존성
공감에는 감수적 측면과 인지적 측면이 있다. 감수적 측면
은 감정공유 혹은 감정공조의 특징이며, 이는 무의식적으
로 일어난다. 감수적 측면을 이해하기 위하여 인간의 모방
능력을 설명하는 일은 매우 중요하다. 인간은 본능적으로 모방능력을 갖

고 태어난다. 갓 태어난 아기도 세상에 나온 지 몇 시간 안에 엄마를 따라하며 6주 내에 기억에 기초한 모방능력을 확장해 나간다(Meltzoff and Decety 2003). 더 쉬운 사례가 있는데, 산부인과의 신생아실을 가보면 신생아 하나가 울면 다른 아기들도 따라서 우는 현상을 곧잘 목격할 수 있다. 이처럼 옆에서 우는 아기를 따라서 울음을 터트리는 아기들의 기본적인 감응은 공감능력의 선천성, 특히 공감의 감수적 측면의 선천성을 시사한다(Sagi and Hoffman, 1976).

　　　감수적 공감능력이 확장되면서 공감의 인지적 요소가 자리잡게 된다. 공감의 감수적 요인은 일종의 정서반응이다. 정서반응은 인지반응보다 우선한다. 앞서 말했듯이 분트에 따르면 인간은 잠깐 만나는 상대방이라 해도 그 사람에 대한 호감과 불호감의 느낌을 순간적으로 판단한다. 순간적으로 결정하는 나의 판단은 감수적 결정의 전형적인 모습이다. 감수적 능력은 순간적이지만 인지적 판단은 오래 걸린다. 예를 들어 사람을 순간적으로 판단하지만 그 사람이 누구였는지를 인지하는 데는 시간이 더 오래 걸린다(Wundt 1907, ch. 2).

　　　감수적 측면과 인지적 측면은 매우 밀접히 연관되어 있다. 감수적 측면이 형성되기 위해서는 먼저 사회적 공감체계가 건전해야 하며, 다음으로 공감체계가 실현될 수 있는 사회적 상황과 조건이 마련되어야 한다. 사회적 공감체계의 건전성이란 첫째 감수적 관계로 맺어진 집단이 개방적이어야 한다는 것과, 둘째 타집단에 대해 관용적이어야 하며, 셋째 집단 내 구성원이 공평심을 가지는 것을 전제로 한다. 공감의 감수적 측면에서 인지적 측면으로 발달하는 과정에서 편협과 이기성을 배제시키는 사회적 시스템과 상황이 마련되어야 한다는 것이다. 한편 공감의 발달 측면에서 인지과정보다 감정공유를 강조하는 것은 두 가지 사실을 반영한다. 첫째 이는 공감과 마음이론을 구분하는 데 도움을 준다. 왜냐하면 공감은 보통 타인의 심리상태를 추론하는 인지과정보다 타인의 감정에 응대하는 정서적 반응으로 간주되기 때문이다(Premack &Woodruff 1978).

학자들마다 견해차이가 있기는 하지만, 공감능력의 양상은 나이에 따라 변화한다. 공감의 기반을 이루는 신경계 메커니즘은 아이들이 성장하면서 변화한다는 가설은 의미가 있다. 다시 말해 아이들이 초기에는 감수적 공감능력에 의존하다가 나중에는 점점 지적 능력 지향의 인지과정 의존도를 높여가면서 신경계 메커니즘도 바뀔 수 있다는 가설이다. 공감성을 공유하지 못하는 이유는 공감능력의 발현을 막는 환경적 요인이 양적으로 많으며 질적으로 크기 때문이다. 앞서 논의한 것을 요약하면 개인의 공감성은 본능적이지만, 공감행위가 실제로 실현될 수 있느냐의 문제는 상황 의존적이라는 것이다.

생명의 자기분리 병증은 '조작된 사회적 상황'으로 만들어진다. '조작된 사회적 상황'은 다음과 같이 요약될 수 있다. 첫째로 진실 대신 조작된 신념으로 대체하려는 분리주의의 독점적 확산, 둘째로 생명의 가치를 공감하지 못하는 권력집단의 인지구조, 셋째 사실대로 드러낼 수 없는 것이 많은 그들만의 비밀주의, 넷째 기만적 권력을 정당화하기 위해 진실을 허위로 위증하는 자기기만의 악순환 그리고 마지막으로 과학적 담론을 회피하고 덕담을 가장한 맹목적 믿음의 전파를 조작하는 의도된 상황이다.

이러한 상황을 조작하는 생명분화의 전략은 간단하다. 자기편을 많이 만들며 상대편을 고립시키는 원초적인 공범 전략과 자기기만적 선민주의 전략이다. 사실 공범 전략과 선민주의 전략은 새로운 해석으로 탄생한 것이 아니라, 유인원 종에서부터 발달되어 온 소집단형 생존전략에 해당한다. 이런 전략도 일종의 생물학적 본능에 의존되어 있으며 지구상의 독재권력이 행사해 온 전형적인 정치전략이다. 이는 생명붕괴 정치의 전형이다.

공범 전략의 특징은 공감능력의 실현이 전적으로 상황에 의존해 있음을 보여준다. 도덕심에서 비슷하며, 좋고 나쁨의 감정적 판단능력에서도 비슷하며, 공감능력에서도 비슷한 구성원 사이에도 사회적 환경과 조건에 따라 다른 행동들이 나타나고 혹은 다른 호불호의 판단이 드러나며 또한 공감수행도 다르게 발현된다는 입장이 상황윤리의 기초이다. 이것은 공감이 상황 의존적이라는 논지로 연결된다. 예를 들어 화단이 놓여 있는 거리를 걸어가는 어떤 흡연자가 있다고 하자. 그 사람은 담배꽁초를 버리려는데 쓰레기통이 없고 대신 꽃 없는 화단만 있었다. 그 흡연자가 담배꽁초를 버리는 행위를 할 것인지 아니면 버리지 않을 것인지 판단하는 데는 화단의 상황이 중요한 요소가 된다. 마침 그 화단에는 꽃은 하나도 보이지 않고 담배꽁초만 수북이 버려져 있었다고 치자. 그러면 그 흡연자도 아무런 윤리적 반성이나 수치심 없이 담배꽁초를 화단에 내던지고 만다. 그러나 화단이 깨끗하게 청소된 상태라면 똑같은 사람임에도 그는 담배꽁초를 화단에 버리지 않고 쓰레기통을 찾아서 버리려 할 것이다.

공감성 실현도 마찬가지이다. 공감성은 앞서 말했듯이 강한 전염성이 있기 때문에 누구에게나 공유될 수 있다. 그러나 공감성은 그 반대로 권력 소집단에 의해 의도적으로 조작되거나 충분히 선전된 외부 믿음체계에 의해 쉽게 와전되거나 차단될 수도 있다.

공감이 선천적 능력이고 측은심이 직관적 작용이라면, 권력집단과 동반집단의 공감결핍이 왜 생기는가에 대한 질문을 할 수 있다. 그 답변은 두 가지로 시도될 수 있다. 공감성의 인지적 요소인 마음이론이 상대적으로 부족한 데 그 원인이 있다는 답이다. 또 한 가지 답은, 누구나 공감성을 갖추게 되지만 공감성 실현은 다르게 발현된다는 것이다. 다시 말해 공감능력은 본능에 해당하며 측은심의 수행 잠재력도 선천적이며 호불호의 판단도 직관적이지만, 그런 기반 위에 선 공감성 발현 여부는 상황 의존적이라는 점이다. 즉 사회적 환경과 주변적 상황에 따라 공감능력이 제어되거나 차단될 수 있다는 뜻이다. 공감성은 선천적이지만 공감의 발현은 인지적 요인과 상황적 요인에 의존한다는 의미는 생명철학의 실천적 과제이다.

3

공감의 확장, 확장된 생명

생물학적 공감과 문화적 공감

개인 차원에서 공감은 본능적이다. 엄마와 자식 사이의 공감은 공감의 원형이라 할 수 있다. 혈연관계에서도 공감이 본능적으로 작용한다. 사회적 동물로서 인간은 혈연관계 외에 자기가 속한 무리의 공감을 강조한다. 공감이 형성된 무리가 그렇지 못한 무리보다 더 번성한다는 자연적 믿음이 있기 때문이다. 그리고 생물학적 공감은 지연이나 혈연 나아가 학연의 공감으로 이어진다. 이러한 공감의 범위는 전적으로 개인의 이익과 소집단의 이익을 위한 전략적 행위에 속한다. 개인과 소집단화로 국한된 공감은 편향과 갈등을 낳는 사회적 요인이 된다.

생물학적 공감 외에 인간은 문화적 공감을 확장시키는 능력을 갖고 있다. 공감의 확장은 정서적으로 그리고 이성적으로 가능하다. 정서적 확장은 타집단에 대해 관용을 가지는 일에서 시작된다. 이성적 확장은 공감의 감성이 불평등이라든가 불공정과 부정인지 스스로 진단하는 데서 출발한다. 이렇게 해서 소집단의 편향적 공감성에서 벗어나 타집단의 차이와 다양성을 기꺼이 허용하는 관용(tolerance)의 공감성으로 확장해야 한다. 그리고 불평등과 부정을 수용하는 공감성에서 벗어나 합리적이고 정당한 공평함(impartiality)의 공감성으로 확장해야 한다(싱어 2003, 200~206쪽). 이런 공감의 확장이 가능하려면 생물학적 공감성과 더불어 문화적 공감성을 학습해야 한다. 즉 공감의 인지적 요소를 장려하고 학습함으로써 공공성의 기회를 확대해야 한다. 이러한 인지적 요소의 공공적 확산을 문화적 공감성의 확장이라고 할 수 있다. 앞서 말했듯이 문화적 공감성은 본능적 공감능력 외에 정서적 관용심과 합리적 공평심을 포괄해야 가능해진다(최종덕 2015a, 224쪽).

'제한된 공감 혹은 공감결핍 현상'은 혈연과 소집단 중심의 이기적 성향에서 비롯된다는 것이 일반적인 해석이다. 인간의 공감능력이 혈연이나 특수한 지연 관계의 소집단 안에서만 제한적으로 발현될 때, 이런 유의 공감은 소집단주의의 편향적 유대감에 지나지 않는다. 편향적 유대감을 극복하려는 문화적 공감성이 바로 배려의 관용과 공평심이다. 관용과 공평심을 통한 공감의 확장이 가능한 이유는 다음과 같다. 관용과 공평심도 마음의 진화의 소산물이기 때문에 누구나 그런 상태를 발현시킬 수 있다. 관용과 공평심의 발현이 누구에게나 가능하다는 점은 직관적 도덕심을 전제로 한다. 그리고 직관적 도덕심은 진화의 소산물이어서 그런 전제가 충족된다. 관용과 공평심은 우리 본성 내부에 존속하는 행동형질이다. 이는 관용과 공평심이 이른바 착한 사람들만의 사회적 행동형질이 아니라 누구나 그럴 만한 상황에 놓이면 그런 행동형질을 발현할 수 있다는 의미를 내포한다.

사회적 공감을 확장하여 관용과 공평심을 공유하는 상황을 형성하는 일은 바로 한국사회의 병리적 생명분열 병증을 줄이거나 없애는 가장 중요한 과제이다. 공감확장을 위한 몇몇 심리적·자연철학적 상황변환을 다음처럼 제안할 수 있다. 첫째, 일상적으로 비판적 태도를 유지하고 연습하는 일이 중요하다. 둘째, 공감불통의 사회적 불감증에 무임승차하는 권력의 오류를 공개적으로 표현해야 한다. 셋째, 은둔과 무위를 합리화하는 일상의 태도는 공감확장의 결정적 방해물이며 결국 공감부재 권력집단을 도와주는 것임을 인지해야 한다.

인간행동의 심리적 본성은 두 가지가 있는데, 바로 이기심

과 이타심이다. 이타행동의 심리적 기초가 공감심이며, 이기행동의 심리
적 기초는 배제심이다. 공감심은 배려·동정·동반·공정 행동을 낳으며,
배제심은 경쟁·독식·약탈·증오의 행동을 하게 한다. 따라서 공감확장
을 위해서는 이기심이 인간의 진화생물학적 소산물이듯이 이타심도 진
화생물학적 소산물임을 강조해야 한다. 인간은 원래부터 이기적이지도
않으며 본래 이타적일 수도 없다. 단지 상황과 환경, 문화와 습관에 의존
해서 행동이 유발되는 것이다. 지난 30년 동안 진화생물학에서 이뤄진
'본성-양육논쟁'을 통해서 공감심과 배제심이 내 안에 공존하고 있음을
이해할 수 있다. 이런 이해가 있어야만 이기적 배제심을 자제하고 멀리
할 수 있으며 궁극적으로 이타적 공감심을 자연적으로 확산하는 '녹색
사회의 전환'을 이뤄낼 수 있다.

설명과 이해

자연을 이해하는 일은 자연을 체험하는 일에서 시작된다.
과학교과서를 통해서 본 자연은 추상화된 자연이다. 경험
을 통해 부딪히는 구체적 자연이 바로 우리 자연의 실제 모
습이다. 추상화된 자연을 자연의 실체라고 보는 것은 잘못된 일이다. 자
연의 기하학적 추상화는 도구일 뿐이지 내용은 아니다.
살아 있는 자연을 만나는 일은 간단하다. 내향적 방향과
외향적 방향이 있다. 내향적 방향으로는 나의 자아 속에 투영되어 있는
자연을 찾으면 된다. 쉽게 말해서 나의 감정, 나의 행동주의적 반응들
을 섬세하게 관찰하는 일이다. 이를 생명철학에서는 '반성' 혹은 '성찰'이
라고 말하기도 한다. 그리고 외향적 방향으로서 자연을 관찰하고 자연

에 순응하고 자연의 소리를 경청하는 일이 중요하다. 외향적 방향의 예를 들어보자. 도로공사 현장에서 산을 절개한 경사진 절단면을 쉽게 볼 수 있다. 흔히 지나쳐 버릴 수 있는 광경이지만 그 절단면의 흙과 돌들은 100만 년 만에 세상의 빛을 본 것일 수도 있고 혹은 2억 년 만에 처음으로 빛을 본 것일 수도 있다. 그 흔한 언덕의 절개면에서 우리는 지구자연의 장구한 역사를 맞이하고 있는 것이다. 그래서 그 안에서 마그마의 관입과 휘어짐을 관찰할 수 있고 아마 화석을 통해 고대 생명의 역사를 함께 숨쉴 수도 있을 것이다. 돌멩이 하나, 흙 한 줌에도 생명의 숨길이 있음을 아는 것이 바로 자연을 구체적으로 공부하고 느끼는 통로이다.

저기 있는 식탁을 보기 위해서 나는 식탁에서 어느 거리 이상 떨어져 있어야 한다. 내가 식탁 밑으로 들어가거나 식탁 위로 올라가 있으면 식탁의 전체를 볼 수 없다. 대상을 관찰하고 인식하기 위해서 대상과 관찰자는 분리되어 있어야 한다. 너무 당연한 이야기지만, 이런 생각이 바로 서구과학을 잉태시킨 정신적 촉매였다. 그리스어에 '테오리아'(theoria, 이론)라는 말이 있다. 테오리아는 극장이라는 의미를 지닌 '테아터'(theater)와 어원이 같다. 저기 멀리서 본다는 뜻이 담겨 있다. 시장에서 싸움판이 벌어졌는데 싸움을 말릴 생각은 하지 않고 제3자의 입장에서 구경만 하고 있다면, 우리는 그런 행위를 테오리아라고 말할 수 있다. 즉 테오리아는 관찰자의 참여 없이 대상을 나와 분리시켜 보는 것이다.

이러한 분리작업을 통해서 과학이론은 형성된다. 고전과학에서 과학의 객관성은 대상에서 주체가 배제될 때 가능하다고 했다. 예를 들어 고전과학에서 볼 때 대상에 대한 분석적 측정값은 관찰자의 관찰행위와 관계없이 객관적이라고 한다. 이러한 과학이론을 만들어가는 이른바 과학방법론이라고 할 수 있는 분석방법은 아리스토텔레스에 의해 처음 이루어졌다.

분석방법은 2500년 전 아리스토텔레스 때 생물분류법으로 사용된 방법론이었다. 이런 방법론은 이후 근대과학의 문을 연 데카르트와 뉴턴에 이르는 서구사상사에서 중요한 정신적 도구가 되었다. 대상을 분석하고 각각의 피분석체에 이름을 붙이는 작업은 생물학이나 물리학에서는 물론이거니와 의학과 정신과학과 예술 분야에 이르기까지 지대한 영향을 끼쳤다. 분석된 조각들을 다시 모으면 원래의 기능을 가진 전체가 된다는 생각은 철학용어로 환원주의라고 한다. 이런 분석방법과 환원주의가 근대과학을 탄생시킨 것이다.

테오리아, 즉 '이론'이라는 것은 대상을 객관적으로 보는 작업의 일환이다. 그런데 여기에 객관성의 함정이 있다. 분석 혹은 환원적 방법을 통한 이론의 객관성은 대상에서 주관이 분리되어야 가능하다. 객관화의 작업을 통해서 경험적 대상이 수학적 대상으로 바뀐다. 경험적 대상을 수학적 대상으로 바꾸는 작업은 서구사상의 뿌리라 할 수 있는 플라톤 철학의 기초 위에서 가능하다. 여기서 수학적 대상이란 이성을 통해 현실세계를 이론세계로 추상화한 결과를 말한다. 플라톤 철학은 서구사상, 특히 서구과학의 핵심이다. 과학이론의 위대한 성과는 경험적 대상을 수학적 대상으로 환원시킬 수 있다는 데 있었다. 과학법칙이 그 대표적인 실례이다. 뉴턴에게 모든 경험대상은 수학화된 질점(質點, mass point)으로 환원된다. 예를 들어 천문학의 대상인 달은 그 달의 무게중심이 몰려 있는 질량의 중심점으로 환원되어 달이 수학의 대상으로 바뀐다. 기하학으로의 환원을 통해 자연과학이 발전하기는 했지만, 그렇게 환원된 자연은 그 자연의 생명성이 상실되고 오로지 수학의 대상이 되어버린 것이다.

환경문제를 말할 때 서구과학의 부정적 측면을 경계하면서 이야기하는 이유가 여기에 있다. 수학화된 자연과 경험적으로 내 앞에 놓여 있는 자연이 상충되기 때문이다. 수학화된 자연은 과학이론을 위해 반드시 필요하지만, 생태현실에서는 살아 있는 자연이 요청된다. 살아 있는 자연이 무엇인지 볼 필요가 있다. 양자역학을 성립시킨 닐스 보어(Niels Bohr)라는 물리학자가 있었다. 그가 자신의 양자역학 이론을 설명하는 예를 한번 보기로 하자. 생세포를 관찰하는 경우, 우리는 그 세포를 살아 있는 조직에서 떼어내서 염색을 한 다음 현미경의 대물렌즈 앞에다 갖다놓는다. 그리고 우리는 그 세포를 관찰했다고 말한다. 이러한 관찰행위는 대상을 객관화하는 작업이다. 그러나 생세포를 관찰하기 위하여 생세포를 조직에서 떼어내는 순간, 그것은 생세포가 아니라 죽은 세포가 된다. 우리가 생세포를 관찰하려는 순간 생세포를 죽은 세포로 전화시켜야 한다. 이런 객관화 작업이 고전적인 뉴턴 과학이론 안에 들어 있다. 전통 고전과학에서 관찰행위는 결국 자연을 주관과 분리하는 데서 시작한다. 자연을 기하학적 객관대상으로 바꾸지 않고 객관에 대한 관찰의 작업결과를 우리는 이론이라고 부르는 것이다. 이렇게 테오리아는 대상과 떨어져 있을 때 가능하다.

경험세계를 이론세계로 추상화하여 과학의 법칙세계를 찾기는 했지만 그 대신에 물질의 경험성 혹은 자연의 생명성을 놓치게 되었다. 다시 말해 자연의 대상을 과학이론을 통해서 설명(explanation)

할 수 있게 되었지만 그 대신 자연을 이해(understanding)한다고 말하기 어려워진 것이다. 분석과학에서는 이해가 필요 없으며 오로지 설명만 요구된다. 과학법칙은 자연을 설명하는 체계이지 이해하는 방식이 아니다. 여기서 이해라는 개념은 과학적 설명의 개념과 대비되는 것으로 사용했다. 설명의 대상이 되는 자연이 바로 객관화된 자연이다. 그러나 그것은 실제 생명의 자연의 모습과는 거리가 있는 무생명의 자연이다. 생명의 자연은 '거기에 있는'(there is) 자연이 아니라 내가 질문하는 방식에 따라 '놓이게 되는' 것이다.

　　　　내가 질문하는 자연과 네가 묻는 자연은 상황과 조건에 따라 다를 수 있다. 그것을 획일화시키는 것은 무차별의 자연이며, 수학화된 자연만을 보는 것이다. 생태문제도 상황은 같다. 자연도 설명의 대상인 동시에 이해의 대상이 되어야 한다. 자연을 죽어 있는 무생명으로 보는 것이 아니라 살아 있는 유기체로 보아야 자연을 생태적으로 만날 수 있다. 여기서 유기체라는 의미는 자연 자체가 하나의 살아 있는 생물체라는 뜻이 아니다. 내가 질문할 때와 네가 질문할 때의 조건에 따라 자연은 다른 답변을 한다는 의미에서 유기체라고 말하는 것이다.

　　　　자연을 설명의 대상으로만 볼 때 자연은 자원의 저장창고일 뿐이며 그 자원을 다 쓰면 별 볼일 없는 것으로 전락하지만, 이해의 대상으로 볼 때 자연은 비로소 지속 가능한 생명이 된다. '이해'라는 말을 영어에서는 'under-stand'라고 한다. 즉 어떠한 상황 '아래 놓여 있는 지'를 아는 것이 바로 이해가 의미하는 바이다. 동일한 대상도 다른 조건에 놓여 있으면 달리 이해된다는 것이다. 우리는 이런 생명의 관점에서 자연을 보아야 한다.

확장된 생명

우리말에 '엄살떨다'는 말이 있다. 엄살은 한 구석의 아픔을 전체의 아픔으로 펼쳐 보이는 것이다. 엄살떠는 일은 생태문제와 관련하여 대단히 중요하다. 엄살떠는 것이 나쁘다고 해서 새끼손가락 끝의 작은 상처를 큰 아픔이 아니라고 그냥 놔두면 나중에는 큰 병이 될 수 있다. 너의 아픔을 나의 아픔으로, 자연의 아픔을 나의 아픔으로 하는 것이 바로 엄살의 생태학이다. 백두대간 어느 골짜기가 철탑으로 무너지고, 서해안의 갯벌이 방조제로 없어진다면, 설악산의 산양이 사라진다면, 제주도 강정의 구럼비 해안이 파괴되고, 가리왕산의 아름드리 신목나무가 베어지고 없어진다면, 끝내는 우리의 땅 전체가 붕괴되고 우리의 마음도 병들 것이다.

생명철학의 근간은 생명의 지속 가능성 여부에 달려 있다. 현대 산업사회가 안고 있는 환경위기의 궁극적 원인은 살아 있는 자연을 마치 무생명의 기계처럼 다루어왔기 때문이다. 이제 자연의 생명성을 회복시킬 수 있는 구체적 방안을 찾아야 한다. 자연은 감성이 전혀 없는 무생명이 아니며, 연료만 넣으면 계속 돌아가는 기계가 아니다. 자연의 생명성에 공감하지 못하는 자들의 엄청난 파괴는 결국 우리 자신을 파괴하는 일이다.

자연을 생명으로 보는 관점이 생명철학의 핵심이다. 구체적으로 자연의 생명성이란 무엇인지 이야기해 보자. 대체로 습지나 갯가에 퍼져 있는 갈대나 하천의 수달 혹은 밭에 키우는 감자나 옥수수는 생명으로 간주되지만, 강물이나 강가에 있는 돌맹이라든가 밭의 흙을 생명으로 간주하지 않는다. 그래서 자연 자체가 생명적이라고 말하면 거부하는 사람들이 많다. 감자는 생명체이고 흙 자체는 무생명체이지만 흙 없이 감자가 있을 수 없기 때문에 생명체인 감자의 존재가 가능하기 위해서는 흙이 반드시 필요하고 우리는 그런 흙의 존재를 확장된 생명이라고 부른다.

　　그래서 자연은 생명체와 무생명체로 구성된 것이 아니고 생명과 확장된 생명으로 이루어져 있다. 확장된 생명의 개념은 현대 생태학의 기초 개념이며, 이는 생기론적인 전근대적 생명 개념과 다르다. 확장된 생명으로서 자연은 나와 너와 산천수목 사이의 공존관계를 포함한다. 확장된 생명으로서 자연은 내가 그 안에서 타자와 호흡을 함께 하는 공생의 다른 표현이다. 확장된 생명체를 제거하면 곧 이어 주변 생명체도 멸절하게 된다. 확장된 생명으로서 강정의 구럼비, 가리왕산의 신목나무, 설악산의 산양, 낙동강의 강물과 돌멩이를 개발욕망으로 파괴시키면 시차를 두고 우리 모두 멸절한다는 것이다.

생명의 사회적 가치와 도덕심

　　도덕적 공감성은 그 사회적 상황에 따라 발현되기도 하고 억제되기도 한다. 인간의 도덕심은 인간본성의 관점에서 다룰 것이 아니라, 사회적 구조와 상황에 의존적이라는 점을 인식하는 것이 중요하다. 기존의 도덕론은 대체로 도덕의 기준이 유일하게 하나만 있다고 보았다. 형이상학적 도덕론이 그 대표적인 입장이다. 가치의 절대성을 부정하고 상대주의 윤리설을 내세운 공리주의 도덕론조차도 고통과 즐거움이라는 단일한 변수로 도덕의 기초를 세웠다.

　　그러나 종래의 도덕이론과 다르게 도덕의 기준을 유일하게 보지 않으며, 나아가 다양한 기준의 합성으로 도덕심을 평가해야 한다는 입장을 눈여겨보아야 한다. 이를 도덕적 다원주의라고 말한다. 공평한 분배, 양심이나 정의심과 같이 기존의 단일한 기준들도 실제로는 도덕심을 평가하는 많은 요인들 가운데 하나일 뿐이라는 것이 조너선 하이트(J. Haidt) 도덕기초론의 핵심이다.

하이트의 이런 주장을 담은 책이 바로 2012년에 나온 『바른 마음』(*The Righteous Mind*)이다. 하이트는 리처드 슈웨더(R. Shweder)의 도덕적 다원주의를 반영하여 도덕의 기준은 다양한 관심의 합성이라고 했다. 그의 책에서 인용한 슈웨더의 논문 「도덕성의 3대 주제」에서 도덕의 주제는 자율성의 윤리와 공동체의 윤리 그리고 신성함의 윤리들로 구성된다고 말한다(Haidt 2012, p. 194). 전통적인 도덕이론은 인간의 본성을 선험적으로 탐구한다는 점에서 자율성의 윤리를 주로 다루었다. 근대경험론 이후에는 인간의 협동심과 개인의 본성을 연결해서 다루었다. 그리고 기독교 전통에서는 신성성을 도덕의 최고 기준으로 다루었다. 이렇게 다양한 도덕이론이 있었지만 자율성의 확립, 공동체의 정당성, 신성성에의 경외심이 합성되어 도덕심을 구성한다는 논리는 하이트의 '다섯 가지 도덕기초'를 완성하는 데 큰 기여를 했다.

하이트의 다섯 가지 도덕기초론은 다음과 같다. ① 배려-폐해 ② 공평심-부정 ③ 충성심-배반 ④ 권위-전복 ⑤ 고결함-추함이다(하이트 2014, 238쪽). 여기서 배려는 "남의 어려움을 잘 도와주는가"에 대한 응대를 추동하는 심정이다. 공평심은 "독식하지 않고 골고루 나눠 가지는가"에 대한 응대를 추동하는 마음이다. 충성심은 "집단에 대한 연합을 잘 지키는가"에 대한 응대를 추동하는 마음이다. 권위는 "무리를 잘 지킬 수 있나"에 대한 응대를 추동하는 마음이다. 그리고 고귀함은 "나와 다른 더러운 것을 구분하고 잘 피하는가"에 대한 응대를 추동하는 마음이다. ① 배려는 동정심으로 드러나고 ② 공평심은 정의로 드러나며 ③ 충성심은 애국심이나 소집단 이기주의(groupish)로 드러나고 ④ 권위는 우쭐함이나 복종심으로 드러나고 ⑤ 고결함은 경건심과 순결로 드러난다(고결함의 느낌은 우리말로 '깔끔 떨다'는 구어체 표현으로 설명된다. '깔끔 떨다'는 표현은 더러운 것들을 나로부터 구분하겠다는 분리의식을 포함한다).

　　　각 도덕성 기초의 반대되는 의미를 제시하면 오히려 해당 기초 개념을 더 잘 이해할 수 있기 때문에 각 기초의 반대를 설명해 본다. ① 배려의 반대는 남에게 폐해를 주는 것이며 ② 공평성의 반대는 부정과 비리이며 ③ 충성의 반대는 배반과 도전의식이다. ④ 권위의 반대는 복종이나 방종 혹은 서열을 무시하는 마음이며 ⑤ 고결함의 반대는 순결함과 추함을 구분하지 않는 마음이다.

　　　이 다섯 가지 기초 도덕심 그 자체보다 다섯 가지 도덕기초 각각이 사람들마다의 성향에 따라 발현되는 정도가 다르다는 점을 주목해야 한다. 하이트의 도덕기초론에 따르면, 다섯 가지 도덕심이 분포된 마음의 스펙트럼에 따라서 정치인 혹은 일반인들의 정치적 성향이 드러난다고 한다. 진보적 성향의 사람들은 배려와 공평심을 다른 도덕심보다 중시한다. 반면 보수적 성향의 사람들은 충성심과 권위 그리고 고귀함의 도덕적 기반을 다른 도덕적 기반보다 더 중요시한다(하이트 2014, 7장). 보수성향의 사람은 배려와 공평의 기초 도덕심을 경시하는 반면, 충성심과 권위의 기초 도덕심을 중시한다. 따라서 보수성향의 사람

하이트의 도덕기초론 – 다섯 가지 기초 도덕심					
다섯 도덕심	배려	공평성	충성심	권위	고귀함
현상	남의 어려움을 잘 도와주는가?	골고루 나누는가?	우두머리를 잘 따르는가?	무리를 잘 지키는가?	더러움을 잘 피하는가?
그 반대 마음	폐해	부정/비리	배반/도전심	복종/서열무시	더러움/기피
덕목	친절	정의	애국심	복종	경건
심리적 성향	대체로 진보적		대체로 보수적		

들은 집단성에 강하지만 한편으로 남에게 귀 기울이지 않으며 친절함이 부족하고 정의로움이나 분배의 형평성에 무관심한 편이다. 그래서 보수 성향의 사람들은 부패나 부정 그리고 비리에 쉽게 노출된다. 반면 진보 성향의 사람들은 분배와 배려를 중시하지만 집단보다는 개인의 자유에 치중하기 때문에 집단 내부에서 분열이 잦다. 결국 하이트의 도덕기초론으로 볼 때, 세간에서 흔히 회자되는 "보수는 부패로 망하고 진보는 분열로 망한다"는 표현의 타당성이 설명된다. 또 한 가지 사례를 들어보자. 최근 기독교 보수단체에서는 동성애 단체의 집회를 강하게 비난한다. 그들에게 동성애는 고결함을 붕괴시키는 가장 더러운 것이기 때문이다. 동성애를 반대하는 보수집단은 종교적 도그마의 권위를 숭앙하고 서열을

매우 중시하며 편향된 정치집단에 충성을 보이지만, 상대적으로 타집단에 대한 배려심과 공평한 분배에는 매우 인색한 편이며 자기보호를 위해 상대적 배척심을 강하게 드러낸다.

나는 하이트의 다섯 가지 도덕기초를 다음과 같이 새로운 틀로 재구성해 보았다(하이트 2014, 238쪽).

하이트의 기초 도덕심 다섯 가지 중에서 배려심과 공평심이 실행되려면 타인의 감정상태를 확인할 수 있어야 한다. 반면 충성심은 권력집단의 의지만 확인하면 된다. 그 집단의지는 내면적이 아니라 공표된 것이라서 타인의 내적 감정상태를 공유할 필요가 없다. 권위의 기초 도덕심에서 하위계급은 상위계급의 감정상태를 공유할 필요가 있으나, 거꾸로 상위계급은 하위계급의 감정상태를 확인할 필요성을 크게 느끼지 않는다. 결국 배려와 공평성의 도덕심은 공감을 기반으로 하는 데 반해서, 충성심과 권위와 고귀함의 도덕심은 상대적으로 일방적 감정지배를 기반으로 한다. 이렇게 사람마다의 공감능력은 그 사람의 성향에 따라서 차이가 난다.

뱀을 처음 본 어린 원숭이가 본능적으로 뱀을 피하고자 취하는 행동준비 태세는 일종의 생물학적 고귀함의 느낌이다. 이러한 고귀함의 느낌이 발달하여 문화적 고귀함의 정서로 나타나는데, 이는 현대문명사에서 보건위생의 수준을 끌어올려 인간의 수명연장에 결정적인 역할을 했다. 또 한편으로 이런 생물학적 고귀함의 느낌은 도덕심의 기반으로 진화했다. 고귀함의 느낌은 더러움과 추함을 피하는 생물학적 본성으로부터 진화한 문화적 소산물이다. 예를 들어 고귀함의 심정이 지나칠 경우 앞에서 말하고 있듯이 첫째 동성애를 수용할 수 없는 능동적 차별

행위, 둘째 나의 존재계급은 원천적으로 너희들의 존재계급과 다르다는 소집단성 선민의식, 그리고 셋째로 선민의식에 따라서 타자를 기피하는 분리주의가 동반된다. 고귀함의 심정이 과다하면 정서적 분리를 조장한다는 뜻이다. 가령 고귀함 느낌의 한 가지 예로서, 우리가 흔히 들을 수 있는 이른바 공주병 신드롬이 있다. 공주병 신드롬은 자신을 타자로부터 단절하는 선민 현상을 동반한다. 이런 신드롬에서 공감능력을 기대하는 것은 처음부터 불가능하다. 따라서 고귀함의 느낌은 타자와의 공감보다는 자기만의 위안감일 수 있다. 결론적으로 말해서 충성심과 권위의식의 발현이 지나치게 많고 상대적으로 배려와 공평심의 발현이 차단된다면 그런 사태에서 생명은 위선으로 몰락한다.

4.

생명의 감정과 욕망

권위의 원형

〈동물의 왕국〉 프로그램에서 사자들끼리 피까지 흘려가며
심하게 싸우는 모습을 볼 수 있다. 암컷을 차지하는 무리의
우두머리가 되기 위해 수사자들 사이에서 우두머리 경쟁을
하는 것이다. 싸우다가 죽을 수도 있거니와 그 자리에서 죽지 않더라도
후유증으로 결국에 죽는 경우도 있다고 한다. 다 큰 수사자들이 모두 피
터지는 싸움에만 매달린다면, 정자를 전해 줄 수사자의 수가 급격히 줄
어들어 버릴 것이다. 그러면 무리의 생식 성공도 또한 낮아질 것이다. 일
반적으로 우두머리 경쟁에 뛰어드는 수사자는 상대적으로 힘이 세고 덩
치가 큰 우성유전자를 가진 놈들이다. 이런 우성유전자의 수사자 수가
줄어들게 되면 그 사자집단의 생존 자체가 절대적으로 불리해질 것이다.

다행히 이런 상황에 자연스럽게 대처하도록 사자들의 행동
형질은 적절하게 진화되었다. 우두머리 경쟁에 뛰어든 수사자들이 우리
가 TV 등에서 보는 것처럼 그렇게 치열하게 싸우지 않는다는 사실이다.
〈동물의 왕국〉 유의 프로그램 카메라는 죽음에 이를 수 있는 치열한 싸
움장면만 담아서 보여준다. 그러나 현실의 사자집단에서는 서로 얼러붙
어 상대의 힘을 나의 힘과 견주어보다가 세게 맞붙어 싸우기보다는 어
느 한 놈이 물러나는 경우가 더 많다. 그렇게 해서 쓸데없이 심한 상처를
입거나 죽음에 이르는 것을 피하는 것이다. 여기서 물러나는 수사자는
집단 내 암사자와 교미하는 대장은 되지 못하지만, 그 대신 생존을 보장
받게 되며 혹은 나중에 새로운 집단을 만들 기회를 가질 수 있다. 유인
원 종인 고릴라집단에서는 우두머리 후보들 사이에서 서로 견주는 행위
는 더 정형화되어 있다. 서로 가슴을 치거나 부풀려 보이는 행위를 하거

나 소리를 크게 질러서 상대를 위협하여 본격적인 싸움을 최소화한다. 몸싸움이 실제로 일어나면 부상의 위험이 매우 클 수밖에 없다. 부상이 클 경우 싸움에서 이긴 승자도 우두머리가 되지 못할 수 있다는 것을 서로 알기 때문이다.

우두머리는 집단의 권력을 상징한다. 그러나 권력을 쥔 우두머리가 된 이후에도 다른 수컷들로부터 지속적으로 우두머리 자리를 위협받는다. 그때마다 얼러붙어 싸움을 할 수는 없다. 현존 권력을 계속 유지하기 위해 걸핏하면 싸움에 뛰어들어 그로 인한 부상을 입는 일이 없도록 해야 한다. 그래서 아예 처음부터 싸움을 걸어오지 않게 하는 것이 중요하다. 권력유지를 위해 에너지를 지나치게 사용할 경우 그 우두머리의 권력유지 비축비용은 곧 소진된다. 그럴 경우 머지않아 권력에서 밀려나는 것은 당연한 수순이다. 부상위험이 큰 싸움을 최소화하면서도 권력을 지속적으로 유지하려는 행동형질이 바로 권위양식이다.

권위는 권력유지의 최소비용 양식으로 진화된 특이적인 동물행동 형질이다. 우두머리 혹은 지배그룹은 항상 권위를 만들어간다. 권위적 행동으로는 다음 네 가지 양상—편 가르기, 서열 짓기, 전략적 베풀기, 위세부리기—을 찾아볼 수 있다.

첫째, 편 가르기는 권력유지의 중요한 양식이다. 평소 집단 내 구성원들에게 상과 벌을 내리며 그 상과 벌을 내리기 위해 편을 가른다. 우두머리에게 절대 복종하는 편과 그렇지 않은 편을 나누어 상과 벌을 구분하는 것이다. 둘째, 서열 짓기는 권력을 경제적으로 유지하려는 양식이다. 집단구성원들에게 권력의 존재를 확신시킴으로써 우두머리 권력을 쓸데없이 낭비하지 않도록 해야 한다. 그래서 모든 권력지향 집단은 집단구성원들 사이에 서열을 만든다. 서열구조는 우두머리 혹은 우두머리 소수집단의 안정적인 먹이와 생식 확보를 위한 일종의 사회 시스템에 맞춰진다. 이런 점 때문에 권력유지 행동형질 혹은 권위 행동형질은 당연히 포유류 진화의 중요한 한 단면이 된다. 셋째는 전략적 베풀기이다. 우두머리는 수혜적인 행동을 함으로써 자신의 권위를 드높인다. 일부 유인원집단에서 이러한 권위 행동형질은 '어루만져 주기'로 진화했다. 하위서열의 원숭이가 상위서열 원숭이의 털을 골라주는 것은 서열구조상 이해할 수 있다. 그렇지만 상위서열 원숭이가 하위서열 원숭이의 털을 골라 주는 행위는 앞서 제시한 권위의 두번째 조건과 상충된다. 그럼에도 이런 행동이 빈번히 발생하는 이유, 즉 우두머리가 하위서열자의 털을 골라주는 이유는 우두머리가 하위자에게 수혜를 베풂으로써 자신의 권위를 더 안정화시키려는 데 있다. 이것이 수혜를 통한 권위상승의 행동형질이다. 넷째 위세 부리기이다. 우두머리 자신의 위용을 만들어가야 한다. 위용을 보이기 위해 위세를 떤다. 위세에는 내적 위세와 외적 위세가 있다. 내적 위세는 풍채를 크게 혹은 화려하게 보인다거나 포효하는 등 다양한 생물학적 표현양식을 통해 나타난다. 예를 들어 개구리가 거의 자기 몸 크기만큼이나 크게 뺨을 부풀리는 행위라든가 짝짓기를 맞이한 수컷 새들이 암컷 새들 앞에서 노래를 지저귄다거나 사자가 갈기를 곧추세우는 행위 등이 이에 해당한다. 반면 외적 위세는 우두머리 침팬지가 나무작대기를 세게 두드린다거나 먹이를 많이 모아서 쌓아놓는다거나 아니면 튼튼하고 화려한 집을 지어서 보여주는 일종의 사회적 행동양식들을 말한다.

　　　　동물에게 권위의 네 가지 양식은 기본적으로 짝을 구하려는 짝짓기 행동과 연관되지만, 인간에게서는 짝짓기와 더불어 자기 개인의 풍요로운 존속과 후손생산의 안정성을 추구하는 도구가 된다. 특히 거대 문명사회를 일구어낸 인간에게 위세 부리기 양식 중 '외적 위세' 양식은 매우 특이하게 진화하였다. 인간사회의 권력획득 예비자는 권력을 차지하기 위하여 대단한 모험을 해야 한다. 그런 만큼 일단 권력을 차지하면 놓치지 않기 위해서 더 많은 비용을 투자한다. 권력을 쥔 권력획득자는 제일 먼저 편을 가르고 서열을 짓는다. 그런 다음에는 장기적으로 권력을 누리기 위해 적절히 벌과 상을 내린다. 그와 더불어 인간사회의 권력획득자는 위세를 조장한다. 인간에게 생물학적 위세는 한계가 있다. 인간사회에서 권력을 쥔 경우는 대부분 신체적 힘과 더불어 심리적 전략을 구사하는데, 심리적 전략의 대부분은 '외적 위세'의 양식을 띤다. 인간사회 권력집단의 가장 큰 특징은 외적 위세를 확장하는 데서 찾을 수 있다.

    인간사회의 권력구조를 보면, 자연스럽게 발휘된 외적 위세만이 권력을 가장 오랫동안 유지시킬 수 있다. 이 점은 다른 동물사회에서 한 걸음 더 나아간 인간사회의 가장 특이적인 진화형질이다. 자연적 외적 위세는 쉽게 말해서 자기 권력을 보여주려는 이른바 자가발전을 하는 위세가 아니라 다른 이들이 스스로 권력을 인정해 주는 현상을 말한다. 불행하게도 호모 사피엔스의 권력욕망과 자연적 외적 유세의 진화형질 사이에는 크나큰 간극이 존재한다. 쉽게 말해서 인간의 욕망은 자연적인 권위에 만족하지 않고 인위적으로 권위를 창출하고자 한다. 그래서 집단 내 구성원들이 권력자 혹은 권력집단의 권력을 인정해 주지 않을 경우 권력자는 자기 스스로, 즉 자가 발전하는 위세를 띤다

(Handgraaf et al. 2008).

　　　　우리 현실에서 나타나는 위세의 자가발전 사례를 하나 들어보자. 지방자치제 이후 지방의원들은 그 위세가 당당하다. 지방의원으로는 대체로 지역유지들이 많이 당선되는 편이다. 지역유지라는 사람들은 대부분 그 지역에서 한밑천 가진 사람들이어서 관련된 지역주민들이 많을 수밖에 없다. 그러다 보니 지방의원으로 당선되기도 한다. 물론 지방의원 모두가 다 그런 것은 아니지만, 주로 그들의 관심은 주민의 복지보다는 중앙의 국회의원 특유의 거드름을 따라하는 데 쏠려 있곤 한다. 그리하여 지방의원이 되자마자 어떤 이는 조선시대 임금을 떠올리면서 용상이 새겨진 책걸상 등으로 의원실의 가구를 바꾸기도 한다. 위용에서 시작된 그들의 거드름은 동물적 위세의 모습 그 자체와 거의 흡사하다 해도 과언이 아니다. 용머리와 거북등이 새겨진 좀더 품새 나는 의자, 좀더 위용 있는 의자에 앉아서 삿대질하며 호통도 치고, 남들에게 훈계도 하고 싶어지는 모양이다. 작은 사회단체의 회장이 되어서도 마찬가지 증상이 나타난다. 나름대로 그 알량한 권력을 위세하고 싶어서 그럴진대, 권력의 위계수준과 관계없이 권위와 위세를 부리는 속내는 저 높은 임금님이나 동네 시의원이나 엇비슷하다. 권력위계의 유사성은 사적인 집안에까지 침입하여 정치인이 위세를 떨듯 집안에서 남편은 아내와 어린 자식들에게 권위를 한껏 부리면서 얄팍한 접시물 권력을 행사하고 있다. 그 사이 집안에서는 소통과 행복이 사라지고 우리 아이들은 어른 몰래 일탈하기가 십상이다. 이런 거드름은 관공서의 건물외형에까지 이르렀다. 한때 많은 지자체 단체장들이 시청사 건물을 호화롭게 보이려고 경쟁적으로 건축한 사실을 우리는 알고 있다. 지자체는 빚을 내서라도 위용 있게 짓고 보자는 심산이었다.

　　권위는 일종의 자기위세의 한 가지 양상이다. 자아의 그릇을 채우는 내용적 충실함과 그 반대 격인 허장성세의 자기위세는 서로 보집합 관계여서, 자아의 그릇이 크다면 쓸데없이 위세 부릴 일이 없는 데 반해 위세욕구가 강하다는 것은 자아를 채우고 있는 내면의 충실성이 상대적으로 미흡하다는 것을 거꾸로 보여준다. 위세욕구는 나의 내면에 위치한 실존의 모습으로 드러나기도 한다. 최소생존을 위한 생물학적 위세욕구는 인간의 본능적 본성에 가깝다. 그러나 인간의 실존은 생물학적 본능요소 외에 다층적 문화요인들이 복합적으로 얽혀 있는 이미지와 실물의 혼합체이기도 하다. 그래서 권위감정에 대한 개인 심리적 분석과 더불어 사회 심리적 이해가 중요하다. 나 자신의 권위의식을 버리지 않는 한, 권력관계와 무관하게 우리 사회의 진보란 없다.

　　지방사회가 한층 개방화되면서 이와 같은 위세행위는 아무 영향력이 없다는 것을 사람들은 알게 되었다. 요즘은 많이 달라졌다. 내가 살고 있는 원주의 지방의회를 예로 들어보겠다. 원주에서는 최근 지자체선거에서 당선된 신진 지방의원 의장이 나서서 그간 권위의 상징이었던 시커먼 관용차 대신에 하이브리드 중소형 승용차를 선택했다. 또 어떤 여성 시의원은 아예 승용차 없이 버스를 타거나 걸어서 다니면서 주민들의 소리에 귀를 기울인다. 혹자는 이런 것들을 사소한 일로 치부해 버릴 수도 있겠지만 실은 대단한 변화라고 나는 생각한다. 권위를 부리지 않는 그런 일상의 변화만이 진정한 권위를 가져다줄 것이다. 외적 위세를 아무리 부려도 자연적인 권위는 창출되지 않는다는 것을 권력자가 조금씩 깨달을 때 우리 사회는 진짜 행복에 다가갈 수 있다. 이런 변

반생명의 권위	생명을 보존하는 권위
나의 권위를 나 스스로 만들거나 권력을 사용하여 남에게 강요한다. -감정폭력	남들이 나의 권위를 자생적으로 만들어 준다. -감정공감
편 가르기, 서열 짓기, 전략적 베풀기, 위세떨기로 개인의 이익만 추구하는 동물적 수단이다.	수평적 권력을 통해 개인과 사회를 동시에 성장시키는 자연적·문화적 동력이다.

화는 어쩌면 당연한 일이다. 불행하게도 여전히 위세를 통해서 자가발전의 권위를 지키려는 권력유형이 아직 넘쳐난다.

　　권위는 나쁜 것이니 무조건 버려야 한다는 말이 아니다. 자기가 자기의 권위를 세우기 위하여 스스로 만든 권위는 권위가 아니라 감정폭력이라는 사실이다. 권위는 자기 스스로 억지로 만드는 것이 아니라 다른 사람들이 만들어주는 것이다. 생명철학에서 말하는 권위는 남들로부터 저절로 우러나오는 감정공감이다.

권력의 유혹

　　권력은 선천적인 인간의 원형적 본성일 수 있으며, 반면에 권위는 외부환경에 의해 형성된 일종의 후천적인 문화적 편린이다. 권위는 권력을 쟁취하려고 하거나 쟁취한 권력을 유지하려고 할 때 혹은 없는 권력을 있는 것처럼 꾸밀 때 드러나는 인간의 문화적 행동양상이다. 권력은 집단의 사회화 과정에 수반하는 일종의 집단보존 기능을 갖기도 한다. 문제는 그 권력을 한 사람이 차지하느냐 아니면 여러 사람이 나누어 갖거나 혹은 돌려 갖느냐이다. 이를 제대로 따지기 위해서는 먼저 권력의 기반이 되는 사회의 조건이 무엇인지 살펴볼 필요가 있다.

'사회'의 조건은 다음과 같다. 첫째, 일정한 공간 안에 집단을 형성해야 한다. 둘째, 집단 내 구성원들 사이에 일정한 내적 관계와 일정 약속이 형성되며, 구성원들은 그 관계와 약속을 깨지 않고 유지시킨다. 셋째, 외부집단 즉 외부사회와 상호공존 혹은 상호경쟁의 외적 관계를 유지한다. 넷째, 집단 안에서 혈연간 이타적 관계를 통해 얻어진 이익이 그렇지 않은 집단보다 더 발전된 결과를 보여주며 그런 상태를 관습적으로 유지한다. 이상의 조건들이 충족될 경우 그리고 바로 그럴 경우 원형적 의미에서 우리는 그 집단을 사회라고 부른다. 여기서 이 사회의 내적 관계와 약속을 깨지 않고 유지하는 요인 가운데 가장 큰 비중을 차지하는 것이 바로 권력이다. 이런 권력을 한 사람 혹은 소수가 가질 때 그 사회는 폐쇄사회가 된다(김성우 2012).

인류학 혹은 진화심리학에서 볼 때, 권력에 대한 유혹의 원천은 일종의 성 선택(sexual selection)의 결과라고 하는 것이 일반적 정설이다. 성 선택을 설명하려면 긴 지면이 필요한데, 사례를 들어 간단히 말하자면 수컷공작새가 짝짓기를 하기 위해 암컷에게 선택되기 위한 노력의 일환으로 자기 몸보다 훨씬 큰 날개를 화려하게 활짝 펴는 것과 같다. 이 크고 화려한 날개는 포식자의 눈에 띄어 잡아먹힐 위험이 상당히 큼에도 불구하고 짝짓기를 위해 위험을 무릅쓰고 날개를 편다. 다시 말해 자연선택(natural selection)으로 설명하기 어려운 성 선택을 시도한다는 것이다. 암컷들을 독차지하는 우두머리 수컷 바다표범의 행동이나 침팬지의 집단장악 행동들을 비교해 보면 쉽게 사회의 권력구조를 이해할 수 있다. 이러한 동물들의 권력구조는 집단 안에서 이기적인 개체들이 살아남을 확률이 높아진다는 자연의 사실을 필연적으로 함의한다.

동물집단과 달리, 인간사회의 조건을 형성하는 데는 자연의 사실 외에 문화적 사실이 더 큰 비중을 차지할 수 있다. 쉽게 말해서 인간사회는 동물사회의 진화논리를 그대로 적용할 수 없다는 뜻이다. 인간사회는 이타적 행위들이 발현되는 문화적 이념을 강하게 포함하고 있기 때문이다. 사회성을 정의하는 중요한 요인이 이타적 조건이라는 것은 이미 앞에서 말했다. 이타주의 행동 역시 알고 보면 혈연간의 자기 유전자 확산을 목적으로 한 이기주의 행동의 다른 모습일 뿐이라고 해석하는 사람들도 많다. 그러나 인간사회가 여느 동물들의 집단과 다른 가장 중요한 특징은 혈연관계가 아닌 타인에게 이타적 행위를 하는 잠재성을 지녔다는 점이다. 특히 문화적 인위성의 시공간적 진화의 역사를 더 거쳐 온 사회일수록 단순 경쟁논리로 설명하기 어려운 이타적 간접보상 행위가 많아진다. 이런 이타적 행위들이 보상받는 사회일수록 권력은 분산되거나 나누어 갖는 수평적 관계의 집단이 된다. 이런 사람들이 사는 마을을 그린 지도가 바로 녹색사회로 가는 길을 안내한다. 그 지도를 따라 좀더 자세하게 권력과 권위의 관계를 보자.

권력과 권위의 탈피: 녹색사회

차별 없는 사회는 권력의 분산과 순환이 전제되어야 한다. 내용적으로 분배정책이 실현되어야 하고, 문화적 다양성이 확보되어야 하며, 생태주의를 사회적으로 실현시켜야 한다. 이렇게 주어진 지향목표와 지향내용이 실질적으로 현실화되려면 좀더 근원적인 변화가 이루어져야 한다. 근원적 변화란 내면의 권위의식을 과감하게 내동댕이치는 자아에 대한 혁명에서 비롯한다. (사회적) 동물인 경우 앞서 말했듯이 권력, 즉 성 선택의 우위를 차지하려는 본능적 권력을 포기하는 것은 곧 생존을 포기하는 것과 같다. 반면 동물이 아닌 인간의 경우 권력을 포기해도 권위를 포기하지 않는다. 이렇게 무형의 권위를 존속시키려는 것이 바로 문화적 형질의 모습이다. 이런 문화적 형질이 곧 실존적 인간의 문화적 원형이기도 하다. 권위는 권력을 현시하거나 쟁취하려고 하거나 쟁취한 것을 유지하려고 하거나, 아니면 없는 권력을 있는 것처럼 꾸밀 때 보여주는 문화적 행동양상이라고 했다. 결국 권력지향은 분명한 사회적 행동양상으로 나타나지만 권위지향은 내면적 실존양상으로 나타난다. 그래서 인간 내면의 실존적 태도가 변화하지 않은 상태에서 행동양상의 변화는 잠정적이거나 일시적이다. 결국 사회의 진정한 진보를 원할 경우, 사회구성원들이 자기 세력을 과시하는 권위의식을 버리고 무중심의 수평사회를 구현해야 한다. 무중심의 사회는 누구나 중심이 될 수 있다는 중심의 편재와 주변과 중심을 수평적으로 만드는 일에서 시작한다.

　　　　다양한 진보운동의 형태들, 즉 민주화운동, 도덕적 정치참여운동, 다양성을 위한 문화운동, 생태주의 환경운동 등등을 하여도 그 운동의 주체가 권위의식을 가질 경우, 그 운동은 결실을 맺을 수 없다. 다시 말해 권력에 대한 진보적 변화가 시도된다고 해도, 가부장적인 권위의 태도나 고답적인 남성 중심적 사고, 조직의 위계질서 의식, 학벌이나 지역 연고주의, 관습과 조직에 맹목적인 태도 등을 계속 유지한다면 그 변화는 진정한 진보의 변화가 될 수 없다. 그런 유사변화는 단지 약간의 일시정차였을 뿐 보수사회로의 진입속도를 한결 더 증가시키게 된다.

　　　　정치권력을 잡기 위해 경쟁하는 반대자들도 권위의식에서
는 같은 편이다. 권위를 타파하는 행위 자체가 기존 권위사회로부터 일
탈로 평가되며, 따라서 강한 정서적 거부를 당한다. 여야로 대립된 정치
인들, 이른바 진보와 보수로 나눠진 정치판도의 사람들, 그들 서로는 권
력구조에서 처절한 투쟁의 관계이지만 권위의식의 공간에서는 동업자의
식을 강하게 공유하고 있다는 것이다. 이런 점에서 권력 개념과 권위 개
념은 다르다. 권력에 강한 집착을 보이는 사람들 대부분이 권위적이지만
그들의 권위는 남들이 받드는 권위가 아니라 자기 스스로 만든 권위이
다. 권위를 일탈하는 권력은 기성 관습사회에서 오래가지 못하는 것이
우리 안에 내재한 병증이다.

　　　　권위의 구조는 의식 안의 내면성을 지니지만, 현실적 힘을
행사하는 권력보다 보수성이 훨씬 더 짙다. 그래서 녹색사회로 가는 길
을 정말 찾아가려면 우리 내부의 권위의식을 먼저 버려야 한다. 권력 대
신 권위를 문제 삼자는 뜻이 무엇인지, 좀더 쉽게 말해 보자. 권력을 쥔
다 한들 시꺼먼 자동차를 타지 않으신다면, 뒷자리 대신 운전석 옆자리
에 앉으신다면, 용머리와 거북등 문양이 새겨진 의자 대신 평범한 의자
를 택하신다면, 호령과 훈계 대신 평등한 대화를 하신다면, 큰 정치 혹
은 국민의 일로 바쁘다는 핑계로 집안일에 소홀하지 않으신다면, 아주
머니들 수다 떤다고 핀잔주면서 점잖은 귓속말로 파벌과 지역주의를 조
장하는 말을 하지 않으신다면, 재벌과 학벌 높은 내가 너희들과 같은 물
에서 놀 수 없다는 자기기만의 위세를 부리지 않으신다면, 아마 우리 사
회는 벌써 녹색사회로 진입했을 것이다. 나는 이와 같은 반(反)권위의

실존적 정치행위들을 '역사를 일구는 작은 정치'라고 부른다. 작은 정치 없는 큰 정치만의 잔치는 과거든 미래든 여전히 생명사회의 평등성을 기대하기 어렵다. 역사를 일구는 작은 정치를 데리다는 생명정치라고 불렀다. 생명정치의 인간학적 기반이 생명철학이다. 생명철학은 권위를 제거해야만 인간이 생태학적 모습을 볼 수 있다는 데 기초해 있다. 이런 생명철학과 생명정치가 통하는 사회를 은유적으로 말해서 녹색사회라고 부른 것이다.

권위를 피하는 사례 한 가지

흔히들 수다는 여자들만의 전유물이라고 말한다. 확실히 여자들이 남자들보다 수다가 많다. 그래서 여자들의 말은 이렇다 할 내용도 별로 없고 그 말을 믿기도 어렵다고들 한다. 그렇다고 치자. 그러면 남자들의 말은 내용이 있고 그 말을 다 믿을 수 있다는 것인가? 말 때문에 싸움을 일삼는 것은 남자들이 더하다. 해도 너무할 정도이다. 아줌마들이 아파트 놀이터에 모여 이런저런 이야기꽃을 피우고 있다. 그래봐야 8층 집 남편이 명퇴했다더라, 4층 집 둘째 아이가 외고를 간다더라, 길 건너 미장원 스트레이트파마 실력이 형편없다더라, 이런 정도일 뿐이다. 반면 남자들의 이야기는 몇 마디 하지 않지만 귓속말이라는 팬터마임을 통해 남들을, 주변 동료에서부터 온 국민에 이르기까지 짓밟고 사기치고 음해하고, 나아가 온 나라 정치를 뒤집어놓는 혼란사태를 밥 먹듯 일으킨다. 말수가 적은 집단은 항상 폭력을 주도한다.

우리에게 가장 부족한 것이 사람들 사이의 소통이다. 소통

중에서 눈에 보이는 것이 생각과 입으로 하는 말이다. 마음도 말에 어느 정도 붙어 있는 것이어서 말은 마음을 만들어가기도 한다. 말은 정보를 소통하기 위한 매개로 끝나는 것이 결코 아니다. 말 자체가 사람들 사이의 관계의 끈을 단단히 엮어주는 구실을 한다. 특정 집단 간 사람들 사이의 말은 서로를 이해하고 이해해 주는 가장 효율적인 통로이다. 특히 가족들 사이에서 오가는 말은 더욱 중요하다. 대부분의 부부갈등, 고부 간의 갈등, 자식과 부모간의 갈등은 그들 사이에 오가는 말이 없기 때문이다.

아이들은 사춘기가 되면서 부쩍 말수가 줄어든다. 동시에 부모와의 대화도 줄어든다. 그러면서 부모자식 사이의 갈등은 더 커진다. 그럴수록 쓸데없다 싶을 정도로 서로에게 말을 많이 하면 많은 어려운 문제가 풀리기 시작한다. 수다를 떨어보라는 말이다. 서로간에 말수가 적어지면서 아빠의 횡포가 나타나기도 하고 아이들의 반항도 극을 달하게 된다. 부부사이도 꼭 마찬가지이다. 서로 오가는 말수가 많은 부부는 대부분 평화롭고 평등한 사이를 유지함을 알 수 있다. 부부싸움 끝에는 서로 말이 없게 마련인데, 오가는 말이 없다 보면 오히려 다투는 일이 더 잦아진다. 이런 상황을 거꾸로 보면, 서로 말을 많이 하면 평화로운 부부가 될 수 있다는 뜻이기도 하다. 말을 많이 하려면 사소한 것까지 서로에게 묻고 응대하는 것이 좋다. 부부사이에 무슨 기업이나 정치처럼 회의나 토론을 하는 것이 아닐진대, 특별한 정보를 소통하고 답을 꼭 얻어야만 하는 그런 딱딱한 말을 하자는 것도 아니다. 그냥 소소하게 조금은 좀스럽다 싶을 정도로 둘만의 이야기를 나누는 것이다. 그것을 대화라고들 한다. 대화라는 말은 너무 거창해서, 그냥 수다를 떨면

된다. 남편들도 이제 수다를 떨어야 한다. 우리의 집안평화를 위해서 그렇다.

집단 내 소통문제와 관련하여 침팬지와 보노보 종의 행동생태학이 자주 비교된다. 침팬지의 사회는 수컷 중심의 서열사회이며, 그 우두머리는 먹이와 생식을 독점한다. 반면 보노보의 사회는 암컷이 우두머리이며 그조차도 권력이 이모들끼리 나누어 행사된다. 보노보끼리의 신체적 접촉은 침팬지 사회의 접촉기회와 비교가 안 될 정도로 더 많다. 보노보 사회가 침팬지 사회보다 평화롭고 안정적이라는 동물학자들의 보고는 다수이다. 침팬지종 사이에서도 폭력적 독점권력을 행사하는 집단보다 관용을 베푸는 우두머리의 집단이 더 번성하고 개체수명도 증가한다고 한다(Walsh 2009). 인간도 마찬가지이다. 왜 인간을 침팬지와 비교하느냐고 반문할 수도 있겠지만, 오히려 인간이기 때문에 침팬지보다 말수가 많은 평화의 소통을 더 원해야 할 것이다.

말을 적게 하라는 성현들의 높으신 옛말은 다 뭐냐고, 또다시 반문할 수 있다. 사람과 사람 사이에서 사회구성체가 형성되면서 조직을 유지하기 위한 말의 법전이 필요했고, 따라서 구성의 한 개체가 자신의 말에 책임지라는 뜻에서 말을 조심하라는 것이 성현들 말씀의 의미이다. 말을 적게 해야 권위가 서기 때문이다. 말을 많이 하면 행동실천도 많이 해야 하기 때문에 이는 권력을 쥔 사람들의 행실이 되어서는 안 된다는 뜻이었는데, 오늘날 상당 부분 왜곡하여 해석하는 것이 더 문제다. 예를 들어 옛날 왕은 말을 듣는 입장이고 신하는 말을 하는 입장이었다. 이런 입장이 거꾸로 되면 왕의 권위는 무너진다고 생각했다. 그래서 말수의 많고 적음은 권위가 있고 없음과 직접 연관되어 있다.

　　　권위를 좋아하는 남자들도 우선 말수를 늘리고 수다를 많
이 떨도록 여자들이 나서서 남자들을 독려해야 한다. 이런 남자들 중에
서도 남편보다는 아들에게 가르치는 것이 더 효과가 크다. 미래를 위해
서 말이다. 부부사이는 물론이거니와 아이들과도 수다를 떨어보도록 주
변사람들에게 권유하는 일이 중요하다. 그러고 나서 밖으로 나가서 직장
후배들과도 수다를 떨어보도록 한다. 한다하는 학벌의 대학동창들끼리
소곤소곤 못된 전략일랑 내던져버리고, 넓지도 않은 이 땅에서 알량한
지역사람들끼리 남의 지역 흠집이나 낼 생각일랑 아예 묻어버리고, 돈깨
나 있는 가문이나 조직 속에서 품 나는 한마디로 권위 같지 않은 권위
를 내세우려 들지 말고, 내 당 네 당 하면서 귓속말로 오가는 파벌과 권
력 싸움일랑 집어치우도록 분위기를 만들어가야 한다. 호령과 명령이 센
사람일수록 뒤로는 음모와 전술도 많아지는 기묘한 이중성을 갖는 것이
권위를 부리는 사람들의 공통점이다. 그래서 우선 집안에서부터 서로
수다를 떨면서, 근엄함에 살살 피어오르는 일상적 권위를 떨쳐내는 연
습을 전파해야 한다. 수다 자체의 생리학적 비밀이 여기에 숨어 있다. 그
안에 생명이 풍요로워지는 열쇠가 있다.

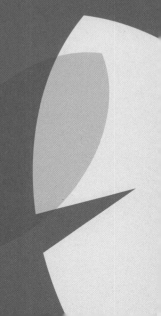

5.

생명파국의 한국사회

4대강, 원전 그리고 빚더미: 생명위기의 3대 파국

대한민국 최근 10년사에서 생명사회로 가는 길을 차단한 부정과 비리 그리고 기만의 질곡을 나는 '대한민국 10년사 3대 파국'이라고 이름 붙인다(약칭 '3대 파국'). 3대 파국은 공감결핍의 극단적 현상으로서, 다음과 같다. 1대 파국은 4대강 사업이며, 2대 파국은 원전사업 강행이다. 3대 파국은 가계빚 1천조 원을 넘어서 더 큰 빚을 조장하는 권력의 금융탈선이다(2015년 기준 1100조 원). 이러한 파국현상은 최근에 더욱 두드러지게 드러난 공공성 파괴와 세월호 참사와 연관된 밀실권력의 횡포 그리고 그보다 심각한 공감불통의 사회적 질병의 외형적 증상이다.

첫째, 4대강 사업의 파국은 토건재벌을 옹호하는 무지막지한 권력의 불행한 소산물이다. 대한민국에서 홍수는 소하천이나 지방하천에서 주로 발생한다. 예를 들어 1999~2003년의 홍수피해 현황을 살펴보자. 국가하천에서 발생하는 홍수피해는 3.6%에 불과하며, 지방하천에서의 홍수피해가 55%, 소하천이 44.9%이다(연합뉴스 보도자료, 2011. 7. 27). 그런데 지난 정권은 홍수피해와 무관한 4대강에서 거대한 토건사업을 강행했다. 4대강 파괴로 인한 사회적 퇴보와 생태적 부작용은 생각보다 심하다. 보를 막아놓아 생긴 남조류 증가에 따른 녹조현상은 그 빈도가 훨씬 잦아졌다. 예를 들어 큰빗이끼벌레의 창궐이 심각한 지경에 이르렀는데도 수자원공사는 아무 문제없다는 변명만 늘어놓고 있다. 22조 원을 공사비로 쏟아부었지만 향후 관리비와 복원비로 그 이상을 쓰게 될 것이다. 관동대 박창근 교수에 따르면 대략 65조 원의 비용이 더 들 것으로 예측한다(『프레시안』 2014. 8. 5). 우리의 세금이 건설업계의 이윤으로 새어나갔다는 것은 오래전에 알려진 사실이다(『CEO스코어데일리』2013. 9. 30). 전직 대통령을 포함한 관련 공무원들은 이런 비리를 잠재우기 위해 자전거 길로 4대강을 거짓 홍보하는 데 여념이 없었고, 이미 무용지물이 된 이른바 로봇물고기의 환상을 심어가면서 수질관리를 한다는 억지의 선전효과를 노린 기만을 자행했다. 수질관리를 위한 로봇물고기 사업을 57억 원을 쏟아부어서 거창하게 시작했지만 2014년 이후 아무 소리 없이 로봇물고기 사업을 접었다.

어려운 정치적 난관이 있겠지만, 4대강 파괴를 우리는 복원할 수 있다. 일단 댐(수중보)을 없애어 물을 흐르게 하는 일을 우선으로 해야 한다. 이런 난관에 도전하지 않으면 4대강의 파괴 망령은 곧 백두대간의 파괴로 꼬리를 이어갈 것이기 때문이다.

둘째, 원전의 망령이 생명을 갉아먹고 있다. 후쿠시마 원전 사고의 위험도에 가장 근접해 있는 한국 원전에서는 비리사건들이 끊이지 않고 터지고 있다. 고리 2·3·4호기, 울진 3·4호기, 영광 1~6기에서 위조부품이 사용된 것이 드러났고, 고장으로 인한 가동중단은 이제 흔한 일이 되어버렸다. 현재 가동중인 20개 원전에서 최소 277건 이상의 서류조작이 확인되었다고 한다(『조선비즈』2014. 5. 5). 원전 마피아라고 일컬어지는 그들만의 네트워크를 통해 한수원(한국수력원자력) 퇴직자를 영입한 44개 기업은 5년 동안 한수원이 발주한 총 계약금액 15조 800억 원 중 절반 가까이를 챙겨갔다(『MK뉴스』2014. 6. 9). 원전사업의 주체인 한수원 내부, 전·현직 사장에서 말단 직원에 이르는 조직적 비리는 원전 마피아의 실상을 충분히 보여주고도 남음이 있었다. 수명이 이미 2007년에 끝난 고리 1호기와 2012년에 끝난 월성 3호기를 연장 가동하도록 관련권력이 허용했지만, 다행히 시민사회단체의 피눈물 나는 노력으로 고리 1호기 폐쇄결정에 이르게 했다. 녹색사회의 희망을 보여준 좋은 사례라 할 수 있다.

권력의 기만과 욕심은 우리 국민을 후쿠시마보다 더 큰 재앙위험에 노출시키고 있다. 그럼에도 불구하고 대한민국의 원전사업은 강행되고 있다. 현재 23개 원전이 있는데, 건설중이거나 앞으로 건설예정인 원전이 모두 11개나 된다. 게다가 원전 마피아라는 비판을 무마하기 위해 원전이 수출산업에서 큰 몫을 한다고 기만적 선전을 하고 있다. 이명박 전 대통령은 재임기간에 원전 10기를 수출한다고 떠벌였지만 이미 거짓으로 드러났다. 핵발전소 수출은 현재 러시아와 캐나다를 제외하면 국제 컨소시엄으로만 가능하며, 수출성사에 따른 엄청난 라이선스 사용료를 관련 외국기업에 주어야 하며 또한 해당 수출국가에 사회적 기반시설을 제공해야 하는 조건이어서 수출효과는 미비하다는 것이 국제적 평가이다(『주간경향』 2015. 6. 9).

정말 심각한 것은 우리의 생존과 지속 가능한 삶이 현실적으로 위협받고 있다는 점이다. 부족한 에너지의 공급과 깨끗한 에너지 생산이라는 원전 마피아의 선전에 눈이 멀어 우리 자신의 생명을 내어주는 일만큼은 하지 말아야 한다. 후쿠시마 원전이 붕괴된 이후에도 일본 전체 에너지 공급에는 아무 문제가 없음을 참고할 필요가 있다.

셋째, 가계빚 1천조를 넘어선 우리의 미래는 실로 어두운 터널로 향하고 있다(2014년 3분기 기준 1060조, 한국은행 발표). 한국의 국내총생산 대비 부채 비율은 286%로 전세계에서 부채비율이 가장 높은 국가군에 속한다. 대한민국의 모든 경제수치는 땅값에 맞추어져 있을 정도이며, 좀 거칠게 말하자면 대한민국의 모든 경제활동은 강남의 아파트를 사려는 욕망에 의존되어 있다고 말할 수 있다. 1960년대에 정권과 함께 출발한 토건세력에 의해 불붙은 부동산투기는 김대중·노무현 정권 때까지 폭등이 멈추지 않았다. 경제 활성화라는 명분으로 시작되었지만, 그 끝은 세대 간 경제갈등과 계층 간 빈부격차를 우리 땅에 뿌리 깊게 심어놓았다. 이후 정권은 아예 부동산투기를 공개적으로 장려하였다. 2007년에 마지막 부동산 폭등을 거친 이후 과거와 다르게 담보가 실물을 잡아먹는 금융 핵탄두가 직접 노출되기 시작했다. 익히 알려진 대로 한국 가계의 자산은 실물자산으로 편중되어 있는데, 실물자산의 실체는 빚이라는 뜻이다. 금융자산 대비 부채 비율이 높다는 뜻은 개인들이 부동산을 사려고 은행에 빚을 많이 졌다는 것이다.

이렇게 다 아는 사실을 여기서 재론하는 이유는 정부의 대처방식을 관찰하기 위해서이다. 정부의 대응책을 요약하면, 한마디로 억지논리의 연속이다. 약간 위험하기는 하지만 위기관리 능력이 충분하다는 것이 그들의 변명이다. 어려운 용어 없이 정부의 태도를 정리하면 다음과 같다. 첫째로, 부채를 갚을 능력이 있는 사람들이 빚을 진 것이니만큼 이 사태를 크게 걱정하지 않아도 된다는 것이다. 둘째로, DTI(debt-to-income ratio, 총부채상환비율)와 같은 대출규제를 완화하고 이자율을 낮추어 돈을 더 빌릴 수 있도록 하여 아파트 신규 구입은 물론이고 기존의 고리대금까지 갈아타게 해준다는 것이다. 셋째로, 한국의 특수한 경우로서 주택소유자들이 안고 있는 전세금이 많기 때문에 오히려 은행부채의 위험을 덜 수 있다는 이상한 논리이다. 전세를 놓아 그 전세금으로 겨우 자식 결혼시키고 혹은 그 돈을 다른 아파트 투기하는 데다 썼다는 것은 누구나 아는 사실인데도 불구하고, 권력집단은 자신들만의 이익을 채우기 위하여 퇴행권력 특유의 기만과 비열의 행태를 계속하고 있다. 가계빚이 1천조에 이르도록 만든 기득권은 오늘도 은마가 되기를 욕망하며 진도 7.3의 경주장에서 질주하고 있다.

    이런 현실은 남의 이야기가 아니라 우리 자신의 문제이다. 우리 자신에 그치는 것이 아니라 우리 후손에까지 이어지는 역사의 문제이기도 하다. 이런 문제들의 공통점이 보이는데, 다름아니라 공공성 파괴현상이다. 정치권력자 개인의 욕망이 배임권력, 책임전가, 밀실정치, 언론장악이라는 최악의 정치형질로 드러났다. 군미필, 전관예우, 뇌물수습, 친일행적 등의 과거비리가 이제는 오히려 당당하게 변호되는 괴이한 사회로 접어들었다. 권력자의 사적 취향이 공공성의 영역을 무너트렸다. 이것이야말로 기만적 권력의 양상이다. 진실을 조작된 신념으로 대체하려는 분리주의의 망령들, 생명의 가치를 공감하지 못하는 권력집단의 인지구조, 사실대로 드러낼 수 없는 것이 많은 그들만의 비밀주의에서 비롯된 것이다.

생명의 자기분열: 사회적 조현증

    환경파괴와 생태붕괴는 생명침식의 외형적인 양상이다. 원전의 건설을 주도하는 생명침식 권력은 원전의 위험과 비경제성을 철저하게 은폐하고 있으며, 이런 은폐를 유지하기 위해 생명침식 권력 스스로 기꺼이 자기기만에 빠지고 있다. 물부족 해소와 홍수피해 방지를 목적으로 내세운 4대강 개발사업은 그 목적설정에서부터 기만적이었다. 왜냐하면 우선 이미 알려졌듯이 물부족 국가라는 설정을 위해 사용된 통계가 객관적이지 못했으며, 그리고 홍수피해 방지의 목적이라면 4대강이 아니라 지방 소하천을 중심으로 생태복원을 했어야 하기 때문이다. 어쨌든 파괴적 개발은 이뤄졌고 그 과정에서 시민들의 감정적 소통도 파괴되었다. 생명을 침식시키는 권력집단 스스로 아파트 가격을 올려서 경제를 활성화시키겠다는 말을 공공연히 할 지경에 이르렀다. 이는 사회적 조현증의 양상이다.

환경파괴, 생태붕괴의 생명파국은 사실을 은폐하고 거짓을 퍼트린다. 생명 조현증의 권력은 화끈하게 경제를 부흥시킬 것이라는 허망한 믿음들, 부유한 기업이 가난한 사람들까지 부자로 만들어줄 것이라는 환상의 믿음들, 넓은 농지가 미개발의 아파트 건설부지라는 착시의 믿음들, 가계빚이 1천조 원이 넘는데도 불구하고 침체된 아파트 가격을 빚을 부려서라도 다시 올리기만 하면 국가경제가 활성화될 것이라는 오욕의 믿음들, 탈세·투기·군대면제도 끝까지 우기면 안 될 것 없다는 무소불위의 믿음들, 하루가 멀다 하고 원전의 안전사고와 수주비리가 잇따라 터지는데도 불구하고 안전하다는 거짓말만 되풀이하는 원전 마피아의 망상의 믿음들, 자전거 길로 은폐시켜 버린 4대강 파괴의 허구의 믿음들, 이러한 믿음의 오류와 편향된 믿음이 생명의 숨줄을 짓누르면서 녹색사회로 가는 길을 차단하고 있다.

생명파국의 또 다른 공통점은 가장 공공적이어야 하는 국가권력이 가장 퇴폐적으로 강행된다는 점이다. 권력을 행사하는 기득권층은 보통사람들이 누릴 수 없는 사적 욕망을 공적 권력으로 위장시킨다. 그 위장막을 벗기면 자신들의 사적 욕망이 그대로 노출되기 때문에 그들은 은폐를 유지시키려 든다. 게다가 은폐가 오래가면 위기가 초

래된다는 인식을 은폐자도 능히 할 수 있기 때문에, 수동적 은폐가 아니라 능동적 합리화의 광기를 추가한다. 예를 들어보자. 요즘 기득권자에게 논문표절, 군미필이나 아들의 병역면제, 전관예우, 뇌물수수, 친일행적 등과 같은 비리는 문제도 되지 않고 가볍게 넘어가 버리고 말 정도로 권력집단은 비리 불감증에 빠져 있다. 고위관리 직책에서는 임명 예정자 자신의 과거 비리에도 불구하고 대부분 임명이 강행되었다. 사소한 한두 가지 비리 때문에 그들의 고급능력을 거부할 수 없다는 그들끼리의 이유에서이다.

이러한 독단이 누적되면서 우리 사회에서 기초적 도덕심은 붕괴되고 있다. 왜냐하면 이러한 비리 불감증의 독단은 도덕 불감증을 만연시키기 때문이다. 뇌물수수도 그럴 만하니까 그러고 군복무 면제도 다 그럴 만하니까 그럴 것이고, 논문표절도 옛날에는 다 그렇게 했다는 농도 깊은 변명을 일삼으면서 편향된 무임승차를 수치스러워하지 않는 악습의 사회가 되고 있다는 뜻이다. 이 모든 현상은 공통적으로 소집단적 이기심과 사적 욕망으로 시작하여 불통과 독단의 방식으로 진행되며 기만과 은폐의 전략을 사용한다.

생명파국의 심리적 기반은 공통적으로 소집단적 이기심과 개인의 욕망이며, 분화의 방식은 불통과 독단의 방식이며, 그 전략은 기만과 은폐의 무임승차론이다. 편향된 무임승차자들은 그들만의 집단을 강화하려는 본능적 권력을 행사한다. 이런 소집단 행태는 세 가지로 나타난다. 하나는 기존 사회과학에서 자주 논의되었듯이 유사한 이해관계를 가지고 있고 폐쇄적이며 권력을 주도하려는 소집단이다. 또 하나는 기득권은 아니지만 낙수효과를 기대하며 권력집단의 기만에 기꺼이 속아주는 동반기만 집단이다. 그리고 마지막으로, 극단의 편향된 인지구조를 지닌 광기의 집단이 있다.

이렇게 권력소집단, 동반기만 집단, 광기의 집단이 형성되는데, 첫번째 형태로는 기득권 권력소집단을 들 수 있고 두번째 집단으로는 어버이모임 같은 계약적 충성표현의 집단이 있으며 그리고 세번째 유형의 예로는 광기의 주도자인 극우교수들이나 광기의 소산인 일베와 같은 집단이 있다. 권력을 주도하는 소집단은 자신들에게 위기가 닥쳐올 때마다 적절한 보상으로 충성심과 애국심 그리고 권위의식을 불러일으켜서 동반기만 집단과 광기의 집단을 이용하거나, 자신들 소집단의 크기를 넓힌다(하이트 2014, 8장). 기득권 권력소집단은 자신들 소집단의 이익을 더 많이 산출하기 위해 무임승차자를 벌하기보다는 오히려 그들에게 상을 줌으로써 동반기만 집단의 동질성을 확산시켜 나간다(Griffiths and Kickul 2013).

무임승차자들의 집단성 강화는 우리 사회를 이념적으로, 경제적으로 그리고 정서적으로 분열시키고 있다. 예를 들어 한국의 권력집단은 후쿠시마 원전 사고가 얼마나 심각한지에 대한 사실을 은폐하거나 혹은 사실의 심각성을 공감하고 있지 않다. 오히려 권력집단은 낙수효과를 기대하는 지역주민들에게 지역경제 활성화라는 실체 없는 선전을 통해서 핵발전소의 환상을 심어주고 있다. 이런 집단성 강화를 성공시키기 위해 권력집단은 보통사람들까지 정서적으로 분리시킨다. 핵발전소 건립이나 가동연장 결정에 반대하는 시민단체를 무력화시키기 위해 충성심과 애국심 그리고 지역적 권위로 무장된 동반기만 집단으로 하여금 시민단체와 갈등을 일으키도록 조장하기도 한다. 4대강 사업이나 부동산투기를 조장하는 과정에서도 마찬가지로 정서적 분리주의는 작동하고 있다.

세월호 참사 이후 정서적 분리주의는 극에 달했다. 세월호 참사의 사고규명을 하는 정부의 태도는 한마디로 극단적으로 기이했다. 첫째, 사실 여부와 무관하게 무엇인가를 계속 은폐하고 있다는 점이다. 은폐라고 볼 수밖에 없는 합리적 이유가 존재하는데, 그 이유는 간단하다. 현 정부는 사고원인을 과학적으로 규명하려는 시도들과 그런 시도들을 가능하게 해주는 법적 장치들을 무력화시키고 있기 때문이다. 둘째로, 이러한 은폐를 지속하기 위해 정서적 분리주의를 강하게 조작하고 있다는 점이다. 정서적 분리주의란 권력집단이 집단 내 혹은 국민의 일반적 정서를 의도적으로 분리시키려는 권력형 기획을 의미한다. 정서적 분리주의란 공동체 구성원이 공유하는 정서상태와 인지적 관점을 의도적으로 분리시키는 권력주도형 생명붕괴의 감성적 기획이다.

정서의 분리는 감정소통의 단절을 함축하고 있으며, 사회적 공감의 붕괴를 의미한다. 인터넷 매체를 이용하여 그 어느 때보다 강력한 분리효과를 유도한다. 사회적 공감의 붕괴는 마침내 한반도의 일제 식민지지배를 합리화하고 공개적으로 옹호하는 권력집단이 공중매체에서 자신들의 주장을 노골적으로 발언하는 지경에 이르렀다. 정서적 분리주의는 세월호 참사의 자연스런 공감대 확산을 막으려는 권력집단의 모습이기도 하다. 권력집단은 세월호 참사에 맞닥뜨려서 정서적 분리를 기획하면서 세 가지에 초점을 두었다. 첫째로 기존의 관행대로 '종북'이라는 반이념적 분리기획, 둘째로 '배상금'을 강조하여 중심문제를 해체하고 분열시키려는 비도덕적 분리기획, 셋째 "또 그 이야기냐? 이젠 지겨

워"라는 식으로 상대를 무조건 비난하는 소통차단의 분리기획에 초점
을 맞추었다.

한국사회 3대 파국의 특징은 하나같이 공감능력의 파산에
서 온 것임을 알 수 있다. 4대강 사업은 소수 토건집단의 이기심을 채우
기 위해 국민적 합의 없이 세금을 20조 원 이상 사용하였다. 처음부터
그들에게는 자연에 대한 관심과 사회적 공평성이 없었으며, 사업은 정치
적 권위와 공사의 이익을 담보로 한 소집단의 충성심으로 강행되었다.
국민의 공동체성과 정당한 분배질서를 무시한 4대강 사업은 공감능력의
결핍현상만 낳았을 뿐이다.

원전사업 강행은 전형적인 공감성 결여의 병증이다. 후쿠시
마 원전의 붕괴는 전세계의 원전사업을 재고하는 결정적 계기가 되었다.
당사국 일본은 물론이거니와 미국과 유럽의 모든 국가들은 신규 원전
건설을 전면 취소했으며 기존의 핵발전소도 점차적으로 축소하는 국가
적 결정을 내렸다. 그런데도 한국은 위기의식을 공감하지 못하며, 원전지
역 주민들의 삶의 질에 대해 무관심하다.

한국의 원전사업은 기존 원전의 수명연장, 신규 건설, 핵폐
기물 관리 그리고 해외수출로 나눠진다. 기존 원전의 가동연장과 신규
건설 부문은 지역경제 활성화라는 허구의 구호로 조작된 충성심을 바탕
으로 철저히 일방적인 비밀정책으로 강행되고 있다. 핵폐기물 관리는 안
정된 관리정책조차 내놓지 못하는 답보상태가 이어지고 있다. 원전수출
사업은 국내의 권위를 조성하기 위한 선전성이 농후하다. 왜냐면 자세한
정보를 국민과 공유하지 않기 때문이다.

가계빚 1천조 원의 금융탈선 증상은 욕망의 분배가 극단적

으로 편향된 결과이다. 한국에서 욕망분배의 편향은 부동산 불패신화라는 이름으로 심각한 빈부차이를 계급차이로 고착시켰으며, 부동산공황과 금융위기로 몰고 가고 있다. 대한민국의 아파트를 도박장으로 만든 권력은 자신들의 부를 쌓아올리기 위하여 많은 사람들을 금융기관 빚의 실향민으로 만들었다. 우리나라 주택보급률은 2013년 현재 103%이지만(KOSIS 100대 지표) 무주택가구가 2011년 현재 10가구 중 4가구이다 (통계청 2011. 7. 7). 지방에서 서울로 온 청년 대학생과 직장인들이 지하방과 창문 없는 고시원 등 최악의 공간에서 살아간다는 것을 우리는 안다. 이런 통계와 현실은 직접적으로는 빈부차를 표현하고 간접적으로는 빈부차가 세대로 승계된다는 점을 표현한다. 빈부차이의 고착은 앞서 말했듯이 대한민국이 이미 상호소통과 신뢰, 즉 사회적 공감이 더 이상 불가능한 계급사회로 진입했음을 의미한다.

멈춰진 생명: 흐르지 않는 강

하천 관련 개발에서는 국가재정법, 하천법, 환경영향평가법, 문화재보호법 등의 실정법들을 준수해야 한다. 불행히도 4대강 개발사업은 이미 알려진 바와 같이 환경영향평가도 제대로 이루어지지 않았다. 4대강 사업을 급히 성사시키려고 개정한 국가재정법을 근거로, 예비타당성 조사조차 실시한 적이 한번도 없다(시행령 13조 "보설치·하천 주설사업 등은 재해예방사업이기 때문에 예비타당성 조사에서 제외한다." 2009년 3월 개정).

급조된 계획들은 그 내부에 공통점을 가지고 있다. 우선, 급조를 방어하기 위하여 진행을 매우 빠르게 한다는 점이다. 또한 비판을 두려워하여, 사업을 미화하고 당위성을 억지춘향 식으로 끼워 맞추게 된다. 현실적으로 4대강 사업의 급조는 자연의 순환성을 무시하고 생태계를 파괴시키고 있는 것으로 나타났다. 이런 생태계 파괴의 최종 결과는 인간생존에 결정적인 위협을 가져오고 있다. 행정명령을 수행하는데 있어서도 권력집단이 설정해 놓은 목표치에 맞추어서 일정, 예산 등의 모든 계획을 수립하게 된다. 그들은 사업계획을 포기한다거나 수정하는 일 없이 무조건 진행시켰다. 왜냐하면 사업 포기 혹은 변경은 그 사업만의 문제가 아니라 권력구조에 문제가 있는 것으로 여겨지기 때문이다. 이처럼 급조는 진실을 외면한다.

한편 권력집단의 자기입장을 옹호하기 위하여 자신의 논리를 충실하게 하기보다는 오히려 상대의 입장을 깎아내리는 방법을 택하는데, 바로 변조의 논리이다. '사실의 변조'와 상대입장의 '과대포장의 오류'가 이에 해당한다. 상대의 논변을 공격하거나 자신의 주장을 달성하기 위하여 상대방의 입장을 극단적으로 몰고 가서 이런 잘못된 논변으로 상대의 입장을 무력화시키는 언어적 횡포를 의미한다. 현실생활에서 이와 같은 오류가 발생한다면 재생이 불가능할 정도의 파국을 맞게 되기도 한다. 불행히도 권력이 주도하는 이런 오류의 대표적인 사례가 바로 4대강 개발사업에서 벌어지고 있다.

4대강 사업에서 그럴듯하게 제시해 놓은 목표를 보면, 하천정비와 홍수방재 및 그에 따르는 용수확보와 지역경제 회생이라는 언어유희로 요약된다. 이런 목표를 설정하려면 무엇보다도 지금의 하천이 이미 홍수방재 기능을 상실했고 하천 주변의 환경이 나쁘다는 점 등이 전제되어야 한다. 하지만 시행처의 억지가설은 4대강의 수질 저하와 용수

부족을 선전하기 위한 거짓논리로 이어진다. 일부러 오도시킨 전제와 논리가 있어야만 비로소 4대강 사업시행의 전략이 그나마 홍보될 수 있기 때문이다. 결국 시행주체는 목표를 설정하기 위하여 4대강과 관련한 현재의 사실을 왜곡하고 변조하기 시작했다.

　　　우선 물이 부족하다는 행정권력의 절묘한 선전이다. 물부족 국가라는 선전을 하기 위하여 날조된 수치를 도입한다. 통계로 보여주기 위하여 국민 1인당 사용량을 추정해야 하는데, 여기서 그들이 원하는 목표가 설정되도록 수치를 날조하게 된다. 정부 4대강사업본부 보고서에 따르면, 1인당 1일 생활용수 수요량을 453리터로 추정하고 있지만 이 추정치의 근거가 무엇인지 도무지 알 수 없다. 아무튼 국민 1인당 하루에 필요한 물의 양이 453리터씩이나 되는 만큼, 우리나라는 물이 부족하니까 댐(수중보)을 많이 쌓아 부족한 물을 충당하자는 논리이다. 하지만 정부가 추정한 453리터는 현재 일본의 1인당 하루 평균 수요량 350리터보다 100리터나 과다하게 책정된 양이다. 일종의 조작에 해당한다. 물 수요량을 절약하기 위해 국가 차원에서 수요관리정책을 펴고 있는 유럽국가들의 1인당 하루 평균 수요량 150리터(물론 최저 50리터에서 최고 300리터까지 국가마다 다르긴 하지만 그래도 우리나라의 추정치와 크게 차이가 난다)에 비교한다면 4대강 죽이기 사업 추진세력이 왜곡한 수치는 지나쳐도 너무 지나치다. 물이 부족하지만, 부족한 지역은 4대강 주변이 아니라 지천과 계곡이다. 홍수가 나도 큰 강가가 아니라 산세 지형의 계곡과 지천에서 난다는 뻔한 사실을 끝까지 아니라고 잡아떼고 있다.

　　　변조된 정보는 의외로 많다. 4대강 사업계획서와 무관한 환경부의 기존 문서 「생태하천 만들기 10년계획, 2006~15」에는 매년 계획된 수중보 철거 및 폐기를 통해서 생태보전 및 수질향상을 이룰 수 있다고 되어 있다. 한국건설기술연구원도 2009년 환경부에 제출한 연구보고서 「기능을 상실한 보 철거를 통한 하천 생태통로 및 수질 개선효과」에서 수중보 철거로 수질도 매우 좋아졌고 하천생태계도 회복되었다고 보고하고 있다. 그런데 급조한 4대강 사업의 핵심은 오랜 연구를 통해 얻어진 기존의 보고서와 딴판으로 바닥을 훑고 거기에 보를 놓고 제방을 쌓는 일이다.

결국 4대강 사업을 강행해 나가려니까 행정은 조급하고 계획은 억지춘향이 되고, 급조와 변조의 계획을 맞추려고 각종 근거자료를 아전인수 격으로 사용했다. 그러다 보니 앞뒤가 안 맞는 정보를 억지 선전하게 된 것이다. 변조현상의 공통된 증상들이다.

급조와 변조는 오래갈 수 없다. 사람들은 그런 점을 본능적으로 알아챈다. 그래서 급조와 변조를 무마하고 숨기려고 하다 보면 자연히 더 많은 오류가 만들어질 수밖에 없게 된다. 급조와 변조가 드러난다고 하더라도 그들은 자신의 행위가 어쩔 수 없이 받아들여지도록 기존의 일을 강행한다. 이는 권력자의 일반적인 행위로서 이미 급조되고 변조된 행위를 자신들의 권력을 통해 합리화시키느라 향후에 더 많은 오판을 낳는다.

예를 들어 공사 도중에 유적지가 발견되어도 문화재보호법 저촉 여부와 관계없이 일단 강행하고 본다는 심리, 한눈에 환경파괴가 드러나 보여도 큰일 아니라는 심리, 권력기관에서 만든 홍보자료를 그대로 반복하는 관련자들의 반성 없는 심리 등등, 이와 같은 생각을 심어주고 그런 오류를 거리낌 없이 맘껏 하도록 비호해 주는 행정권력이 자기 증식을 해서 급기야 급조와 변조의 결과를 전혀 두려워하지 않게 된다. 그 결과를 두려워하지 않는 정도가 아니라 오히려 진행중인 급조와 변조 자체를 겁내지 않는다. 그들은 자연의 생명을 파괴하지만 그들 스스로의 생명도 점멸되어 가고 있음을 깨닫는 것이 지나온 역사의 교훈이기도 하다.

6

회색사회에서 생명의 녹색사회로

자유의 기원: 생명 없는 자유

우리 모두 자유롭고 싶어한다. 지나가는 강아지도 목줄에 매여 가기보다는 혼자서 뛰노는 것을 좋아한다. 고대철학자 아리스토텔레스는 개체존재의 이유를 플라톤처럼 이데아에서 찾지 않고 그 개별체 자신 안에 있다고 했다. 존재의 이유를 나 자신에서 찾을 수 있다는 아리스토텔레스의 철학이 곧 개인의 자유를 의미하는 것은 아니지만, 당시 현실사회에서 개인의 자유가 허용되기 시작했다. 그러나 그렇게 언급된 개인의 자유란 극히 일부분의 귀족계급에게만 해당되었다. 근대 르네상스 시대의 문을 열기 시작한 13세기 유럽, 왕권의 제한을 제도적으로 시도한 마그나카르타에서조차 시민의 자유는 특권 귀족층의 자유에 국한하였다. 자유의 개념은 조금씩 확산되었으나 일반 민중에게는 그림의 떡이었다. 자유의 현실은 없고 형이상학적인 자유라는 개념이 우선했다. 형이상학적 자유는 자유를 누리는 사람들의 계층을 확장하는 구체적이고 실질적인 인간해방과 무관했다. 이는 일종의 형이상학적 횡포였다.

19세기 근대영국, 자유를 누릴 가능성이 있는 계층이 한층 넓어졌다. 존 스튜어트 밀(J. S. Mill)은 역사적 조류에 맞추어서 자신의 저서 『자유론』에서 자유의 개념을 근대적으로 정리하였다. 여기서 대중들에게 잘 알려진 자유의 구분이 이루어졌다. 자유에는 억압이나 구속으로부터 해방·탈출·독립하여 힘겹게 얻어낸 자유(liberty as the absence of coercion)가 있고, 무엇을 성취하려는 목표로 이루어진 자유(liberty as the freedom to act)가 있다. 자유론의 철학자인 이사야 베를린(Isaiah Berlin)의 표현대로, 전자를 '소극적 자유'라 하고 후자를

'적극적 자유'라고 한다(Hardy 2002, p. 167). 이런 구획은 도덕철학자 존 스튜어트 밀의 철학적 명제 속에서만 의미를 지니고 있었다. 실제로 근대화된 자유는 고대그리스 시대의 제한적 자유 혹은 특권층의 자유를 그대로 계승하고 있었다. 근대에 들어와서도 진짜 자유가 이뤄진 것은 아니라는 뜻이다.

근대적 의미의 자유는 개인의 독립적 존재를 인정하고 개인 스스로 주체적인 목표를 향해 발달할 수 있다는 데 있다. 나아가 개인의 존재와 자유의 주체성은 오직 집단의 협력성에 의해 가능하다는 것을 인식한 것은 근대정신의 확장이었다. 그 사례로서 이른바 공리주의의 탄생을 들 수 있다. 근대인의 자유는 이익관계를 공유할 수 있는 비슷한 개인들의 집단 안에서만 가능했고, 타집단의 침해를 받지 않는 상태와 타집단으로부터 이익을 탈취하는 것으로 발전했다. 나의 집단에는 자유이지만 타집단에는 불이익이 되는 것이다. 근대유럽의 권력계층은 이런 자유를 수호하고자 했다. 개인 혹은 동일집단의 자기소유(self ownership)가 목적이며, 이것은 자기소유를 위해 자기보호(self protection)가 필요하다는 논리로 이어진다. 여기서는 자기보호가 침해된다고 판단될 경우 타인 혹은 타집단의 자유를 침해할 수 있다는 주장을 담고 있다. 이런 도덕적 언명은 근대자유론의 출발점이기도 하다. 이 말을 뒤집어 새겨본다면 정말 무서운 뜻을 지니고 있다.

앞서 말했듯이 밀은 자유의 담지자로서 개인과 함께 집단을 포함시켰다. 내가 속한 집단의 자유가 곧 나 개인의 자유를 보장한다는 뜻이다. 이는 곧 공리주의 도덕률의 탄생이기도 하다. 근대정신의 완성기라고 일컬어지는 19세기 빅토리아 시대에 권력의 양상이 정치권력

자유주의에서 말하는 자유의 의미
▼
내가 나 스스로를 소유할 때 나는 존재한다.
▼
이러한 개인의 존재를 자유라고 한다.
▼
자유는 개인적이다.
▼
개인의 자유를 수호하기 위하여 나의 자유를 침해하는 타자를 억제해야 한다.
▼
물론 타자에 대한 억제는 나의 자유를 존속하려는 목적에서만 허용된다.
▼
개인의 자유를 존속하는 가장 효율적인 방법은 내가 속한 집단의 자유를 존속시키는 일이다.
▼
내 집단의 자유를 존속시키기 위하여 내 집단과 타집단 사이에 차별을 둘 수밖에 없다.
▼
어떤 경우 타집단을 억제할 필요도 있다는 일방적 논리로 이어진다.
▼
나의 자유는 너의 억제를 수반한다(내 집단의 자유는 타집단의 억제를 수반한다).

에서 경제권력으로 이행하면서, 자유의 권한도 경제권력으로 전환되었다. 이리하여 내가 속한 집단의 자유를 존속시키기 위하여 타자의 자유를 손상시킬 수 있음을 합리화한 것이 서구근대 자유의 기저를 이루게 되었다. 이렇게 편향된 자유로부터 제국주의 역사가 합리화되었던 것이다. 빅토리아 시대의 근대영국은 자유경제학이라는 설계도를 가지고 제국주의 경영을 성공적으로 수행해 나갔다. 이것이 바로 고전 자유주의의 탄생이다. 고전 자유주의는 실제로 일종의 경제학이론의 사상적 배

후였다. 이런 자유의 기저가 오늘날 신자유주의의 뿌리이다. 나는 이런 자유를 '생명 없는 자유'라고 부른다. 이러한 자유의 기저에는 나의 소유 욕망과 차별적 선민의식이 깔려 있다.

    생명 없는 자유가 마치 진짜 자유인 양 회자되는 사회적 공간을 회색사회라고 부른다. 회색사회는 과거 봉건적 전제사회나 군부독재사회와 같이 가시적인 권력독점 사회는 아니지만 여전히 권력이 중앙에 집중되어 있다. 한국사회는 일본 제국주의와 독재정권이라는 근대사의 질곡이었던 흑색사회를 벗어나 1990년대 들어와서 민주와 자유의 구호가 실현되는 듯했다. 하지만 군부독재의 흑색사회로부터 벗어나기는 했으나 실제로는 권력분산형 사회를 이루지는 못했다. 과거와 같이 강압에 의한 군부독재권력의 틀은 아니지만 여전히 정치권력의 무임승차는 늘어나기만 했고 기득권층의 무소불위의 자본권력은 확산되어만 갔다. 분산형 사회를 지향하는 시도는 끊임없이 이루어지고 있음에도 현실에서는 여전히 중앙집중형 권력구조가 우리를 지배하고 있다. 이런 권력구조의 사회는 자유가 허용된 듯 보이지만 경제적으로 경직된 구조를 가지고 있다. 여기서 자유는 생명 없는 자유라고 한 것이며, 이런 사회를 회색사회라고 부른 것이다.

    흑색사회에서 회색사회로 전이된 역사를 어떤 이는 좀 나아진 사회라고 말하기도 하지만, 권력의 집중화는 더 강화되고 불평등의 정도도 더 심해지고 드러나 보이지 않는 계층 간 분리는 더 노골적으로 정착되고 있다. 회색사회의 중요한 특징은 그 사회 안에 자유의 이념이 존재하지만 실제로는 그 자유가 가공된 자유, 즉 생명 없는 자유에 지나지 않는다는 점이다.

자유로 위장한 소유

한국형 자본주의 사회에서 무소불위의 힘을 발휘하는 재벌기업들은 이미 국가의 주인 행세를 하고 있다. 국가가 재벌기업에 동화되어 일어나는 전형적인 변형은 민주주의가 후퇴하면서 독재적이고 권위적인 문화가 확산되는 것이다. 재벌기업을 관리하는 사람들은 자본주의 경제제도와 자유민주주의가 동전의 양면을 이룬다면서 자신들의 기업독주를 합리화시킨다. 한국의 재벌기업 문화는 그들의 이익구조를 위하여 민주주의와 자유주의를 심각하게 훼손시키고 있다. 재벌기업을 옹호하는 사람들은 자신들의 기업이 있었기 때문에 대한민국이 이렇게 잘살게 되었다고 항변한다. 그렇지만 재벌기업의 이윤창출 행위는 공적으로 국민들을 위한 것이 아니라 사적으로 그들만의 개인이익을 위한 수준이었다.

너무나 당연한 논리임에도 불구하고 우리는 그런 모순을 덮어버리곤 한다. 재벌이 우리를 잘살게 해줄 것이라는 마약 같은 믿음을 조작하고 있다. 이른바 낙수효과를 기대하는 사람이 많기 때문에 그런 믿음의 확산이 가능해졌다. 재벌 출신이 대통령이 되면 우리 모두 재벌처럼 잘살 수 있을 것이라는 믿음이 마약의 환상이었다는 사실로 드러났다. 그 마약의 환각 정도는 상당히 심각한 수준이어서 4대강 사업이 결국 최악의 수질오염과 난개발로 드러났음에도 불구하고 여전히 과거 환상의 가위에 눌려 있는 사람들이 많다. 빈부격차는 더 크게 벌어지고 있는 당면한 현실에 많은 사람들이 기꺼이 눈감아버린다. 재벌기업에 더 많은 돈을 몰아주면 마침내 우리 대중들에게도 혜택에 돌아올 것이라는 가상의 믿음을 갖고 있기 때문이다. 이러한 믿음은 재벌과 그 공조자들이 만들어낸 가짜 유토피아일 뿐이다.

　　나는 이런 희망을 '의존적 허망'이라고 부른다. 의존적 허망은 기만된 믿음이다. 예를 들어 부자들에게 우선적으로 돈을 몰아주면 넘쳐나고 난 이후, 끝내는 대중들에게 떡고물이 똑똑(trickle) 떨어질 것이라는 믿음은 전형적인 트리클다운(trickle-down) 현상의 귀결이다. 이를 앞에서 말한 낙수효과라고 일컫는다. 미국에서 아버지 부시 대통령이 1990년 전후로 시행했던 부자혜택 정책을 따라하는 한국은 이런 부자혜택 경제정책을 미국 이상으로 노골적으로 시행하고 있다. 떡고물을 바라는 것이 바로 노예적 허망이며 떡고물을 조작하는 것은 공조적 지식인의 날조이며 위조이다. 한국에서는 부자들에게 더 큰 파이의 혜택을 돌리고 난 후 그 파이 아래로 똑똑 떨어지는 떡고물조차 서민들에게 돌아가지 않기 때문이다. 재벌2세들이 그 남은 떡고물까지 깡그리 먹어치워 버리기 때문이다. 재벌 2세, 3세에게 재벌기업을 불법적으로 물려주는 현실을 법관들까지 모른 척하고 있으며 관련 공무원들은 한 발 더 나가 재벌의 비위를 거스르지 않으려고 미리 알아서 기고 있다.

　　한국 재벌기업의 규모는 국가예산을 넘어설 정도로 방대해졌지만 그 지배방식은 동네식당을 운영하는 수준이다. 기업의 세습권력은 두말할 것도 없고 재벌이라는 조직 자체가 독재의 잔존이다. 독일은 물론이고 일본조차도 한국과 같은 재벌조직이 없다. 독재세습 한국형 재벌은 재벌기업식 주주자본이 현대 자본주의의 주류라고 대중들을 속이고 있다. 미국 기업사회 자본가들은 이미 미국사회에서 발생한 독재적 주식회사의 전횡과 몰락을 많이 보아왔다. 2001년 전세계 경제를 혼란에 빠뜨린 "엔론 사태가 경영자 지배의 극단이라면 포드의 경우는 소유주 지배의 극단이다. 그리고 주주자본주의는 이 두 극단 사이에서 언제나 동요할 수밖에 없다"(김상봉 2012, 204쪽).

재벌기업의 지배구조를 민주적으로 바꾸면 제일 먼저 좋아지는 것은 기업경쟁력이다. 민주적이라는 뜻의 실속은 그 구성원들이 공동체 의사결정에 참여하는 데 있다. 자본주의 사회에서 기업의 목적은 소유와 이윤에 있을 것이다. 여기서 소유와 이윤은 주주 모두의 이윤이며 주주 공동의 소유이다. 이런 기업이 녹색사회의 상생기업 형태이다. 헤겔이 말하는 소유 개념이 너무 추상적일 수 있지만, 쉽게 풀어본다면 소유권이란 ① 나만 가질 수 있고 ② 내 마음대로 늘리거나 ③ 처분할 수 있는 권리를 뜻한다. 그런데 주식회사의 주주는 자기가 소유한 주식의 한도 안에서만 주주의 배당과 손실을 받을 뿐, 회사의 경영에 대하여 책임질 필요가 없다. 누구나 다 알고 있듯이 말이다. 현실적으로 보아도 주주기업은 개인소유가 될 수 없다(김상봉 2012, 161쪽).

노동자가 기업으로부터 받는 임금은 노동자의 최후 생활보장에 대한 경제적 권리이다. 그래서 기업에 대하여 진정으로 책임감을 가지는 주체는 다름아니라 노동자이다. 주식회사의 주주는 책임을 지지 않으며, 경영자는 원칙적으로 경영을 잘하여 수익을 많이 남기라는 주주들 대표에 의해 임명된 사람이므로 전적인 책임을 질 수도 없다. 뿐더러 주주의 권한을 넘어선 재벌은 공적 책임보다는 자신들만의 사적 잉여금을 챙겨가는 데 여념이 없다. 그래서 노동자의 권리와 책임은 소중하며, 따라서 노동자가 기업경영에 참여하는 것은 당연하고 자연스럽다.

노동자 경영권에 대한 실질적인 사례도 많다. 독일이나 일본에는 노동자 경영권의 관행과 제도가 있다 그리고 경제사적인 측면에서 그 정당성을 증명해 보였다. 그러나 더 중요한 것은 우리의 관습적 사유를 깨는 일이다. 어찌 감히 노동자 경영권을 생각할 수 있단 말인가? 기업의 창업자가 있는데, 어찌 감히 그들의 재산을 간섭할 수 있단 말인가? 이렇게 순치된 두려움에 우리는 휩싸여 있다. 그런 두려움의 관습으로부터 벗어나는 일이 더 우선이다.

마술정치에 빠진 생명

현대 자본권력의 특징은 문제의 상황을 합리적으로 그리고 과학적으로 해결한다고 하지만 실제로는 가장 주술적인 방식으로 접근하는 태도를 고수한다는 점이다. 나는 최첨단의 현대과학 문명 속에서 가장 주술적인 삶의 양식이 더 고착되고 있는 현상을 '미신화된 권력정치'라고 부른다. 미신화된 권력정치의 유형은 여러 가지 있으나 먼저 마술적 정치행위를 들 수 있다.

미신화된 정치권력 중에서 가장 두드러지는 사회적 현상은 자본 중심주의 현대국가의 정치집단에서 잘 드러난다. 집단의 권력은 정치권력과 자본권력의 결합으로부터 형성되었기 때문에 정치권과 자본시장이 밀접하게 결탁되어 있다. 외형적으로 공적 정치행위는 사적 자본의 확장과 연계되어서 발현되는 경우가 대부분이다. 공적 정치를 표명하지만 실제로는 사적 자본의 경영방식을 취하는 정치권력을 나는 '마술정치'라고 부른다. 현대국가의 정치집단은 외형적으로 합리성과 정당성과 공공성을 표방한다. 그러나 앞서 말했듯이 실제로는 일종의 마술적 양상으로 나타난다.

마술정치는 일종의 미신화된 권력정치이다. 마술정치는 사적 권력을 공적 정권으로 포장하기 때문에 사적 이익이 드러나지 않도록 한다. 그리고 공적 권력의 공공성으로 포장하기 위하여 다양한 방식의 마술표현을 디자인한다. 더 흥미로운 사실은 사적 권력을 확대하려는 의도가 크면 클수록, 그만큼 더 권력의 공공성을 홍보하는 마술적 디자인을 확장한다는 점이다. 예를 들어 사적 이익에 매몰된 독재정권일수록 공적 정당화를 확보하기 위하여 국민이나 민족의 이름을 남용하거나 가짜이지만 그럴듯한 도덕적 이념을 도용한다.

　　그 일례로 대한민국의 지나온 국민성금 운동을 보자. 군사독재정권 때부터 그들은 자신들의 정권을 유지하기 위하여 국민성금 운동을 주도했다. '쥐잡기운동 전국민모금' '휴지통설치 범국민성금' '수해지역 시멘트보내기 국민성금' '하수도 설치지원 국민모금' 운동에서 출발하여, 전두환 군부정권에 들어서서는 급기야 '평화의 댐 공사 국민성금'이란 희대의 가공작품까지 조작해 내었다. 이어 IMF 외환위기로 인한 '금모으기 국민운동'으로 근근이 이어지는가 싶더니만 이명박 정권이 들어서면서 정체불명의 국민성금 바람이 다시 불었다. 말을 끄집어내고 따가운 시선에 못 이겨 없었던 이야기로 하자던 '국군장병 발열조끼 지원 국민성금'이 있었는가 하면 '숭례문 복원을 위한 국민모금운동' 심지어 '달 탐사선 기술개발을 위한 국민모금' 등과 같은 괴담이 돌기도 했다. 대한민국은 가히 국민성금의 나라라고 해도 괜찮을 듯하다. 대부분은 공적 정당화를 끌어내기 위하여 국민의 이름을 남용한 마술권력의 대표적인 병증들이다.

　　마술권력은 4대강 죽이기 사업에서 극명하게 드러난다. 청계천의 신화를 등에 업고 개발독재의 전형을 보여주는 4대강 죽이기 사업은 단순한 정권남용이나 행정오판으로 끝날 수 있는 문제가 아니다. 물리적인 것은 어느 정도의 시간이 흐르면 복원 가능하지만, 생명적인 것은 오랜 시간이 지나도 회복하기 어렵다는 데 문제가 있다. 권력을 쥔 사람들에게 강은 오로지 H_2O의 물질적 집산물로밖에 안 보인다. 권력은 개발호재의 마지막 여정이라고 판단했기 때문에 무리를 해서라도 기어이 강행했다. 권력은 또 한번의 마술을 부리는 전략을 세운다. 생명을 파괴하는 곳에서 생명의 구호를 가장 많이 선전하는 법이다. 자신의 억지 정당성을 확보하기 위하여 자신의 가장 약한 곳을 과장해서 보완하는 전형적인 수법이다. 가장 반생명적인 권력이 가장 생명적인 용어들을 점유한다. 대중매체를 통해 온갖 언어의 마술을 부리면서 사람들의 판단을 흐리게 만든다. 그들은 언어의 마술로부터 자본권력의 환상을 확산시키는 데 주력을 다한다. 파괴, 독점, 분리의 권력경영에 마술을 걸어서 녹색, 그린, 청정 등으로 착시를 일으키는 데 온 힘을 다한다. 생태계의 보고인 강 둔치의 습지를 싹 갈아엎어 버리고 그 위에 자전거 길을 산뜻하게 만들면 그것이 바로 녹색사업이라고 마술을 걸고 있다. 남한강 어느 둔치, 시원한 바람과 그늘을 드리워주었던 버드나무숲을 하룻밤 사이에 모조리 베어내 버리고선 콘크리트 막을 치고 길가 한편으로 팔뚝 굵기만한 어린 나무들을 일렬로 심은 흉측한 몰골을 생태개발이라고 억지 주장하는 희한한 마술을 걸고 있다.

    마술적 디자인을 기획하기 위해서는 다음의 요소들이 필요하다. 첫째, 자발적으로 마법에 마취될 사람들을 조직한다. 둘째, 마술에서 깨어나지 못하도록 더 강도 높은 마술을 끊임없이 개발한다. 셋째, 마술의 비법을 알아채는 대중들은 강압적으로 고립을 시킨다. 권력집단

은 자신의 전술을 마술로 변신시켜 주는 데 결정적인 역할을 하는 매스
컴과 연계하여 대중 개개인을 마취시키는 마술 프로그램을 끊임없이 생
산한다. 소수를 제외하고 대중은 이러한 마술적 변신의 속셈을 알아채
고 만다. 권력이 오판하듯 대중은 그렇게 무지하지 않기 때문이다. 그런
데 대중이 그런 마술의 왜곡을 알아챘지만, 그 알아챔을 당당하게 표현
할 수 없다는 데 문제가 있다.

　　　　권력은 미리 눈치 챈 소수의 대중을 고립시키는 강압적인
전략을 구사한다. 이러한 고립정책을 위해서는 더 강도 높은 마술이 필
요하다. 그들의 강압전략은 체계적인 공포심을 조장한다. 광우병의 사례
를 보자. 광우병에 대처하는 권력의 방식은 사람의 안전이 아니라 자본
의 안전에 초점이 모아졌다. 누군가가 용기 있게 나서서 그런 권력의 안
전불감 증세를 고발이라도 할라치면, 권력은 그런 행위에 대해 검찰조사
가 있을 것이라고 겁을 준다. 세월호 참사에 대한 진실 여부를 자꾸 캐
묻고 나서면, 역시 검찰조사가 수반될 것이라고 매스컴이 대신 말해 준
다. 일본 방사능과 관련하여 편서풍 이외에 다른 의견을 제시할 경우에
도 마찬가지로 불온세력에 대한 검찰조사가 있을 것이라고 으름장을 놓
는다. 마술사 곁에는 항상 마술보조원이 있듯이 검찰도 그 보조원 역할
을 충실히 수행하고 있는 듯싶다.

　　　　사실 우리는 1970년대 군사독재 시절부터 이런 겁박에 질
려온 터라, 면역이 될 수도 있었다. 그러나 정치권력은 강력한 마술보호
장치를 운용하여서 이 글을 쓰고 있는 나 같은 사람은 겁이 나서 함부
로 말하기 어려울 정도이다. 비겁한 나 자신을 직시하고 있는 내가 두렵
기도 하지만, 나의 이런 비겁함이 내 안에 내재화되는 것이 아닌가 하는

의구심이 더욱 두려울 따름이다. 그렇지만 두려워할 필요가 없다. 악화(惡貨)가 양화(良貨)를 몰아낸다는 말이 있지만, 이것은 재화의 가치 측면에서 그러할 뿐이다. 도덕의 가치 측면에서는 악화는 생각보다 빠른 시간 안에 스스로 붕괴한다. 그러니 자멸의 동기를 만들어내고 가속화하기 위하여 마술의 미신을 능동적으로 퇴치해야 한다. 그것이 생명의 힘이다.

보통 정치권력과 자본권력의 결탁이라고 말하면 동일 범주의 개념으로 받아들인다. 권력과 자본은 동일 범주의 개념이 아닌데도 불구하고 논리적 개념을 떠나 그 둘은 항상 연계되어 있다. 권력과 자본의 결합력은 현실 자본주의의 전형적인 특징이다. 정확히 말해서 잉여자본은 경제권력에서는 말할 것도 없고 정치권력 및 성 권력(power of sexual selection)을 장악하는 기초적이면서 동시에 가장 강력한 동력원이다. 권력은 자본을 재생산할 수 있으며 나아가 자본이 권력을 창출한다.

분리주의

회색사회는 자본권력과 경쟁논리가 지배하여 사회의 물적 분배와 인적 평등에서 매우 취약하다. 회색사회의 주도적 권력층은 복지와 환경을 도외시하고 오로지 개발과 성장만 지향한다. 이 같은 권력집중형 회색사회는 전통적인 계급사회의 구조가 아닌데도 불구하고 구성원 사이의 양극화를 부추긴다. 양극화 한쪽인 기득계층이 우리 사회를 움직이는 물적 기반 대부분을 차지하고 있다. 회색권력의 특징 하나는 이러한 물적 기반을 고수하고 팽창시키려는 강한 욕망을 끊임없이 드러낸다는 데 있다. 이를 위하여 회색권력은 허상의 가상이념을 권력유지의 수단으로 취한다. 권력계층에 의해 조작된 권력유지용 가상이념은 그들만의 이기적 이익 실현을 합리화하는 도구화된 이념이다.

　　　　과거 왕권주의와 제국주의의 역사에서 벗어났지만 오늘의 회색사회는 여전히 이념적 분리정책의 그늘을 드리우고 있다. 회색사회의 분리정책이 현실에서는 국민들의 탈정치화를 유도하는 정치문맹을 강요한다. 그래서 세월호의 진실을 말하거나 설악산 케이블카의 부당성을 지적하거나 제주도 강정의 해군기지 설치를 반대하거나 4대강 파괴를 따지거나 원전사업의 비리를 고발하는 시민들의 정당한 녹색행동 자체를 이념적 갈등과 분리로 조작하여 몰아가는 것이 회색권력의 특징이다.

　　　　생명 없는 회색사회는 낙수효과를 선전한다. 회색권력은 전통 독재계층이나 일본 제국주의 부역계층이 누렸던 흑색권력의 향수를 찬양한다. 나아가 과거의 권력을 현재의 자본으로 연결시키려는 기득권의 기만적 이익을 만끽한다. 회색사회에서는 정치권력과 경제권력이 상호 밀착하여 대중들에게 낙수효과의 기대심리를 불어넣어서 부추긴다. 거듭 말하지만, 낙수효과란 빈곤한 대중들도 부자의 권력을 덮어놓고 따라가다 보면 덩달아 부자가 될 것이라는 환상을 대중에게 심어주는 것을 뜻한다. 낙수효과가 가능한 사회는 그만큼 획일적인 이념으로 녹색행동을 방해한다. 또한 회색사회는 겉으로는 문화적 다양성을 선전하지만 실제로는 자본이 지배하는 만들어진 다양성만 향유하게끔 문화를 조작한다(김원식 2015, 6장).

　　　　회색사회는 대중매체를 통제하며 노동의 사회적 가치를 급

격히 하락시키며 탈정치화를 가속화시킨다. 그리고 경제 활성화라는 유
령화된 선전문구로 향락문화를 대놓고 조장한다. 양극화 현상이 고착되
면서 로또복권 외에는 신종의 계급차이를 극복할 수 없다는 자괴심이
만연하게 된다. 특이하게도 이런 자괴심은 빈곤층만의 자괴심이 아니라
경제권력을 쥔 부유층에도 상존한다. 그들의 경제권력이 막대한 시세차
익과 정보접근의 용이성으로 인해 얻어진 기회주의적 권력임을 인지하
고 있기 때문에, 그들도 언제든지 자신의 권력이 상실될 수 있다는 내적
위기감을 스스로 갖고 있는 것이다. 바로 이런 점이 보이지 않는 그들의
자괴심이다. 이런 자괴심을 탈피하려는 과정으로 파괴적 경쟁주의와 운
명론적 주술주의에 자신을 내던지는 사회적 신비주의 증상이 나타난다.
          사회적 신비주의 현상은 계층사회로부터 유도된 자괴심과
거대문명의 톱니바퀴 속에서 돌아가는 개별화된 인간소외의 반작용이
다. 반작용으로서 해소책은 포스트모더니즘이라는 그럴듯한 외형을 둘
러쓴 채, 그들의 권력을 유지하고 증식하기 위하여 합리성을 교묘히 거
부하고 도구화된 반이성을 강조한다. 점괘가 유행하여 운세에 인생을
맡기는 주체성의 포기현상이 나타난다. 회색권력이 주도하는 사회적 신
비주의는 광신적 쇼비니즘에 맞닿아 있다. 사회적 신비주의보다 더 심각
한 상황은 민주와 평등 그리고 복지와 환경에 대해 무조건 반대하고 역
공격하는 사회적 조현증의 병리적 혐오집단들이 공개적으로 나타나고
있다는 점이다. 이러한 광신주의는 회색사회의 두드러진 특징이다. 광신
주의는 정치이념과 종교 혹은 인종차별이나 빈부차를 고착시키는 가상
적 대형이념(super ideology)을 동원하여 모든 다양성의 문화를 노골
적으로 공격한다. 그리고 회색권력은 그런 집단을 물심양면으로 지지한

	권력집중형 흑색사회	권력집중형 회색사회	분산형 녹색사회
권력 구조	• 독재와 왕권주의	• 자본집중형 권력 • 연고주의	• 권력의 분산과 순환
도덕적 수준	• 동물사회형 1인집권 구조 • 생물학적 이기주의	• 이기성 기반 경쟁논리 • 신계급사회 형성: 엘리트 관료주의	• 문화사회 지향
권위 수준	• 독재권력 외의 권위를 인정하지 않음	• 군대식의 획일화된 서열 사회 • 기득계층의 안정화 수단으로 권위를 조작 • 스스로 만드는 억지 권위	• 수평적 혹은 편재된 중심 • 자연스럽게 만들어진 권위
합리성 수준	• 종교가 권력에 종속됨 • 합리적 지식을 배격하고 정서적 믿음 강요	• 신비주의 만연: 정치, 종교 및 사회 전반에 걸친 주술화 현상, 소외증상 발현 • 불확실한 미래, 예측 불가능한 사회	• 지식의 공유
이념 수준	• 정치이념의 도구화 • 아류제국주의: 국가이기주의	• 권력유지를 위해 조작된 가상이념 • 정치문맹 유도: 탈정치화	• 복지정책 지향 • 허위이념에서 탈피
다양성 수준	• 획일주의 사회	• 권력에 의해 조작된 다양성	• 문화의 주체적 다양성
환경의식 수준	• 환경담론 불가	• 노동이념과 환경이념의 충돌 • 개발논리 우선	• 생태주의와 환경주의의 결합
경제 수준	• 경제 종속 • 물적 기반 소유	• 개발과 성장 • 신자유주의, 양극화 현상	• 분배를 통한 성장 • 협동경제사회 지향

현재 한국사회는 전형적인 회색사회의 특징을 지녔음

다. 회색사회는 대형이념만이 아니라, 환경파괴를 대가로 해서 유희적 소비를 조장한다.

반공주의, 종교적 원리주의, 인종적 차별주의 등이 권력집중형 사회의 가상이념들이다. 회색사회의 가상이념들은 기존의 강령적 요소였던 대형이념들이 아니라, 더욱 정교해지고 세련되고 작지만 다양한 소형이념들의 집합체이다. 이런 소형이념의 사례로는 유희적 소비와 엔터테인먼트의 신화화를 들 수 있다. 신종의 유희적 소비를 부추기는 각종 이념들은 겉으로는 사회의 문화적 다양성에 일조하는 것처럼 보이지만, 안으로는 자본권력이 원하는 소비패턴을 충족시키기 위해 만들어진 다양성에 지나지 않는다.

흑색사회에서 침묵을 강요당했던 환경논의는 회색사회에서 일단 개방되었다. 흑색사회는 여전히 개발도상국들처럼 환경문제보다는 빈곤퇴치를 우선으로 하기 때문에 노동이념과 환경이념을 모순과 충돌의 관계로 이해한다. 쉽게 말해서 환경논의 자체를 배부른 자들의 사치스러운 담론으로 규정한다는 것이다. 환경보다 빵이 우선이라는 구호가 노동운동의 기본 강령처럼 받아들이는 것이 개도국들의 일반적 시각이다. 이런 시각은 환경과 빵이 상충하는 배중률의 관계라는 선입관에서 비롯된 것이다. 따라서 환경논의는 경제구조에 종속된 범위 안에서만 이루어지게끔 제한됨으로 해서 환경 자체에 대한 관심이기보다는 환경을 빙자한 개발의 합리화를 위한 절차에 지나지 않게 된다. 권력집중형 흑색사회나 빈부격차가 심한 회색사회 모두 환경에 대해 진정한 관심을 전혀 갖고 있지 않다고 보아도 지나친 말이 아니다(홍성태 2000, 11~17쪽).

한국사회는 회색사회의 전형이다(최종덕 2006b, 370쪽). 그러나 우리 사회는 우리 스스로의 힘으로 칼날 시퍼런 군사독재를 마감시키고 민주화를 이루어내어 세계 근대사에 길이 남을 대역사를 보여준 경험을 가지고 있다. 그래서 우리에게는 흑색사회에서 녹색사회로 전이되는 바람직한 이행의 시대가 올 것으로 희망한다. 그런 희망이 실

현되는 사회를 우리는 건강하고 지속 가능하다고 말할 수 있다. 녹색
사회로 가는 길에는 정치적인 변화도 필요하지만, 시민정신의 건강함
이 우선이다. 시민정신이 건강하면 정권의 변화에도 불구하고 우리는 4
대강의 흐름과 설악산의 산양 그리고 강정의 바다를 지켜낼 수 있다.

진보와 발전

서구사상사에서 최초의 진보 개념은 '비어 있음'을 채우고
자 하는 로고스의 열망과 그림자로 가득한 현상계 이면에
존재한다는 진리의 이상세계 추구라는 고대그리스 철학의
여정에서 잉태되었다. 기독교가 정착한 이후 이러한 진보 개념과 종교적
구원의 목적론적 관념이 절묘하게 결합되었다. 근대 계몽주의와 함께 이
상세계를 실현하기 위한 통로가 바로 근대과학 혁명의 전선들이다. 여기
서 완전한 운동역학 체계를 사실대로 파악하려는 것이 과학의 목적이
며, 그 목적으로 가는 과정을 진보라고 못박았다.

산업혁명 이후 과학의 진보와 기술의 발전이 혼재되면서,
진보한 문명이 야만사회를 구원해야 한다는 명분을 강화한 서구 제국주
의는 그 정당성을 자신들의 진보 개념에서 찾았다. 이러한 서구 중심의
진보관은 19세기 영국 빅토리아 시대에 와서 더 확장되었다. 이렇게 변
형된 진보관을 목적론적 발전관이라 부를 수 있다. 왜곡된 발전관과 변
형된 자유의 관념이 만나는 빅토리아 시대 이후, 서구의 발전관은 오히
려 약육강식의 편제로 재무장한 사회적 보수집단의 핵심 논리로 변모되
었다. 서구 중심 발전 관념의 재무장이 오늘날 문명발전의 신화를 낳게
한 사상적 배경이 된다. 고전적 발전 관념은 사회의 궁극적인 방향과 목

녹색사회의 과학	회색사회의 과학
• 과학기술 연구는 인류의 복지를 지향한다. • 과학기술이 관련 적정산업에 도움이 된다. • 과학의 산업화에서 공유경제 혹은 협동경제를 고려한다. • 과학기술과 환경문제의 상호교류를 지속하며 자연을 파괴하는 공학기술에 대해 자체적인 제어장치가 작동한다. • 상대의 과학지식(체계)을 경청하며 자신의 특정 과학지식(체계)의 우월성을 강조하지 않는다.	• 과학기술 연구가 자본에 종속된다. • 과학기술의 오용과 남용이 나타난다. • 과학연구가 권력의 도구로 된다(개발자의 권력욕으로 기술개발이 이루어진다). • 과학기술이 산업화에 적용될 때 환경문제를 고려하지 않는다. • 과학연구의 기획 자체가 교조적이다.

표가 확정된 목적론적 세계관의 하나였다.

　　　　발전에 대한 또 하나의 왜곡은 현재의 기술지배 사회에서 나타나고 있다. 과학과 기술이 혼재되어 사용되고 있다는 뜻이다. 다시 말해 서구철학에서 본 발전 개념은 발전의 끝이 현실 속에 존재하지 않지만, 기술발전의 끝은 현존할 수 있다는 인간의 신뢰에서 시작한다는 점이다. 오늘날 서구문명의 병리적 현상을 거론하면서 서구과학이나 데카르트의 이원론에 그 책임을 미루는 습관이 생겼지만, 이 또한 과학과 기술의 혼동에서 나온 발상이다.

　　　　그 혼동은 '생명의 과학'과 '권력의 과학'을 구분하지 못한 데서 기인한다. 예를 들어 과학은 인류에게 희망일 수 있으나 인간의 욕망이 곧 과학으로 되는 것은 아니다. 혹시 그런 과학이 있다면 오래가지 못해 그것은 과학이 아니라 하나의 사회적 도그마이었음이 밝혀지게 된다. 에너지 지속 가능성 문제를 고민하지 않은 채 국가건설사업의 일환으로 핵발전소 건설을 결정하는 사회는 권력의 가짜과학이 지배한다는

것을 보여준다. 프로바둑기사 이세돌과의 바둑시합으로 알파고가 유명
해지자 즉흥적으로 인공지능 연구를 세계화시킨다고 발표하는 정부의
태도는 그 자체로 가짜과학의 양산을 예고하는 것이다.

7

생명 유토피아에서
생명의 변증법으로

생명 유토피아와 생명 신비주의

현대 과학문명 사회는 역설적으로 반합리적인 주술적 문
화에 접속되어 있다. 한국사회에 만연해 있는 종교를 가장
한 미신성, 정치를 가장한 혹세무민, 신비주의를 가장한 주
술성은 우리 사회는 물론이고 자연과 인간의 파괴를 가져온다. 환경파
괴 및 생태위기를 맞고 있는 현실에서 생명주의를 빙자한 도피적 신비주
의의 실체를 해부하는 일은 매우 중요하다. 생명을 빙자하여 개인의 안
위에 몰두하면서 현실사회에 대해 침묵하는 일련의 관련 행동체계들을
나는 생명 유토피아라고 부른다. 생명 유토피아는 1970년대 이후 문명위
기의 대안으로서 출발했지만, 신자유주의 시장이 석권한 현대 자본권력
앞에서 자연의 도피처로 오해되고 있다. 생명 유토피아는 현대문명 위기
의 핵심인 환경생태 위기와 인간소외 위기의 역사적 책임을 근대과학에
만 돌리고 있는데, 이런 태도는 자칫 우리의 시선을 추상적인 문제에 가
두는 부작용을 낳게 마련이었다.

생명이 생명다운 것은 자기를 보전하고 후대를 이어가는
활동성에 있다. 그 활동 자체가 생명이다. 생명을 이해하기 위해서 생명
이 동사형이라는 점을 인식하면 좋다. 생명의 주체가 독립적으로 존재하
여 그 주체적 생명이 모종의 생명적 활동을 작동시키는 것이 아니라는
뜻이다. 주어에 해당하는 명사가 존재하여 그 주어에 해당하는 존재가
생명의 활동을 동사로 표현하는 것이 아니라는 뜻이다. 동사로서의 생
명활동 그 자체가 생명이다. 주어로서의 생명이 아닌 동사로서의 생명을
다시 풀어서 말한다면, 생명을 생명답게 만드는 것은 생명 밖에 있는 것
이 아니라 생명 안에 있다는 뜻이다. 그 이유는 생명은 인위적인 인공물

이 아니라 자연적인 자연물이기 때문이다. 자연으로서 생명은 자연의 기본 속성을 지닌다. 자연이 자연다움은, 자연(自然)이란 한자의 뜻풀이 그대로 스스로 존재하며 저절로 존재하기 때문이다. 생명 역시 스스로 생명다우며 저절로 생명답게 된다. 이런 점에서 창조주의 피조물로서 네이처(nature)와 동사로서의 활동생명은 존재론적 의미 차원에서 질적 차이가 있다. 마찬가지로 창조주의 피조물로서 생명과 스스로 그리고 저절로 생명다운 생명 사이에도 존재론적 의미의 차이가 드러난다.

　　　동사로서 생명의 특징은 그 스스로 있으며 저절로 있다는 점인데, 여기서 '스스로'와 '저절로'의 의미는 환경에 독립적인 개체로서의 존재로 이해되어서는 안 된다. 동사로서 생명이 스스로 그리고 저절로 활동한다는 뜻의 본질은 이 세계를 창조한 절대권능의 초월적 대(大)존재를 설정하지 않고서도 자족적으로 세상의 모든 생명존재가 가능하다는 것이다. 또한 동사로서 생명은 전체와 부분이 양방향으로 상호 소통하는 체계의 특성을 지닌다. 동사로서 생명은 항상 다른 생명과 섭동을 한다. 초월자로부터 부여받은 명사로서 생명은 창조된 순간 그 생명의 개체는 다른 개체와 존재의 특성을 함께하거나 서로 나눌 필요가 없다. 생명 개개는 생명의 창조자와 교통할 뿐, 다른 개체생명과 교통할 필요를 느끼지 못한다. 동사로서 생명은 생명의 존재근거를 안에서 찾으며, 명사로서 생명은 생명의 존재근거를 밖에서 찾는다. 생명은 신비롭다. 생명의 신비함에 대해 굳이 다루지 않겠지만, 생명의 신비가 어디서 오는 것인지에 대한 이러한 기본적인 논변을 이해하는 것이 중요하다.

　　　동사로서 생명은 생명의 존재근거가 안에서 찾아지므로, 생명의 신비로움의 근거 역시 안에서 찾아진다. 반면 명사로서 생명은 생명의 존재근거가 밖에서 찾아지므로, 생명의 신비로움의 근거 역시 밖에서 찾아진다. 신비로운 생명에 대한 근거를 밖에서 찾을 경우, 생명에 대한 환상이 또 하나의 생명권력을 만들 수 있다.

생명이란 단어가 가져다주는 추상적 이미지는 한국과 일본의 특이한 언어문화의 소산물이다. 그 실례로, 국내의 많은 환경단체에서 '생명'을 영어로 적절하게 번역하려고 하지만 만족스러운 번역어를 찾지 못하는 경우가 대부분인 점을 들 수 있다. 만족할 만한 번역이 어려운 이유는 생명이라는 용어가 정신적인 그 무엇과 신체적인 그 무엇을 함께 포함할 것이라는 생각 때문이다. '스피리트'(spirit)와 '라이프'(life)라는 말을 함께 사용하고 싶은 생각 때문에 번역이 어려워지는 것이다. 아니면 아주 모호하게 '에너지'라는 단어를 슬쩍 끼워넣는 경우도 있지만 역시 만족할 만한 번역은 아닌 것으로 보인다. 예를 들어 기공을 하는 사람들, 초월적 종교 분위기를 지닌 사람들, 정체불명의 모호한 도교사상으로 생명을 해석하려는 사람들 등은 생명을 스피리트의 생명으로 간주하고 싶어한다.

생명이 스피리트의 생명이기를 바라는 사람들에게서는 몇 가지 특징이 나타난다. 우선, 동양 고전의 도교사상이건 아니면 서양 기독교의 절대 창조주의 사상이건 관계없이 그러한 스피리트의 생명을 강조하는 사람들은 스피리트를 부여한 외부의 무엇을 가정한다. 마찬가지로 생명의 신비함을 찾기 위하여 외부에 존재하며 신비함의 원천이라고 여기는 그 무엇을 설정한다. 현대에 다시 깨어난 일종의 정령론이다. 나는 이런 생명이해를 '생명의 유토피아'라고 부른다. 생명의 유토피아를 다시 요약한다면 다음과 같다. 첫째, 스피리트의 생명을 강조한다. 둘째,

생명의 신비함의 근거를 외부에서 찾는다.

생명 유토피아의 양상은 다음과 같다.

첫째로, 생명 유토피아는 현대 기계문명에 대한 문화적 치료제로서 기능을 하려는 목표를 지향한다고 말한다. 과학기술 문명의 부작용으로서 파편화된 인간성을 회복하기 위하여 인간과 우주가 하나가 되는 전일론적 자연관을 지향한다. 데카르트의 기계론을 거부하고 뉴턴의 대수학적 사유를 비판하고 플라톤 이데아의 형이상학을 부정하면서 통합적이고 총체적인 세계관을 지향하지만, 결국 이러한 세계관 역시 우주론적 형이상학을 낳게 되었다. 이러한 형이상학을 배경으로 해서 치열한 사회현실보다는 낭만적인 개인의 자연을 추구하는 쪽으로 슬그머니 기울게 된다. 사회공동체보다는 자연공동체를 지향하지만, 결국 자연공동체라는 이름으로 사회공동체와 결별한 낭만적 개인주의로 자리잡는 경우가 발생한다(최종덕 1999).

둘째로, 과학적 이성을 비판하는 것으로부터 탈선하여 과학이성을 몰시(沒視)하거나 아니면 이성으로부터 도피하는 경우가 생긴다. 우리에게 요청되는 것은 과학이성을 비판하는 것이지 과학이성을 피하는 것이 아니다(하버마스 1993, 2절).

셋째로, 생명 유토피아는 생명의 존중과 자아의 수양을 추구한다. 자아의 수양을 위해서라면 사회적 오류까지도 전적으로 용서할 수 있다는 '허무한 관용'을 내세운다. 일종의 문화적 자기보호 양생론에 해당한다. 쉽게 말해서 수양과 명상이라는 이름으로 현실사회의 구체적인 불의에 대해 눈을 감고 있다는 것이다. 종교적 수사법으로 말해 본다면, 사회적 구원을 외면한 채 개인적 구원에만 몰두해 있다는 은유와 비슷하다. 생명 유토피아의 가장 큰 문제점이 여기에 있다. 과학기술과 산업화의 부작용으로서 드러난 개체화된 생명파괴를 다시 복원하기 위한 생명 프로그램이 오히려 사회공동체를 무시하는 개인수양론으로 변질되어 간다는 점이다.

넷째로, 생명 유토피아는 자칫 미래의 희망을 현재의 현실로 대체하여, 조금 더 참으면 좋은 미래가 올 것이라는 공허한 덕담만 하게 될 수 있다. 현재 상태의 비생명적인 오류들에 대해서는 눈을 감고 그 대신 시간이 흐르면 개선될 것이라는 착한 유토피아의 환상에 빠지기도 한다. 미래의 유토피아를 위하여 현재의 모순을 인내하자는 데까지 이르기도 한다. 유토피아 환시에 빠질 경우 미래의 유토피아는 현실에 도래할 수 없으며, 유토피아는 영원한 유토피아일 뿐이다.

현대 과학문명 사회에서 우려되는 생명권력의 주술적 성향이 광범위하게 펴져 있다. 텔레비전 오락 프로그램에서 점술가의 사견이 마치 미래를 판단하는 합리적 견해인 양 버젓이 방송되고 있다. 공중파에서도 마찬가지며, 오락 프로그램이 아닌 다큐 형식을 빌린 일반 프로그램에서도 주술에 의존한 내용들을 별 여과 없이 방송하고 있다. 주술 전문 텔레비전 프로그램은 오히려 시청자에게 선택권의 자유를 준다고 변명이라도 할 수 있어서 나름대로 방송이 존재할 수도 있다. 그러나 일반 공공채널에서 점술가의 이야기를 마치 객관적인 사실인 양 방송하는 현실은 우리 사회의 합리성 지표가 붕괴되었음을 간접적으로 보여주는 것이다. 마술사 스스로 마술이라고 공표하는 그의 화려한 엔터테인먼트는 우리에게 작은 즐거움이나마 안겨준다. 그러나 종교를 가장했지만 가장 미신적인 종교인, 과학을 가장했지만 가장 교조적인 과학자, 대중을

138

가장했지만 가장 독단적인 정치인 들은 자신들의 숙련된 기만적 언어로 우리를 주술중독에 빠져버리게 할 뿐이다.

타종교의 사람들, 예를 들어 지진과 해일로 깊은 슬픔에 빠진 주변사람들을 신의 징벌이라고 설교하는 많은 직업종교인들이 있어서 미신의 마술은 현대까지 존속할 수 있었다. 인간을 오로지 지식 저장능력을 통한 경쟁적 존재로만 간주하여 창조적 전인의 합리성은 사라지고 마는 것이 과학교육계의 슬픈 현실이기도 하다. 강의 흐름을 다 죽이면서도 뻔뻔하게 생태라는 단어를 도용하는 토건정권은 자신들의 파괴성을 부드러운 자연의 언어로 가장하는 전형적인 언어의 마술을 구사한다. 우상이나 다른 신을 섬기는 사람들을 지옥에 보낼 것이라는 공포신앙과 똑같은 방식으로, 쓸데없이 비판하는 사람들에게 검찰을 세워서 불순세력을 조사한다는 등의 언어무기를 동원하여 공포정치를 구사한다. 그들은 기억망실의 마술까지 보여준다. 후쿠시마 원전 사고 이후 편서풍을 의심하는 자들을 조사한다고 했다가, 시간이 흐르자 방사능 극미량을 의심하는 사람들을 조사한다고 했다가, 더 나중에는 식료품을 의심하는 사람들을 조사한다고 윽박지른다. 아마 우리의 기억 자체를 지우고 싶어하는 마술을 부릴지도 모른다.

생명 유토피아의 특징은 다음과 같다. 생명 유토피아의 특징 가운데 유독 스피리트의 생명을 강조하는 경우가 있다고 앞서 말했다. 이 경우 대부분이 개인의 영성을 스스로 양육하기 위하여, 대중적 공동체의 사회적 복지를 양육하는 데는 무관심하다. 그 대신 생명의 신비함을 유독 강조하는 경우가 많다. 문제는 그런 생명의 신비성을 외부 세계에서 구하려 한다는 점이다.

이렇게 생명 유토피아는 생명의 신비성을 밖에서 찾는 경우가 많다. 다시 말해 생명을 생명답게 만드는 동사로서의 생명을 보지 못하고 명사로서의 생명에 매달리는 것이다. 그러한 생명 유토피아는 밖에서 신묘한 기공의 힘을 구하려고 하는데, 흡사 진시황제가 21세기에 출현한 듯 신비한 풀이나 약재를 구하러 천지사방을 돌아다닌다. 혹은 영성적 수련방법을 통한, 남들이 느끼지 못하는 자기만의 깨달음을 크게 강조하기도 한다. 안수기도 등의 아주 특별하고 개별적인 방식으로 생명의 신비함을 밖에서 구하는 것이다. 당연히 그들은 생명의 신비함이 내 안에 있음을 의식적으로 거부한다.

배가 고프면 꼬르륵거리는 소리가 나는 것처럼 신비한 것이 더 이상 없다. 날아오는 물체 앞에서 자동적으로 눈을 감는 신체의 반응처럼 더 이상 신비한 것은 없다. 기우뚱거리지 않고 걸을 수 있는 몸의 생명기능보다 더 신비한 것은 없다. 타인의 아픔과 즐거움을 같이 느낄 수 있는 공유감정만큼 신비한 마술은 없다. 생명의 신비함은 바로 내 안에 있다.

생명 유토피아에서 말하는 생명이란 겉보기에 그럴듯하지만 살아 있는 말이 아니다. 생명이 없는 말잔치일 뿐이다. 전체는 전체로 보이지 않기 때문에 우리는 아주 작은 부분을 통해서만 전체를 볼 수밖에 없다. 그래서 작은 것이 중요하고 낮은 것이 소중하다는 것이다. 대단한 생명이론가의 사상을 아무리 많이 알아도 그 큰 사상을 아주 작은 것에서 찾으려는 마음과 남의 입장에서 남을 배려하는 마음이 없다면 그 사람은 생명의 진실을 모르는 셈이 된다(최종덕 2008). 형이상학으로 볼 때 작으면서 전체인 것이 생명이지만 인간의 역사에서 생명은 아주 일상적인 대중의 삶 그 자체일 뿐이다. 생명의 신비는 따로 '저 멀리' (there is~) 그리고 아주 별나게 존재하는 것이 아니다. 생명의 신비는 삶의 일상 그 자체이다.

생명 유토피아는 '저 멀리' 생명신비의 원동력이 있다고 간주한다. 토끼는 깊은 바다에 들어갔지만 자신의 간은 '저 멀리' 땅의 나라에 있다고 말했듯이, 생명 유토피아는 생명과 생명신비의 동력이 따로따로 있다고 유도한다. 토끼에겐 불행일 수 있겠으나 누군가가 밖에 있는 토끼의 간을 손에 쥐었다고 생각해 보자. 그러면 토끼는 그 누군가에 의해 조정을 당하게 될 것이다. 마찬가지로 생명 유토피아는 자본권력에 자신의 신비함을 기꺼이 맡겨버리거나 혹은 강제로 빼앗기는 경우가 흔하다. 현대 문명사회에서 생명 유토피아는 자신의 간을 빼앗겨, 보이지 않는 거대한 자본권력에 의해 조정당하는 것을 모를 수 있다.

우리 주변에는 몸에 좋은 것이라면 뭐든지 찾아가는 식으로 신체적 양생만 추구하는 물신적 생명 유토피아가 널려 있다. 죽임의 무한경쟁 속에서 한 사람 한 사람 죽어가는 암울한 죽음에도 불구하고, 앞으로 좋을 날이 올 것이니 기도하면서 기다리자는 권유가 공공연히 나돌고 있다. 영성적 생명 유토피아는 허망한 권유의 의지를 만들어주기도 한다. 그런 생명 유토피아는 그들의 언어와 달리 반생명적이다. 그들이 추구하는 생명 유토피아의 삶은 소외와 배제를 낳는다.

생명 유토피아 일반은 현대문명의 위기라고 할 수 있는 환경생태 위기와 인간소외 위기의 문명사적 그리고 사상사적 원인을 근대과학에서 찾으려 했다. 물론 그 원인진단은 어느 정도 타당하다. 그러나 이론적으로만 타당할 뿐, 현실적인 규명이 될 수 없다. 생명 유토피아는 근대과학의 형이상학적 측면에만 눈을 주었을 뿐, 오도된 지식권력이 자본권력과 만나 얼마나 그들만의 이익을 위한 독단적인 음모를 꾸몄는지에 대해서는 침묵하고 있다. 구체적인 역사에서 드러난 생명 유토피아의 부작용이 있는데, 그것이 바로 우생학의 역사이다.

굴절된 생명: 우생학
불행했던 우생학의 역사

1920년대 미국으로 이민을 가려는 색인종과 빈민 유럽인들이 폭증하자, 미국정부는 앵글로색슨계가 희석될 것이라고 우려하면서 이민제한법을 통과시켰다. 우생학적 차별을 노골적으로 보여준 사실이다. 이민제한법 이전인 1911년부터 1931년까지 미국은 30개 주에서 정신박약인의 강제불임법이 법제화되어 있었다. 미국은 1909년, 스위스와 캐나다는 1928년, 덴마크는 1929년, 노르웨이와 독일은 1934년 강제불임법이 입법되었다. 이런 악법은 1960년대 들어와 대부분 폐기되었으나 버지니아 주에서는 1970년대까지 강제 불임시술을 강행했다. 이렇게 미국에서만 1910년대부터 25년 동안 10만 명 이상의 정신박약인들이 불임시술의 희생자로 기록되었다. 노르웨이, 핀란드, 아이슬란드 등에서도 그러했고 스웨덴은 6만 명에 이른다. 간질과 알코올중독을 포함한 정신질환자를 대상으로 1933년 강제불임법을 입법화한 독일은 40만 명 이상을 불임시켰고 2차대전 동안에는 그 사람들 대부분을 학살하였다(피쇼 2009).

1865년 프랜시스 골턴(Francis Galton)은 자신의 책 『유전적 재능과 특질』에서 '우량종 육성'이란 용어를 사용했다. 그는 우량

굴절된 생명 우생학적 사유의 사례들

보전법	단종법	개량법
• 인종차별 • 영국의 유럽연합 탈퇴 결정	• 나치의 홀로코스트 • 강제불임법 • 냉전갈등과 한반도의 이념분리	• 품종개량·육종법 • 전략결혼

종 육성을 위한 과학을 '인종을 개선하는 과학'이라고 불렀다. 그 내용은 선택적으로 출산을 유도하는 방법에 관한 것이었다. 이후 1883년에는 우량종 육성의 과학을 우생학(優生學, eugenics)이라고 부르게 되었다. 우생학이 과학의 이름으로 가짜과학 행세를 했다. 특히 미국에서 우생학은 급속하게 확산되었다. 미국의 시오도어 루즈벨트(Theodore Roosevelt) 대통령은 우생학의 신봉자로 유명한데, 흑인과 선천적 장애인을 분리하는 정책을 시도하였다.

　　우생학은 다음의 전제를 갖는다. 첫째, 원하는 표현형질의 개체들을 그렇지 않은 개체들로부터 보호하여 순수표현형을 간직할 수 있다는 전제이다(보전법). 둘째, 외형적으로 표현된 형질을 분리하고 선택적으로 제거함으로써 원하는 유전형을 만들 수 있다는 전제이다(단종법). 셋째, 외형적으로 우수하게 여겨지는 형질들을 가진 개체들을 개량하여 우량 표현형질을 만들 수 있다는 전제이다(개량법, 골턴의 포지티브 우생학).

　　이러한 우생학은 영국 빅토리아 시대(1837~1901)에 탄생했는데, 빅토리아 시대의 중요한 생명관의 하나는 무엇이든지, 그것이 비록 생명체라 할지라도 과학으로 개량하거나 창조할 수 있다는 것이었다. 한마디로 빅토리아 시대는 품종개량의 창조기였다고 일컬어질 정도이다. 대표적인 품종대상은 비둘기와 개 그리고 말이었다. 근거리통신용, 애완용 그리고 경주용 등, 용도별로 개량되었던 수많은 품종들은 당시 우생학의 소산물이었다. 이 시기 품종개량의 방법은 간단했다. 사람이 원하는 형질을 가진 개체들을 교미시켜 원하는 후손개체가 탄생하면 계속 번식시키고 그렇지 못한 새끼들은 버리는 것이었다. 방법은 간단하지만, 우생학의 세 가지 전제가 다 포함된 개량작업이었다. 생명의 자연적 번식을 무시하고 인위적 생산만 조작하는 것이다. 이로 인해 생기는 각종 유전질환은 필연적인 부작용으로 남게 되었다.

당시의 우생학은 빅토리아 시대 영국의 복지정책과 밀접하게 연관되어 있다. 복지정책이라고 표현되기는 했지만, 실제로는 빈민들을 선별하여 일할 수 있는 자에게만 복지혜택을 준다는 '빅토리아 빈민법'의 일환이었다(Poor Law Amendment Act/PLAA, the New Poor Law, 1834). 영국 빈민법에 의하면 빈민은 노동능력이 있는 빈민, 장애인이나 노인처럼 노동능력이 없는 빈민 그리고 부모 없는 빈곤아동으로 분류되었다(이영석 2009, 134, 135쪽). 이 가운데 노동능력이 있는 빈민에 대해서, 그들이 일을 못하는 것은 사회적 책임이 아니라 전적으로 개인적 책임이라고 간주했다. 따라서 그들은 복지정책의 범주에서 철저히 배제되었다. 그들에게 복지혜택을 준다면 게으름과 무능력의 형질을 가진 사람들이 점점 더 증가할 것이며, 부지런함과 능력을 가진 사람들은 상대적으로 감소할 것이라는 편향을 지녔던 것이 바로 빅토리아 시대의 복지정책을 가장한 우생학의 특징이다.

　　빅토리아 시대의 우생학은 그 시대만의 과거사가 아니다. 굴절된 우생학은 언제 어디서나 재현될 수 있는 위협적 반생명의 세력이다. 나치독일의 홀로코스트나 유럽의 강제불임법 혹은 인종차별이 우생학의 확장이다. 2016년 영국의 유럽연합 탈퇴 결정이나 이스라엘의 가자 지역 봉쇄도 우생학적 보전법의 한 양상이다.

표현형과 유전형

　　우생학의 생물학적 이해를 위해서는 표현형과 유전형의 차이가 무엇인지 설명되어야 한다. 빅토리아 시대 우생학 기술은 전적으로 표현형에 의존했다. 예를 들어 다리가 짧고 귀가 위로 서 있는 귀여운 모습의 개 품종인 웰시코기를 만들기 위하여 고전 품종개량업자 혹은 육종업자는 기존의 개들 중에서 원하는 표현형질을 가진 개들을 분류해서 다리가 더 짧은 암수 개들끼리 교미를 시켜 새끼를 낳게 하고 새끼들 가운데 원하지 않는 다리가 긴 새끼들은 버리고 짧은 다리의 새끼들만을 취합한다. 사람이 원하는 표현형의 개가 생산될 때까지 이러한 인공 육종작업을 반복적으로 해서 처음 의도한 최종의 형질을 가진 품종을 만들어낸다. 먼저 표현형질을 선택적으로 분류하고, 둘째 원하는 형질을 취하기 위해 원하지 않는 형질을 제거한다. 그리고 셋째로, 취사선택된 표현형질을 보전하기 위하여 유전된 후손들을 다른 개체와 분리시킨다. 이런 방법이 기존의 품종개량법이며 긴 다리, 짧지만 조밀한 털, 바구니에 들어오는 작은 체형, 뭉툭한 코 등 외형적인 형질들을 표현형이라고 말한다. 기존의 육종법은 표현형을 기

반으로 해서 선택적으로 교미시키거나 접목시키는 방법으로 의도한 표
현형질을 생산한다.

　　표현형과 대비되어 유전형 개념이 있다. 유전형이란 유전자
개념의 탄생 이후에 생겼다. 모든 생명체는 유전자를 가지고 있으며, 유
전자는 유전의 기본 단위이며 생식을 통해서 자손에게 이어진다. 유전
자에서 유전형(질)이 구성된다. 머리색, 혈액형, 키 등의 외형적인 표현형
은 DNA로 구성된 유전자에 상관적이다. 1953년 제임스 왓슨과 프랜시
스 크릭이 DNA의 구조를 밝혀내면서 유전자 개념이 정립되었고 유전자
가 곧 유전형에 기여하게 되었다. 다시 말해 표현형은 유전형이 발현된
결과이다. 외형적으로 특정 표현형질은 모종의 유전형질에 따른다. 그러
나 어떤 유전형이 특정 유전자로 결정지어지는 것은 아니다. 예를 들어
보겠다. 흰 피부와 검은 머리의 표현형을 결정짓는 유전자를 발견했다는
과학뉴스를 보자. 논리적으로 말해서 유전형은 표현형의 필수조건이지
만 충분조건이 아니다. 표현형은 유전형이 발현된 결과이다. 다시 말해
검은 고수머리의 표현형은 검은 고수머리의 유전형을 반드시 필요로 한
다. 그러나 유전형은 모종의 특정 유전자로 환원되지 않는다. 하나의 유
전자가 하나의 유전형을 구성하는 것은 아니기 때문이다.

　　B세포 림프종을 유발하는 Pellino 1 유전자를 발견했다는
과학뉴스를 보자. Pellino 1 유전자가 림프종 발병에 관여하고 기여한다
는 것을 사실로 받아들이지만, 그렇다고 해서 Pellino 1 유전자가 반드시
림프종을 일으키는 충분한 원인이 아니라는 것이다. 림프종은 Pellino 1
유전자를 포함한 다양한 유전자와 상관요소들이 결합되어 발병하기 때
문이다.

마찬가지로 유전자는 DNA로 구성되어 있지만 특정 DNA 의 서열이 특정 유전자를 만드는 것은 아니다. DNA의 서열에는 유전형을 만드는 서열이 있는 반면, 유전형과 무관한 DNA 서열도 있기 때문이다. '정보화된 DNA서열(encoding)'을 유전자라고 말한다. 그렇지만 정보화되지 않은 DNA조각들이 생명 표현형에 아무 기여를 하지 않는다는 뜻은 아니다. 유전자 차원에서 생명은 복잡하고 단순하지 않으며 다중적인 의미를 갖고 있다.

생명의 변화를 조작하는 우생학적 방법론

자연의 모든 생명과 생명종은 고정된 것이 아니며 항상 변화하고 있다. 그러한 변화가 생명진화의 핵심이다. 생명의 진화는 생명개체의 표현형질의 변화로 드러난다. 표현형질의 변화가 다양하면 다양할수록 그만큼 생명종 다양성이 풍부해진다. 생명의 변화는 이래서 중요하다. 생명의 변화성은 유전자의 변화를 기반으로 한다. 유전자의 변화를 우리는 변이라고 말하며, 그런 유전자에 의한 표현형의 변화를 돌연변이라고 한다. 돌연변이 개체들 가운데 선택이라는 과정을 통해서 어떤 것은 적응되어 존속하고 또 어떤 것은 없어진다. 여기서 존속하는 것과 사라지는 것 사이의 우열관계를 따질 수 없다. 다시 말해 현재 존속하는 생명종은 특정 목적을 향해 만들어진 것이 아니라는 뜻이다. 단지 주어진 환경에 적응한 것이 적응되어 존속하고 있을 뿐, 존속하는 것이 그렇지 않은 것보다 더 좋은 생명이라는 식의 우열은 없다는 것이다. 그래서 지금 존속하는 생명종은 서로간의 우열을 따질 수 없으며 모두 다 평등한 존속물이다. 정리하면 다음과 같다. 생명은 ① 변

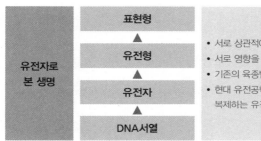

화하며 ② 그 생명성의 변화가 생명종의 다양성을 보장하며 ③ 모든 종, 모든 개체는 서로 평등하며 ④ 그런 생명의 변화는 목적 지향적이지 않고 무목적적이다(윌슨 2005, 58, 59쪽).

　　　　　　우생학이란 이런 자연의 변화조건을 인위적으로 만들어서 의도한 생명종 혹은 생명개체를 만들어낼 수 있다는 신념체계이다. 오늘날의 유전공학은 유전형적 우생학을 시도하고 있다. 과거 품종개량 식의 표현형적 우생학과 다르게, 유전형적 우생학은 유전자 자체를 복제하거나 변형하여 의도한 표현형질을 만들어내고자 한다. 유전자 복제와 변형을 통해 표현형질 혹은 그런 개체들을 만드는 일은 현대 과학기술의 핵심이며 여전히 논란이 있는 과학영역이기도 하다. 왜냐하면 유전형 자체의 변화를 인위적으로 가져오게 하는 일이기 때문이다. 2만 2천 개의 유전자군, 60억 쌍의 DNA 염기서열 구조의 암호를 하나하나씩 풀어가면서 유전적 불치병도 예방·치료할 수 있게 된다는 희망을 생각한다면, 인류는 유전공학의 과학을 인정하고 독려할 수 있다. 과학은 인류의 복지를 위해 존재하지만, 불행하게도 반드시 그렇게만 사용되지 않았음을 우리 인류는 기억하고 있다.

생명의 변화		
자연의 변이	**인공적인 변형·복제**	
자외선, 방사선, 자연 이물질 등으로 유전적 돌연변이 가능성 (지나친 변이를 제어하는 생명의 항상성도 있음) ▽ 장구한 선택의 역사를 거쳐 오면서 목적 없이 존속된 생명 ▽ 항상성 유지	**표현형질의 인공적 변화** 품종개량 (우량종 인공육성) ▽ 선택과정을 거치지만 매우 짧고 목적적임 ▽ 항상성 약화	**유전형질의 인공적 변화** 현대 유전공학 기술 배아복제·유전자 변형 ▽ 선택과정이 없으며 목적적임 ▽ 항상성 붕괴

  표현형적 우생학 혹은 현대 품종개량 방법은 전통적으로 농·축산업에서 이미 사용되어 온 종자개량 기술이다. 이런 품종개량 방법은 일찍이 찰스 다윈의 『종의 기원』의 진화론 아이디어를 끌어내었다. 다윈은 인공적인 방법으로 품종개량을 하는 육종법에서 사용하고 있는 인공선택(artificial selection)을 유추하여 자연선택 개념을 끌어내었기 때문이다. 인공선택이란 사람의 필요성에 따라 필요한 것은 취하고 불필요한 것은 없애는 선택방법이다. 이런 선택방법은 이미 잘 알려진 일상기술이라서, 『종의 기원』에서 다윈은 진화의 자연선택 개념을 설명하기 위하여 품종개량의 인공선택을 예로 들고 있다. 자연선택은 인공선택처럼 취사선택 과정을 거치지만 사람이 의도한 대로 취사선택하는 것이 아니라, 자연환경에서 개체들이 존속하거나 사라지는 그런 선택의 자연적 과정을 말한다. 이 같은 자연의 선택과정은 장구한 진화의 시간을 필요로

한다.

인공선택의 방법을 사용한 품종개량의 정신은 표현형적 우생학으로 연결된다. 더 빨리 달리는 경주마 품종을 탄생시키기 위하여 긴 다리와 견갑골 근육 그리고 무릎관절 표현형질이 우수한 수컷개체를 선택하여 교배를 반복적으로 시도한다. 그래서 궁극적으로 그런 유전자를 가진 성체를 보존한다. 이런 방법을 우리는 품종개량이라고 부른다. 여기서 반복적인 시도의 의미는 선택과정이 반복적으로 이루어진다는 것이다. 한편 유전형적 변형법은 직접 유전형을 가공하여 인간이 원하는 표현형의 생명형질을 만드는 방법이다. 유전형적 신우생학 기술에 해당하는데, 배아복제에도 적용되고 유전자 변형 작물에서도 행해진다(험프리스 2004, 223쪽).

유전자 변형을 거친 유전형, 복제기술에 의해 생겨난 변형된 유전자, 표현형 차원에서 품종개량의 유전자로 정착된 유전형, 나아가 자연상태에서 생긴 변이들이 장구한 시간을 거치면서 적응된 유전형, 이 모두 동일한 표현형으로 나타날 수 있으며 동일한 기능을 할 수도 있다. 그러나 적응과정을 거친 표현형인지 아니면 적응과정 없이 직접 표현형으로 나타난 것인지의 차이는 중요한 의미를 갖는다. 예를 들어 특정 살충제에 내성을 가진 목화를 유전자 변형으로 만들었다고 치자. 그 유전자 변형 목화는 일반 자연 목화와 동일한 화학적 물질이며 동일한 생물학적 기능을 가졌지만, 진화의 적응과정을 거치지 않았기 때문에 후대로 갈수록 상이하고 비예측의 발생학적 발현이 증가할 수 있으며 유전자 항상성 혹은 개체유지의 항상성이 붕괴되어 미확인 질병들이 유발될 수 있다.

150

생태변증법
생태변증법의 의미

1960년대 당시 미국의 생태학적인 흐름의 출발은 유럽의 68세대가 주도한 문명비판과 무관하지 않다. 서구 실증주의, 이성 절대주의, 서구 중심적 물질문명에 의한 인간소외 증상이 지나치면서 그 반성과 대안이 제시된 시기이기도 하다. 68운동 이후, 서구 좌파운동과 문명비판론자들은 극단적인 좌파 행동주의자들과 생태주의자 그리고 신사회 운동주의자로 변모되어 갔다. 그들 중에서 일부 환경론자들은 녹색당을 규합하여 정치적 실천을 지향하면서, 드디어 1980년대 들어 시민단체 수준이었던 독일녹색당은 독일연방의회에 진입하는 데 성공하였다. 프랑스에서도 1960년대 말부터 '신학문'이라는 소수의 대중철학 선도자들이 나왔고, 포스트모더니티의 고향으로서 손색없는 이성해체의 작업을 시작하였다. 그러나 프랑스 자체에서의 포스트모더니티 흐름은 운동이 아니라 프랑스 전통의 사상적 결집체일 뿐이었다. 오히려 프랑스 안에서는 포스트모더니즘의 대중적 선동성과 유행성이 두드러진 적이 없었다. 어쨌든 유럽에서 문명비판론 혹은 이성비판론은 철저하게 이성적인 기준을 잃지 않고 진행되었던 것이다.

오늘의 문명위기와 관련한 비판의 소리들을 잘 들어보면 서구과학 비판이나 산업화에 대한 비판, 근대화에 대한 비판, 자본주의에 대한 비판과 기계적 이성에 대한 비판이 함께 뒤섞여 있다. 그 비판의 무대에 올라오는 내용들을 살펴보면, 데카르트처럼 약방의 감초마냥 끼는 세계관으로서 주객분리에 대한 것 혹은 자연과 인간이라는 이분법적 논리에 대한 비판이다. 과학에서는 기계론적 사유방식에 대한 비판이 있다. 형이상학에서는 결정론적 존재론에 대한 것이 있으며, 방법론에서는 분석주의와 환원주의 혹은 연역적 사유에 대한 비판이 있다. 그리고 산업혁명 이후 산업화에 따른 인간소외의 문제 혹은 서구 제국주의에 대한 비판과 그에 따른 자본축적 과정에서 생긴 환경파괴의 문제를 강하게 비판하기도 했다. 그런데 이러한 문제들이 뒤섞인 채 생태운동 시나리오의 드라마는 매우 복잡해졌다.

고도화된 산업사회의 모순적 사회현상들이 드러나기 시작했다. 이성적 존재와 합리적 인식의 부작용을 비판하는 것이 아니라 이성을 도피하는 방식의 사회적 증상이 나타나기 시작했다. 신흥 부흥종교, 밀교적 신비주의, 기공에 대한 급속한 관심확대, 동양에 대한 허무한 자부심, 신자유주의로부터 촉발된 극심한 경쟁주의, 탈정치화 등의 도피적 사회 신비주의 현상의 확산이 바로 그 모순의 단편들이다.

생명공학 기술이 확산되고 인공지능 기술이 일상화되면서 탈정치화는 더욱더 안착하게 되는가 하면 주술적 사회현상들이 오히려 더 들끓고 있다. 후기 산업사회 혹은 정보화사회의 가장 특징적인 현상은 최첨단 과학과 최고의 비합리성인 신비주의가 공존하고 있다는 점이다. 사회적 신비주의 자체가 나쁜 것이라기보다는 상업주의의 브랜드로 전락해 가는 신비주의 산업이 문제이다.

신비주의 산업 일반은 겉으로는 대개 공동체의식을 강조하지만 결국 사회마취제적 기능에 봉사하고 만다. 신비주의 산업에서 말하는 공동체는 삶의 공동체가 아니라 개인 이익집단의 목적 달성을 위한 구호일 뿐이다. 개인의 보신주의로 전락한 건강 프로그램이 텔레비전 오락방송 프로그램의 대부분을 차지하고 있다. 건강과 보신음식 프로그램이 개인 보신주의와 사회적 주술주의의 한 단면이다. 우리 사회가 안고 있는 본질적인 사회건강을 회피한 채 개인의 건강이나 신비주의 산업만 말하고 있다면 끝없는 질병의 악순환이 거듭될 따름이다(박상철 2009, 3장). 개인 생명주의는 자기 개인만을 위한 보신주의에 지나지 않는다. 그것이 설령 종교라 할지라도 자기만의 정신적 위안일 뿐이다. 또한 그 현상은 한 개인에 그치는 것이 아니라 상업자본주의의 논리를 합리화시켜 주는 반생명의 도구로 전락할 것이다.

사실 이런 현상은 한국만의 문제가 아니며 자본화된 물질문명사회들이 밟는 수순이지만, 우리의 상황은 지나치게 극단의 길을 가고 있다는 점에서 훨씬 심각하다. 이런 상황에서 지치고 허망한 마음을 달래줄 사회수면제이며 이성마취제인 기이한 문화가 조성되어 가고 있음을 직시해야 한다.

신비주의 프로그램은 산업사회에서 형성된 기계와 기술 권력 중심에 의해 소외되어 가는 삶과 자연의 피폐를 막아보려는 태도에서 출발했었다. 신비주의 프로그램이 보여준 문명적 대안들은 분명히 긍정적인 변화를 가져다주었다. 그 이유는 이론적이고 학술적인 관점에서만 문명비판과 이성비판을 해오던 이론가들과 달리, 불안 속에서 대안을 희구하던 많은 현대인에게 행동과 실천의 강령과 정신적 희망이라는 감정의 공감대를 선사했기 때문이다.

그러나 문명비판이 현실도피 수단의 담론으로 바뀔 경우 우리의 문명위기, 환경위기, 생태위기는 더 깊어만 갈 것이다. 바로 그런 점에서 북친(Murray Bookchin)의 경고는 어느 정도 타당하다고 생각한다. "생태적인 접두사가 붙은 것들의 일시적인 유행이 뿜어내는 악취

가 도처에서 진동한다"라는 가시 돋친 북친의 비난이 듣기 거북하지만
아주 무시할 수도 없게 되었다. 현실적인 사회운동과 내면의 반성적 성
찰, 이 둘의 태도는 어느 하나로 편향되어서는 우리의 위기상황 해결에
도움이 안 된다는 뜻이다. 철학자 하버마스(J. Habermas)는 자연을 그
대로 탐미하는 생태주의 철학은 단순한 심미주의일 뿐이라고 하면서 강
한 비판을 했다(Gunderson 2014). 삶과 이성, 삶과 기술이 분리된 것이 아
니라는 뜻이다. 존재는 형이상학적이거나 영성적인 존재가 아니라 나의
삶 그 자체이다. 사회생태주의자인 북친의 주장을 보면, 현재의 생태운동
은 사회적 구원과는 관계없는 개인의 구원만 추구하고 있다며 강한 비
판을 던지고 있다. 녹색사회로 가는 생명철학의 방향은 개인의 심리적
위안을 위한 길에 그치는 것이 아니라 공동체 지향의 생명운동에 있다
(라이트 2012, 270~75쪽).

　　　　물질적 욕구를 충족시켜야 하는 인간은 자연과의 관계를
어떻게 맺느냐에 따라서 삶의 양식이 크게 바뀐다. 흔히 말하듯 자연을
단순히 물질의 창고로만 보아온 환경위기 맹아의 역사는 오늘날 우리
삶의 터전을 잿빛의 언덕으로 만들어놓았다. 이러한 잿빛언덕에서 녹색
의 빛을 찾아나서는 일은 더 이상 이론적 사치나 자기위안의 임상적 시
도로 그칠 수 없다. 이런 점에서 내면의 세계를 성찰하는 것은 중대한 의
미를 지닌다. 다만 내면적 성찰을 핑계 삼아 현실을 도외시해서는 안 된
다. 생태사회는 이러한 성찰과 비판 사이에서 진동하는 진자추와 같다.
진자추의 갈등과 변동을 나는 생태변증법이라고 표현하곤 한다.

　　　　사회생태주의는 현실과 관행에 안주하지 않고 끊임없이 실
천할 수 있는 행동의 사유원천이다. 사회생태주의는 심층생태주의를 거

부하지 않는다. 다만 현대사회가 안고 있는 생태위기의 상황은 영성이나 개인의 도덕심 외에 사회적 제도개선과 변혁의 현실적 도움을 받아야만 개선될 수 있음을 더 강조한다. 심층생태주의는 생태주의적 사유가 철저히 개인화된 신비주의로 전도될 우려를 내포하고 있다. 우주와 생명을 논의하는 영성생태론과 심층생태론이 현실사회를 논의하는 사회생태론과 결별할 때, 허무해질 수 있다. 생명의 영성과 우주적 생명 담론만 이야기하면서 현실에 눈감고 있으면 시급한 문제풀이가 아득해진다는 뜻이다. 한편 사회생태론이 영성 혹은 근본 생태론을 무시할 경우, 정치를 위한 정치 혹은 맹목적 운동이 될 수 있다(머천트 2001, 185~91쪽). 사회생태주의와 심층생태주의는 대립적인 관계가 아니라 하나의 스펙트럼 상에 편재된 차이이다. 이러한 편재성이 곧 생태변증법의 논리이다.

생태변증법은 우리의 현실사회에 적용되고 있다. 예를 들어 노동운동과 환경운동이 변증법적 관계의 일환이었다. 과거 노동운동의 현장에서 환경문제와 노동문제는 상충되었다. 그러한 상충된 모습들은 사실 기업주의 의도된 기획에 따른 결과였지만, 이제는 먹고사는 문제와 환경문제는 다른 영역이 아니라 하나의 문제임을 인식하는 것이 중요하다. 노동과 환경은 하나의 문제라는 것이 생태변증법의 관점이다. 생태변증법은 환경담론이 담론으로만 그치는 일을 경계한다. 생태변증법은 환경문제를 개인의 도덕적인 차원이나 영성의 차원으로 유도하여 사회적인 문제에 의도적으로 눈을 감지 않도록 하려는 방향에 초점을 둔다. 환경문제와 사회문제를 분리해서 보면서 환경문제는 현학적이 되거나 소수의 도덕적인 행동으로 오해될 수 있기 때문이다.

생태변증법의 사례: 생태주의의 결합

앞절에서 이미 논의되었지만, 생태주의는 주로 세 가지로 구분된다. 심층생태주의, 영성생태주의, 사회생태주의가 그것이다. 그리고 급진생태주의도 있지만 이는 사회생태주의 한 부분으로 보면 된다. 여기서 영성생태주의와 심층 혹은 근본 생태주의는 그들 사이의 상호 상승적 연계성을 강조하면서 서로 만나는 공통분모를 가지고 있다(월슨 2005, 211쪽). 사회생태주의는 생태론의 기본 원칙과 사회의 구체적 현실을 접목시키려는 역사주의적 태도를 취하고 있다. 급진생태주의는 실천적 대안들로서 행동으로 옮길 수 있는 대중운동의 범위를 제시하고 있다. 급진생태주의는 분명히 사회개선의 차원에서 출발하였다. 그러나 급진생태주의 역시 생태론적인 사유를 기본으로 한다. 예를 들어 자본주의 농업은 결국 공동체적 농업보다 훨씬 더 심한 토양의 낭비와 착취라는 점을 적시하고 있다. 공장식 대규모 농업은 농민과 토양의 활력을 쇠약하게 만들며, 자연적 생명법칙에 의거한 사회적 교환의 긴밀성을 파괴한다고 말한다. 사실 이것이 생태주의의 기본이기도 하다. 농약과 비료 생산이라는 근대 산업화와 더불어 자본주의적 농업은 일단의 진보를 이루기는 했지만 그로부터 소농 노동력은 피폐해졌고 인류의 생존과 토양생명의 지속성은 보장받기 어렵게 되었음을 말하고 있다(매킨토시 1999, 8장).

녹색사회의 중요한 이념의 하나는 사회운동과 환경운동 혹은 노동운동과 생명운동이 서로 조화되도록 하는 사회적 교육이 필요하다는 점이다. 실제로 녹색사회의 방법론적 구현은 사회생태주의와 심층생태주의의 결합에 있다. 영성생태주의, 근본생태주의 그리고 사회생태주의가 따로따로가 아니라 하나의 스펙트럼 안에서 일어나는 편차라는 사실을 깨닫는 데 있다. 영성생태주의가 신비주의로 표현되어, 우주와 생명을 논의하지만 현실정치와 사회경제를 도외시한다면 결국 생태주의 사회는 요원해진다. 예를 들어 생태론 논의에서 페미니즘, 즉 생태여성론의 문제는 매우 중요하다. 생태여성론보다는 여성생태주의가 더 적절한 말이다. 여성생태주의라는 이름으로 여성을 자연과 동일시하는 본질주의 페미니즘은 여성을 전통적인 성의 역할론의 틀 안으로 구속시킬 위험이 있다. 즉 인류학적 권력의 중심에 있던 남성성의 문명적 폭거를 상쇄하고 중화시킬 수 있는 여성성을 여성만이 가져야 한다는 왜곡된 해석으로 될 수 있다는 말이다. 생태여성주의 논의는 오히려 여성의 적극적 사회참여를 통한 구체적 행동주체자로서의 여성을 강조하는 쪽으로 가야 한다. 인간의 문명사에서 구축된 권력구조를 분산시키고 남성과 여성, 중심과 주변이라는 이분법의 논리에서 벗어나야 한다는 뜻이다.

흔히 말하는 방식을 따라서 표현하면, 사회생태 의식 없는 심층생태주의는 허무하며 심층생태 의식 없는 사회생태주의는 자칫 맹목적이 될 수 있다. 이는 생태변증법의 또 다른 모습이다.

생태변증법의 사례: 지식과 사회의 결합

생명공학 기술에 사회적 책임을 질문하는 경우 도리어 거센 항변을 받기 쉽다. "생명공학 기술이 월등한 대한민국이 국제특허를 내서 잘 좀 살아보자는데, 당신들은 현실도 모르고 괜한 딴지나 걸고 있냐"라고 억지항변을 듣는다. 과학자는 눈에 보이는 당장의 경제적 이익보다는 인류의 진정한 복지를 위해 연구해야 한다는 것은 제일의 정언명법이다. 당장의 경제적 이익을 추구하는 과학 연구는 일종의 과학 맹신주의를 낳을 수 있다. 과학자는 역사적 책임에 눈감을 수 없다(무니 2006, 77~79쪽). 왜냐하면 과학자의 연구결과는 인류의 삶의 미래를 바꾸어놓을 정도로 큰 위력을 갖고 있기 때문이다. 앞서 녹색사회의 '생명의 과학'과 회색사회의 '권력의 과학'을 구분해 보았다. 예를 들어 과학은 인류에게 희망일 수 있으나 인간의 욕망이 곧 과학으로 되는 것은 아니다. 혹시 그런 과학이 있다면 오래가지 못해 그것은 과학이 아니라 하나의 사회적 도그마로 밝혀지고 만다.

권력에 종속된 과학지식은 지식의 인과관계 범주를 권력이익에 맞추어 조정한다. 예를 들어 수많은 성인병이 횡행하여도 원인으로 의심되는 인과관계 물질들이 명확한 인과관계가 밝혀지지 않았다는 명분으로 면책되고 있으며 그 명분은 주로 그런 물질을 생산하는 기업이 조작하는 경우가 많다. 몬샌토와 같은 기업이 그런 경우이다(로버츠 2010, 381~83쪽). 이 경우 유전자 치환지식이 권력에 종속되었다고 말할 수 있다. 특히 한국사회는 농약이나 유전자 변형 작물 혹은 일상생활에 스며든 각종 화학물질이나 식품첨가제 그리고 배기가스 등의 미확인 물질에 대해 의외로 너그럽다. 그 명분이란 해당 물질이 신체에 해롭다는 결정적인 과학적 증거를 갖고 있지 못하다는 데 있다.

권력화된 과학지식의 특징 가운데 하나는 원인불명을 원인부재로 간주한다는 점이다. 다시 말해 문제가 되고 있는 어떤 물질에 대하여 그 부작용의 원인을 알 수 없다고 해서 부작용의 원인이 없다고 치부한다는 것이다. 가습기 살균제가 오래전부터 문제시되었지만, 사람이 죽는 상황이 되어서야 비로소 사회문제가 되었다. 가습기 살균제 생산기업의 주도로 과학지식이 왜곡되어 원인불명의 상황을 원인부재로 간주했고, 결국은 수많은 생명을 죽음으로 몰아넣는 거대한 사고로 이어졌다. 당뇨나 고혈압의 원인을 모른다고 해서 원인이 없는 것이 아니라는 뜻이다. 고혈압의 원인은 근접적 인과관계로 볼 때 혈관 압력의 상승이지만 궁극적 인과관계로 조명한다면 생활습관의 무절제에 있다는 것쯤이야 이미 다 아는 사실이 되었다. 고혈압의 근접원인을 없애기 위하여 혈관의 압력을 떨어트리는 약물을 사용하면 혈압을 낮출 수 있지만 궁극원인을 건드리지 않은 상태가 지속되어 그 다음의 궁극적 인과작용은 마치 원인부재 상태처럼 무시되고 있다. 원인불명을 원인부재로 간주하는 사회는 회색사회의 특징이다. 녹색사회의 생명철학은 원인불명의 사실들을 경제권력이나 정치권력의 눈치 안 보고 규명하고자 한다.

　　　궁극원인을 무시하고 원인부재의 상황을 유도하는 행위 자체는 과학지식이 권력에 의존적임을 보여주는 것이다. 다시 말해 과학지식은 가치중립적이지 않다. 과학지식, 나아가 학문지식 일반이 가치중립적이어야 한다는 의미는 지식을 이루는 개별 단위명제가 가치중립적이라는 뜻이다. 가치중립적이라고 해서 지식체계 자체가 가치와 무관하다는 뜻은 아니다. "유전자는 게놈서열의 특정 위치를 차지하는 유전형질의 단위이다" "유전정보는 염기배열에 의존한다" "염기서열 변화 없이도 유전자 발현이 달라질 수 있다" 혹은 "DNA의 이중선은 아데닌A, 구아닌G 염기와 시토신C, 티민T 염기의 수소결합으로 되어 있다" 등과 같은 단위명제들은 가치중립적이다.

　　　그러나 이런 명제들이 합쳐져 자칫 우생학적 판단오류로

가는 이론적 도구로 악용될 수 있다. 유전자에 관한 동일한 명제들을 구성함으로써 어떤 지식인은 유전자 결정론을 주장할 수 있고, 또 어떤 지식인은 후성유전학을 표명할 수 있다. 이럴 경우 개별 단위명제는 분명히 가치중립적이지만, 그런 단위명제들로 구성된 문단이나 논문은 중립적이지 않다. 주관적 가치판단은 동일한 지식을 다른 의미로 변신시킬 수 있다. 지식 그 자체의 객관성 기준은 매우 중요하고 또한 가치중립적이지만, 그 지식이 얹어진 텍스트는 지식의 의미를 바꿀 수 있다는 뜻이다. 가치중립성의 기준은 단위지식에는 적용되지만, 단위지식들의 결합체인 지식체계에 그대로 적용되지는 않는다. 그렇기 때문에 지식의 역사적 의미를 반추하여 현실과 분리된 이론세계의 공허함을 반성할 수 있다.

과학자는 순수 과학행위만 하는 것이 아니며 인류에 대한 윤리적 관심을 잃으면 안 된다는 점이다. 다음은 2012년에 개봉한 영화 〈본 레거시〉(The Bourne Legacy)에 나오는 한 장면이다. "나는 과학자예요. 나는 실험실에서 연구만 했을 뿐, 이 약물이 어떻게 왜 사용되는지는 정말 몰라요." 영화에서 나오는 이 약물은 인간을 도구적 로봇으로 바꾸는, 인류 자체가 무너지는 최악의 과학소산물이다. 가상적이지만 이런 과학기술을 보유한 과학자그룹이 스스로 연구한 과학적 생산물을 누가 책임져야 하는지 질문하는 것은 현대 과학문명 사회의 필연이다(클라인맨 엮음 2012, 254~69쪽).

지나온 인류의 역사를 되짚어볼 때, 그러한 과학적 성과들이 순수한 목적에만 이용된 것이 아니라 왜곡하여 도용된 역사의 흔적이 너무나 뚜렷하다. 실제로 줄기세포 기술이나 복제기술은 이종복제

가능성을 충분히 열어놓고 있기 때문에 생명에 대한 사회적 통제장치가 필요하다. 벌써 유전자암호 해독 연구를 전담하는 대형 기업이 생겼고, 그들의 연구방식과 결과가 상업적으로 전환되고 있다는 사실은 새로운 생물학적 갈등을 예고하는 것일 수도 있다.

예를 들어 2003년 엘리자베스 홈즈가 설립한 혈액진단기업 테라노스(Theranos)를 보자. 테라노스 진단기술의 실체는 피 한 방울로 500종 이상의 많은 질병을 진단할 수 있다는 것이다. 기업설립자 홈즈는 18개의 미국특허와 66개의 미국 외 특허를 보유하면서 한때 월스트리트에서 최고의 상승세를 누리고 있었다. 이 기업은 생물학적 진단기술을 IT기술과 결합하여 진단 칩을 통해서 환자의 상태를 의사에게 전송하고 그 진단과 치료법을 다시 환자에게 전송하는 IT와 BT기술의 융합을 상업화하였다. 그러나 한때 최고의 주가를 올렸던 테라노스도 사기극의 일환이었다. 2015년 말 그동안 비밀로 해오던 테라노스의 진단기술이 가짜였다는 것이 밝혀지면서 환자와 투자가 그리고 지식맹신자 등, 수많은 사람들을 충격에 빠트렸다. 생명을 다루는 과학기술이 상업적으로 사용되는 과정에서 인간의 인정욕구와 물질욕망이 과학지식을 난도질하고 말았던 것이다.

테라노스 사의 과학기술을 빙자한 위선은 과학이 권력에 편승한 부작용의 전형적인 사례이다. 물론 생명을 다루는 기업의 상업화가 모두 자본권력에만 편승한 것은 아니다. 다른 사례를 들어보자. 파운데이션 메디슨 사(Foundation Medicine Inc.)는 암세포를 채취하여 2주 만에 진단결과를 제공하는 기업인데, 현재 애플 사가 대규모 투자를 한 상태이다. '23andMe'라는 기업은 침 한 방울로 120개의 주요 질병관련 유전자를 찾아서 의뢰자에게 제공하는 아이템으로 진단비용은 99달러에 불과하다. 2014년 기준 70만 명이나 되는 의뢰자로 폭발적인 대중적 인기를 얻자 미국FDA는 의료목적용으로 진단하는 상업행위를 금지했다. 한국에서는 반드시 의료기관에서만 이 진단처치법을 사용하도록 제한되어 있다. 컨실(Consyl)이라는 기업은 부모 양쪽의 유전자를 가지고 임신 전 아기의 희귀질환 가능성 검사를 해주고 있다. 일주일 만에 결과를 알려주는 프로그램으로, 검사비용이 부부 한 쌍에 120만 원이나 되는데도 불구하고 2013년 기준 미국 신생아의 4% 이상이 이러한 진단서비스를 이용한 후 태어났다. 미놈(Minome) 사는 일종의 유전자정보 거래소이다. 소비자 유전정보와 마케팅 기업을 연결시켜 유전자정보에 맞는 맞춤형 마케팅을 통해 소비자 접근전략을 새롭게 한다는 것이다. 이러한 기업행위들은 전적으로 생명 마케팅이다(최윤섭 2014, 1장). 생명이 자본증식의 도구가 된 셈이다.

　　　문제는 이런 상업적 행위를 저지할 수 없다는 데 있다. 우선 일반 소비자가 원하는 생명기술과 생명 마케팅을 제공하고 있기 때문이다. 일반 소비자가 쉽게 접근할 수 없는 과학지식이 상업화에 남용될 경우 일반대중은 그 지식의 허실을 알 수 없다. 그래서 생명공학 기업은 자신들의 과학지식을 자본권력으로 쉽게 넘길 수 있게 된다. 따라서 현대 과학기술사회에서 과학지식은 결코 가치중립적이지 않다. 과학지식, 특히 생명과 관련한 과학지식은 시민합의기구를 거치는 것이 매우 중요하다.

　　　과학지식이 중립적이라는 명제는 진공 포장된 실험실 안에서만 맞는 말이다. 과학지식이 실험실을 벗어나는 순간, 지식은 사회화

162

되며 지식의 가치중립성은 무효화된다. 과학과 사회가 서로를 절연시키지 않고 서로에게 소통하는 입장이 무엇보다 소중하다. 많은 사람들이 과학기술의 성과를 사용하고 있으면서도 과학기술을 미래에 다가올 공포의 대상으로 생각하기도 한다. 한편 많은 과학기술자들이 일반 사회인들의 과학에 대한 무지를 한탄하기도 한다. 특히 지식인집단 중에서 과학기술 지식인과 인문사회과학 지식인 사이의 불신과 소통부재는 더 심각한 편이다. 서로가 서로를 알고 서로를 이해하고 상대를 인정해 준다면 과학지식은 녹색사회의 생명 텍스트가 될 터이지만, 상대를 인정하지 않고 서로 경계하고 상대에게 훈계만 하려고 든다면 과학지식은 회색사회의 반생명 교리가 될 것이다.

녹색사회의 생명운동

녹색사회의 생명운동은 지역운동이나 통일운동 그리고 농민운동 등에 적용되고 확장되어야만 비로소 그 의미가 구현된다. 예를 들어 통일과 자치경제를 염두에 두지 않는 생명철학은 또 다른 형이상학에 지나지 않을 것이다. 삶의 자립성이 없다면 생태사회의 실현은 막연해질 것이고, 나아가 자치경제나 통일도 불가능할 것이 불을 보듯 뻔한 일이다(문순홍 편 2006, 48~58쪽).

개발주의 사회에서는 생명의 균형이 깨질 뿐만 아니라 개인적 삶의 사회적 분배도 깨진다. 누구나 개인마다 자신의 욕망이 있지만, 서로의 욕망을 조절하고 상호균형을 이루는 것이 중요하다. 욕망의 사회적 균형이 바로 녹색사회의 지향이다. 인간의 욕망과 이기성의 본질을 인정하면서도 동시에 욕망의 자기조절력과 이타성의 본성이 공존한다는 점을 인정하는 것에서부터 녹색사회가 출발된다.

자본주의 사회의 특징은 사회적 협동행위 자체도 이기주의의 관점에서 설명한다는 데 있다. 반면에 녹색사회의 특징은 이기성과 이타성이 공존한다는 현상적 본성론을 강조한다는 데 있다. 그래서 인간이 이기적이냐 아니면 이타적이냐를 묻는 이분법적 질문에 답할 필요가 없다. 오로지 내가 어떤 상황에 의존적으로 행동하느냐가 더 중요하다. 본성 그 자체보다 겉으로 드러나는 행동이 중요하다는 뜻이다. 겉으로 드러나는 행동을 상호 조절하는 것이 녹색사회의 모습이다.

우주 안에서 혹은 우리가 사는 이 지구 안에서 인간의 지위가, 다른 존재에는 없는 고유성과 우월성을 지닌 것인가 아니면 다른 존재와 연속적인 위치에 있는 것인가의 문제는 오랜 동안의 고민에도 불구하고 앞으로도 그렇게 쉽게 풀리지는 않을 것 같다. 동물의 땅과 신의 하늘 사이에서 자신의 자리를 찾으려는 인간은 이성과 욕망의 두 톱니바퀴에 엇물려 돌아가고 있다. 호모 사피엔스로 이어지는 진화의 역사 속에서 송곳니를 드러낸 원시의 욕망은 침잠한 듯 보이지만, 그렇다고 인간의 본성이 혹은 인간의 사회가 합리적인 도덕으로만 드러나지 않는다는 것을 인정할 수밖에 없다. 이성의 껍데기를 뒤집어쓴 욕망의 역사는 끊임없이 인간의 자기합리화를 재촉하였다. 이제 인간은 동물과 결별하고 신의 왕국을 모방한 제단(祭壇) 위에서 모두의 자연을 제물로 받쳤다. 욕망을 숨겨놓은 이성은 욕망에다 규범의 얼개를 뒤집어씌움으로써 원시욕망은 동물에게만 있어야 한다는 저주의 욕망이 되어버렸다(러셀 1988, 6절). 결국 인간에게서 그런 이성과 욕망은 곧 선악의 기준이 되어버렸다.

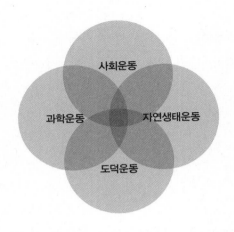

생명운동의 기초

이성의 역사로부터 시작하여 지나온 3000년 동안 이미 제물로 바쳐진 자연의 생명성이 깎이어 나가고 있다. 서구의 근대 이후 제국주의와 산업혁명, 이에 따라 붙은 기계화, 산업화, 문명위기, 인간 중심주의, 공동체 파괴, 소유의 권력, 자연과의 결별 등 갖가지 위협적인 반생명의 신호들이 지난 50년의 현대사에 확산되었다. 환경파괴에 따른 삶의 위기가 노골적으로 드러나면서 환경의 깃발이 시작된 것은 1960년대 말부터이다. 처음에는 동물보호운동이나 자연보호운동이었지만 이제는 사회적 변혁운동 없이 자연보호가 불가능하다는 것을 인식하게 되었다. 사회학자나 철학자들은 그들 나름대로 생명위기의 역사적 혹은 사상적 배경과 원인 분석을 이론적으로 시도하였고, 과학자들은 기술의 개량을 통해 눈에 보이는 생명위기의 타개를 시도하였다(월슨 2007, 17절). 이제 생명운동에서는 사회운동과 과학운동 그리고 자연생태운동과 개인의 도덕운동, 그 어느 것도 무시되지 않고 서로 연결되어야 한다.

생명운동의 노력은 인간에 대한 이해가 있을 때 더 성공적이다. 인간이해의 관점은 다음과 같은 질문을 통해서 드러난다. 첫째, 나는 과연 욕망을 제어할 수 있는지 혹은 욕망은 나의 도덕심과 정반대되는 것인지를 진지하게 묻는 일이다. 둘째, 나와 너의 관계, 나와 사회의 관계가 함께하는 공동체를 지향할 것인지 아니면 나만의 이기적 생존을 우선시할 것인지의 관계성에 대한 질문이다. 이성과 욕망이 겉보기에 충돌하는 듯하지만, 이를 공존의 관계로 전환시키는 기술이 바로 진정한 생명의 지식이다.

녹색사회의 과학지식

녹색사회의 과학지식은 과학기술의 활용을 능동적으로 수용한다. 녹색사회의 과학지식은 자연의 지속성을 유지하는 길을 모색한다. 과학지식의 생명은 인간과 자연의 생태학적 끈을 끊지 않는 데 있다. 그래서 자연을 파괴하는 기술을 거부할 수 있는 실천적 지식이다. 사람과 사람, 사람과 자연 사이의 유기적 연대를 추구하는 구체적인 사회시스템을 조직할 수 있게 과학지식이 생산되어야 한다(백위드 2009). 지구자원이 무한하다는 전제에서 만들어진 과학지식은 필연적으로 자연환경을 파괴하는 데 일조한다. 그래서 과학지식은 지구자원이 유한하다는 것을 아는 지식이다. 유한성의 지식은 소박하지만 비로소 유한성의 현실을 극복하게 하거나 혹은 지속 가능하게 할 수 있다. 무한성의 지식은 겉으로는 초월적으로 보이기는 하지만 유한성의 냉정한 현실을 더 유한하게 만들 뿐이다.

　　무한성의 지식에서 유한성의 지식으로 시선을 돌리는 인식은 죽음의 존재론적 지배로부터 벗어나 생명의 존재로 가는 첫 단추이다. 사회적으로 조정되지 않은 욕망에 의한 행동양상은 결국 존재론적 황폐화에 이른다. 우리는 이성을 통하여 자신의 존재를 확장하는 기술을 확보했으며 자신의 존재를 성찰하는 철학을 하게 되었다. 기술과 철학은 인간이성의 인류사적 전환에 해당한다. 기술이성은 인류학적인 문명사를 세운 주체이다. 그러나 기술의 확장은 오히려 인간존재를 위협하기도 한다. 구석기 후기 수렵채집의 한계에서 벗어나 밭을 갈게 되었던 1만 년 전부터 인간의 기술은 획기적으로 확장되어 먹을거리의 생산성을 높였지만, 오늘날 존재 자체를 위협하는 새로운 연장이 되고 있다(정병일 2013, 2~10쪽). 확실히 이성의 역사는 호모 사피엔스로서 인류역사의 최대의 승리였지만 이 승리는 과도하여 지나친 자만심에 빠지게 되었다. 철학자 요나스는 이런 상황을 "과도한 승리는 승리자 자신을 위협한다"라고 표현했다(요나스 1994).

　　물론 그 승리를 포기하거나 과거로 돌아가야 한다는 뜻은 아니다. 우리는 기술이성을 포기할 수도 없으며 되돌릴 수도 없다. 우리는 존재의 변형과 이성을 비판하지만, 변형된 존재를 무시하거나 이성으로부터 도피할 수 없으며 과학지식을 정면으로 마주해야 한다. 예를 들어 과학지식에 접근하기 어려운 대중들이 모여서 전문 과학지식인의 도움을 받아 시민지식협의기구를 구성하는 것도 의미 있는 일이다. 그런 기구들을 통해서 시민들은 과학지식을 공부하고 감시하지만 독려하면서, 과학과 사회가 공존하는 길을 찾을 수 있다.

8.
생기론과 기계론
: 생명 개념의 정의

뉴턴의 기계론

서구의 근대과학 혁명 이후 과학의 급속한 발전은 생명에 대한 인식에 큰 변화를 가져다주었다. 특히 20세기 이후 자연과학의 발전은 물질적 풍요로움과 함께 의료복지의 신기원을 이루어내었다. 인간은 스스로 자연을 지배하는 방법론을 모색해야 했고, 마침내 그 방법론을 찾아내었다. 그것이 바로 서구 근대과학의 탄생이다. 뉴턴에서 비롯한 근대과학 혁명은 기계론과 원자론의 세계관을 정초하였다.

인류 사상사 최고의 저술이라고 평가받는 1687년 뉴턴 (I. Newton, 1642~1727)의 『자연철학의 수학적 원리』(*Philosophiae Naturalis Principia Mathematica*)는 만유인력에 관한 획기적인 아이디어를 제시했다. 그 아이디어에서는 떨어지는 돌의 중력과 낙하거리 계산 방정식에서부터 행성의 궤도운동에 이르는 운동법칙이 기술되어 있다. 행성의 운동현상 안에는 주기적인 운동규칙이 숨겨져 있고, 그러한 운동규칙은 수학식으로 표현할 수 있다는 아이디어를 실현시켰던 것이다. 운동현상은 모종의 기계론적 법칙을 따르는 자연법칙에 해당한다고 보았다. 뉴턴은 그 법칙을 머릿속에서 꾸며서 만든 것이 아니라, 숨겨져 있던 어떤 자연의 법칙을 찾아낸 것이라고 생각했다. 기계론적 자연법칙이란 귀납추론으로부터 얻어진 일반화를 수학적 이성으로 정식화한 것이다.

질량이나 거리와 위치 등의 자연변수들을 수학적으로 정식화하려면 물체가 정확히 정의되어야 한다. 예를 들어 달과 지구 사이의 만유인력을 수학적으로 정리하려면 두 지점 간의 거리가 필요하고 질량의 값이 필요할 것이다. 그리고 거리를 계산할 경우 달과 지구표면 사이의 간격인지 아니면 중간점과의 거리인지를 정해야 한다. 그래서 뉴턴은 생각했다. 모든 물체의 거리를 계산하거나 질량의 값을 계산할 경우 그 기준을 물체의 고정된 특정 지점에만 존재한다고 상정한다는 것이다. 물체의 이런 특정 지점을 질점(質點, mass point)이라고 불렀다. 여기서 질점은 실제의 점이 아니라 수학적 표현을 위해 존재하는 추상적인 점이다. 그 수학적 점 안에 물체의 모든 질량이 들어 있다고 가정하는 것이다. 다시 말해 물리적 대상이 추상의 질점으로 환원되는 것이고 그런 환원이 있어야만 자연현상을 운동법칙으로 전환할 수 있다는 것이다.

　　　　그러나 물리적 대상이 아닌 생물적 대상, 즉 생명체를 질점으로 전환하는 것은 불가능하다고 뉴턴은 생각했다. 뉴턴에게 생명은 물질과 구분되는 의지와 목적이 포함된 그 무엇이었다. 뉴턴 이전 사람들은 물질 안에 의지와 목적이 들어 있다고 보았다. 반면 뉴턴은 물질과 생명이 다르다고 생각했고, 물질로부터 생명적 의지를 제거해 버렸다. 뉴턴을 위대하게 평가하는 이유는 물질로부터 생물학적 의지를 구분해 냈다는 데 있다. 뉴턴에게 물체는 오로지 질점만 가지고 있을 뿐, 의지나 목적은 가지고 있지 않다. 그래서 물체의 운동은 그 스스로 할 수 없다. 뉴턴 이전의 사람들은 물체를 운동하게 하는 힘은 그 물체가 고유하게 갖고 있는 내부의 운동목적에서 나온다고 보았다. 이와 같은 생각이 2천년 이상 서구를 지배해 온 아리스토텔레스의 전통적 운동론이었다. 하늘에서 땅으로 떨어지는 사물의 운동은 그 사물이 땅을 향해 떨어지려는 목적을 갖고 있었기 때문에 가능한 운동현상이라고 생각했다. 반면 뉴턴은 마찰력이 없는 물체의 이상상태(ideal state)를 고안해 냈다.

이상상태에서는 물체에 한번만 힘을 가하면 영원히 운동한다고 뉴턴은 밝혔다. 그런 영원한 운동이 가능하다는 것은 물체 자체에 특정의 목적이 있을 수 없음을 반증하는 것이다. 사물의 운동은, 지구와 행성 전체가 힘을 받고 있기 때문에 그렇게 운동할 수밖에 없는 기계적인 변화에 지나지 않는다고 뉴턴은 생각했다. 이렇게 뉴턴은 목적론적 운동법칙을 과감히 버리고 목적이 배제된 기계론적 운동법칙을 도입했다. 목적이 배제된 운동이란 결국 물질에서 정신적 의지를 완전히 소거했다는 뜻이다. 여기에 뉴턴의 존재론적 지평선의 시선이 숨겨져 있다.

뉴턴이 의도했던 기계론이란 물리법칙의 엄밀성을 찾아가는 이성의 소산물이었다. 기계적 운동과 생명의 운동은 다르다고 뉴턴은 생각했다. 뉴턴은 기계운동을 발견했지만 생명운동을 부정한 것이 아니라 별개의 독립된 운동시스템임을 말한 것이다. 그래서 뉴턴은 생명존재까지 질점 역학으로 환원하려 하지는 않았다. 생명의 세계 안에 들어 있는 목적과 의지를 물질세계에서 소거했을 뿐이다. 이 점에서 인간은 물질세계 운동에 개입할 수 없다고 강조했다. 뉴턴은 이 세계 전체가 기계적으로만 굴러간다고 쓴 적도 없고 말한 적도 없다.

뉴턴은 현실과 동떨어진 순수이론가가 결코 아니었다. 그의 『자연철학의 수학적 원리』 3권은 지구의 행성궤도 운동이나 혜성 등의 만유인력 운동 및 조수간만의 현상처럼 하늘의 운동을 설명하는 데 지면을 할애했다. 반면 1권과 2권은 던진 돌의 낙하거리를 계산하는 것과 같은 경험적인 땅의 운동의 원리를 제시한다.

뉴턴에게 동역학을 비롯하여 땅 근처에서 일어나는 자연운동에 관한 연구는 당대 영국사회의 구체적인 현실의 문제를 해결하기 위한 실천적 자연학문이었다. 그의 이론적 동역학 연구는 경제, 군사, 교통, 토목(civil engineering)의 현실적 문제를 풀기 위한 수단이었다는 뜻이다. 17세기 유럽은 제국주의 팽창과 더불어 폭발적인 상업자본이 형성되었다. 제조업의 비약적인 증가에 따른 시장의 확대에 기인한 현상이었다. 예를 들어 폭탄 및 대포 생산 등의 군수산업 확장은 물체의 포물선 및 낙하법칙 같은 과학이론을 요청했으며, 대규모 수리사업을 위해서 기하학과 측정이론이 요청되었고, 국제교역을 위한 해양운송 사업에서는 다양하게 응용 가능한 유체역학의 동역학 이론이 요청되었다. 뉴턴은 구체적인 현실적 필요성에 무심하지 않았으며, 실제로 그의 과학탐구 성과는 당대의 사회적 요청에 큰 기여를 했다.

뉴턴 시대까지만 해도 경험과학은 자연철학(natural philosophy)이라는 이름으로 불리었다. 당시의 자연철학은 생기론 패러다임의 지배를 받고 있었다. 동물학이나 식물학은 물론이거니와 의학이나 운동역학조차도 생기론적인 영향력 아래 있었다. 특히 생명체의 탄생과 성장을 다루는 발생학 부문에서 생기론적인 성격이 두드러졌다. 뉴턴 이전에 이미 하비(W. Harvey, 1578~1657)의 혈액순환론이 등장했고 베살리우스(A. Vesalius, 1514~64) 등에 의해 해부학이 비약적으로 발전하기는 했지만, 여전히 생기론이 자연철학 전반을 지배하고 있었다. 심지어 뉴턴의 선배이며 케플러 제3법칙으로도 잘 알려진 케플러(J. Kepler, 1571~1630)도 처음에는 행성을 움직이게 하는 힘이 영혼적인 무엇이라고 생각했을 정도이다.

케플러는 1621년의 『우주의 신비』에서 "나는 전에는 스칼리거(J. C. Scaliger)의 가르침에 영향이 젖어 행성을 움직이는 원인이 하나의 영혼이라고 완전히 믿었었다"라고 말했다(김영식 1983, 143쪽). 물론 뉴턴은 이러한 영혼적인 어떤 힘을 부정하는 데 온 힘을 다했다. 영혼적인 힘, 신비한 성질(occult quality)들의 존재를 가정하지 않고서도 땅의 중력과 하늘의 행성 간 인력을 설명할 수 있다는 강한 믿음을 보여주었다. 뉴턴의 이 같은 믿음은 자신의 책『자연철학의 수학적 원리』에서 한 말, "나는 가설을 만들지 않는다"로 비유되었다. 이 말은 자신의 이론을 만드는 데 있어서 경험의 한계를 넘어선 가설들을 조금도 도입하지 않았다는 뜻이다.

전통 생기론과의 갈등

뉴턴은 경험적 요인으로 설명하기 어려웠던 생기론적 힘을 신비한 영역으로 간주했다. 생기론은 그 힘 자체가 의지의 표현이며 목적을 둔 방향이며 나아가 신의 힘이기도 하다. 뉴턴이 물리적 운동을 설명하는 데 의지 혹은 생명적 기능의 인식론적 근거인 목적론을 배제한 이유는, 구체적이고 경험적인 물리현상을 일반화하여 설명하려는 추상적이고 선험적인 원리를 효율적으로 찾으려는 데 있었다. 가설을 부정하고 엄밀한 객관적 경험을 일반화하는 데 온 노력을 다한 뉴턴 역시 자신의 기계론적 동력학이 완성되는 과정에서 전통의 생기론적 사유풍토와의 갈등을 심하게 겪었다.

뉴턴은 물질을 구성하는 단위로서 입자를 구상했으며, 그 입자론은 뉴턴 자연철학의 중요한 특징으로 잘 알려져 있다(김성환 2008b, 217쪽). 처음에는 입자도 에테르의 성질이라고 보았다. 그런데 입자와 입자 사이에서 힘이 전달되는 이유를 설명할 수 없었다. 입자와 입자

174

사이가 빈 공간이라서 빈 공간 사이에서 힘이 전달된다는 것은 상식에
어긋나 보였기 때문이다. 입자와 입자 사이는 물론이거니와 행성과 행성
사이에 만유인력이 작용하는 이유 역시 기이하게 여겨진 것이다. 입자
와 입자 혹은 에테르와 에테르, 나아가 행성과 행성 사이에서 서로 밀고
당기는 힘을 물리적으로 설명하기보다는 생명적인 무엇으로 설명할 수
밖에 없었던 당시의 세계관을 이해할 수 있다. 나중에 뉴턴은 물체를 설
명하는 데 생명적 요소들을 포기했으며, 끝내 그 힘의 원인을 밝혀내는
데는 실패했다. 힘의 원인을 알 수 없었지만, 그 대신 힘들 사이의 작용
관계를 수학적으로 설명하는 데 성공했다. 이 점에서 뉴턴은 과학자로
서 위대한 평가를 받게 되었다.

그러나 뉴턴조차도 생기론적 발생학의 믿음을 버리지 못하
고 있었다. 발생학적 생명의 변화 이론이 연금술의 이론적 기반이 된다
고 믿었던 것이다(Dobbs 1982, p. 515). 연금술의 탐구방법론은 일종의 발
생학적 사유방식과 연관되어 있다. 난자와 정자 사이에서 수정란이 생기
고 혹은 알에서 병아리가 나오고 병아리가 커서 닭이 되듯이, 구리와 수
은, 은과 금은 발생학적 연관성을 지니고 있다는 사고에서 연금술은 그
렇게 오랜 역사에 걸쳐 이어져 올 수 있었다. 쉽게 말해서 생물발생학적
으로 구리가 금으로 변화될 수 있다는 사고가 밑에 깔려 있기 때문에
연금술의 믿음은 지속되어 왔다고 해도 과언이 아니다.

생명요소를 생명요소대로 그냥 놓아두고자 했던 뉴턴은 연
금술의 방법론적 원인들과 동력학의 방법론적 원인들이 섞이는 것을 원
치 않았다. 역설적으로 바로 이런 생각은 동력학을 정신적인 것에서 자
유롭게 해방시키는 성과를 낳았다. 그래서 물체의 운동을 설명하는 방법

론적 사유에서 목적론적 인식론을 배제할 수 있었던 것이다. 목적론적 사유의 배제는 오늘날 당연한 것으로 볼 수 있지만, 당시로는 거의 혁명에 가까운 사유의 전환이었다. 이로써 뉴턴은 인류사에 남을 과학자로 평가받게 된 것이다. 또한 이러한 목적론을 배제하는 일은 사물운동의 수학적 법칙을 찾는 데 매우 유용한 발견술의 하나가 될 수 있었다. 뉴턴에게서는 사물을 다루는 물체의 운동원리와 의지를 다루는 생명의 운동원리가 서로 독립적인 별개의 수준이라고 간주된다. 물체의 운동원리가 기계론적 구조를 가지며, 뉴턴은 이 구조를 수학적으로 기술할 수 있었다. 반면 생명의 운동원리는 불가지론의 대상으로 남겨두었다.

　　　이러한 뉴턴과학의 인식론적 배경을 고려하면서, 생태위기와 관련하여 지금까지의 과학담론에 대한 획일적인 해석을 객관적으로 되짚어볼 수 있다. 근대과학의 후유증 혹은 현대 첨단과학의 부작용의 원인을 진단하는 데 있어서 엄밀한 시각을 유지하는 데 도움이 되기 때문이다. 현대 과학기술 문명을 살아가는 오늘날 점점 심각해져 가는 인간 자유의지의 위기 나아가 전지구적인 생명몰시 증상이 뉴턴 과학혁명의 부작용이었다는 통속적인 주장들을 냉철하게 반성할 수 있다면, 그 안에 몇몇 오류가 포함되어 있음을 파악할 수 있다.

　　　여기서 뉴턴 근대과학의 출발과 그 방향은 생명의 의지와 자유 그리고 영혼을 부정한 것이 아니라 정신적 생명의 영역을 물질의 영역과 분리하여 오로지 물질의 영역만 기계적인 언어로 기술하려는 데 있었다는 점을 놓치면 안 된다.

산업화된 과학기술의 형이상학적 난제

17세기 뉴턴과학은 18~19세기 들어와서 기술과 자본 그리고 권력과 만나면서 산업혁명의 계승 및 완성을 맞이했다. 과학혁명에서 산업혁명으로 이전되는 가장 중요한 계기는 자본의 축적이었다. 자본이 팽창하면서 과학기술이 산업화되었다. 그 역도 성립한다. 산업화는 또다시 공장 대량생산체계를 더 크게 요청했다. 이러한 순환은 인간을 자본에 예속하는 구조를 낳았다. 이른바 인간위기 현상이 드러나게 되었다. 결론부터 말하자면 인간위기, 구체적으로는 자유의 상실감은 과학의 부작용이라기보다는 인간이 자본으로부터 소외당하는 결과로서 나타났다. 달리 말할 수 있다면, 인간이 기계에 소외당하는 상실감에 앞서 인간이 자본에 소외당하는 상실감이 더 중요한 인간위기의 원인이라는 것이다. 자본은 권력과 결합하여 인간 및 자연을 지배하는 실질적인 왕국이 되었던 것이다.

19세기 영국 빅토리아 시대의 공업도시를 중심으로 한 사회적 위기의 핵심은 첫째 도시밀집화와 공장제 산업화에 따른 생태파괴 및 환경위기의 현실이며, 둘째 경쟁과 권력의 부작용인 인간소외의 현실이다. 20세기 들어서 많은 사회학자와 문명사가들은 그러한 환경위기와 인간위기의 문명사적 원인을 뉴턴의 근대과학과 데카르트의 기계론적 철학에 돌리는 것을 상식으로 삼아왔다.

환경철학자로 알려진 아르네 네스(Arne Naess)는 생태주의 운동을 두 가지로 나누었다. 자연보호운동을 중심으로 한 자연생태운동(shallow ecology movement)과 전일적 세계관을 표명하는 심층 생태운동(deep ecology movement)이다. 그의 심층 생태주의는 생태위기의 사상적 뿌리를 뉴턴과 데카르트의 기계론 철학에 두고 있다 (Naess 1973, p. 96). 그래서 현재의 환경위기를 극복하기 위해서는 먼저 근대철학의 지배적 형이상학(dominant metaphysics)과 근대과학의 기계론에서 벗어나야 한다고 네스는 말한다. 반면 사회생태학자나 지식사회학자의 입장에서 볼 때 네스의 언명은 근대성의 기계론을 한 방향으로만 해석한 주장이라고 본다. 뉴턴의 기계론은 생명을 부정한 것이 아니라 생명적인 것과 기계적인 것을 혼동하지 말자는 뜻임을 상기해야 한다. 이러한 과학의 역사를 이해할 때 생명 개념에 대한 정의를 다각도에서 볼 수 있다는 것을 알게 된다. 지금까지의 이해를 바탕으로 다음에서 생명의 개념을 정의해 보려 한다.

생명 개념의 정의
생명을 신화적으로 보는 입장

생명을 신화적으로 본다는 말의 핵심은 생명체와 무생명체를 구분하지 않는다는 데 있다. 그리고 생명을 창조한 큰 힘을 가진 신이 존재한다는 데 있다. 결국 신화적 생명이해란 애니미즘과 창조신화를 기반으로 하고 있다. 전지구적으로 퍼져 있는 각 부족이나 민족의 탄생설화는 생명을 설명하는 전형적인 신화적 이해이다. 생명의 신화적 세계관은 생명탄생의 신 혹은 절대적 주재자로부터 시작된다. 알에서 깨어나는 난생신화이거나 애니미즘 성격의 자연신인 샤머니즘도 여기에 속한다. 그리스신화에서 운명을 관장하는 신 모로스나 죽음을 관장하는 신 타나토스 등을 묘사하는 부분은 대부분 생명의 신화와 연관되어 있다. 3천 년 이전 고대문명의 탄생지라고 하는 그리스나 이집트, 바빌로니아의 문명을 지탱해 준 가장 중요한 요소는 생명을 영원토록 유지하는 방법에 관한 것이었다. 태양신을 모방하는 제의, 하늘을 나는 새를 모방하는 제의, 윤회의 바퀴를 숭앙하는 제의 등 우주탄생과 인류탄생에서부터 죽음과 삶의 조절을 통제하는 신화 등이 모두 생명의 신화적 이해이다.

신화적 해석의 또 한 가지 측면은 생명을 지속 가능하게 하는 원동력이 생명 그 자체 안에 내장되어 있다는 관점이다. 신화적 이해의 구조에서 생명탄생의 주관자인 신은 다음의 성격을 지닌다. 첫째, 생명의 주재자는 세상의 모든 존재의 탄생과 죽음 그리고 생명의 관리 일체를 총괄하지만, 그렇다고 해도 절대적 권능을 갖는 초월적이고 절대적인 유일신과 다르다. 둘째, 그런 신을 자연화된 신이라고 부른다. 생명의 주재자인 신은 대부분 나무나 태양 혹은 달과 땅, 아니면 코끼리나 거북 등으로, 자연물이나 자연현상의 모습을 띠고 있다.

생명의 신화적 이해는 고대 민족이나 부족의 존속과 번성을 위해 진화하기 시작한 인류문명의 원형이다. 그래서 생명의 신화적 이해는 농사를 잘 짓기 위해 날씨를 조절해 달라는 기복종교의 특성을 지닌다. 그리고 대략 1만 년 전에 시작된 농경정착 사회에서 집단의 권력을 유지하기 위해 권력자의 생명을 우주적 생명과 동일시하는 정치사회적 생명관으로 이어졌다.

생명을 전일적으로 보는 입장

생명의 전일적 이해는 이렇게 정의된다. 개체의 생명체 하나 하나는 모두 내적으로 연결되어 있어서 이 세상에 존재하는 생명개체들은 하나의 전체 생명의 한 부분에 지나지 않는다는 이해방식을 생명의 전일적 이해라고 한다. 생명의 전일적 이해는 다음의 성격을 지닌다. 첫째, 모든 개체생명은 다른 생명개체와 모종의 관계성으로 연결되어 있다. 둘째, 그런 관계의 총합을 우리는 전체 생명이라 부를 수 있으며 이를 전일적 생명이라고 한다. 셋째, 이러한 관계적 생명의 특성은 현대문화와 지식의 입장에서는 생태적이며 순환적인 세계관이라고 표현되기도 한다. 넷째, 생명개체는 동물이나 인간은 물론이고 식물을 포함하며 나아가 산의 암석이나 강의 물과 같은 자연물 전체를 생명으로 간주할 수 있다. 즉 인간을 포함한 동식물계와 산천초목의 모든 개체 자연물들 사이에 생명 네트워크가 존재함을 전제한다. 다섯째, 인간 중심적 생명이해가 아니라 자연 중심적으로 생명을 이해하고 세계를 해석하고자 하는 것이 생명 전일주의의 중요한 특징이다. 나아가 이런 특징을 확대해석하여, 전일적 세계관은 서구 중심의 형이상학적 존재론이나 근대과학의 기계론적 세계관을 대체하는 대안으로 부상되기도 한다. 물론 이런 전일적 세계관은 서양과 동양, 과학과 인간, 현대와 전통, 물질과 정신의 구조를 상호 격리된 대척점으로 분화시키는 단순이분법의 위험을 안고 있다.

생명을 생기론으로 보는 입장

생기론에서는 생명을 자연에 대한 경외심으로 보며 이러한 경외심은 당나무나 코끼리와 같이 유기체에만 해당하는 것이 아니라 큰 바위나 산, 토기나 깃발 나아가 태양이나 달과 같은 자연물 속에 영혼으로 존재하는 무엇이라고 본다. 생기론적 사유는 특정 자연물을 숭배하는 종교로 이어지기도 한다. 고대인들은 모든 자연물에 생명이 있다고 생각하여 그 자연물을 의인화하고, 생명체와 무생명체 모두에게 있는 생명력이 이 세상을 움직인다고 보았다. 가령 일식이나 조수간만의 차도 절대자의 의지 발현으로 생각했다. 아직도 서낭당 주위에 쌓아올린 돌무더기와 마을 한가운데 있는 큰 나무에 기도를 하고 이를 수호신으로 모시는 것을 볼 수 있다. 이것은 그 나무나 돌에 큰 힘을 가진 생명력이 있다고 믿기 때문이다. 이러한 믿음은 애니미즘의 한 유형이다. 애니미즘을 포괄하는 생기론의 생성과 확산은 인류 발전과정의 한 모습으로, 인류문화사의 중요한 측면이기도 하다.

생기론은 현대과학에서는 이미 폐기되었지만, 오늘날에도 미신이나 주술적 종교 등의 신비주의 산업에 다양하게 그 흔적이 남아 있다. 신비주의 생기론은 주술과 샤머니즘의 원천이다. 현대에 많이 사라졌다고 해도 미신과 주술의 애니미즘적 요소는 여전히 우리 사회를 강하게 쥐고 흔들고 있다.

한편 자연주의 생기론이라는 것도 있다. 예를 들어 쌓아놓은 짚더미나 퇴비더미에 구더기가 있을 때, 근대 이전의 사람들은 썩고 발효하는 생화학적 과정을 몰랐기 때문에 알 수 없는 이유로 구더기의 생명체가 새로 생겼다고 여겼을 수 있다. 이처럼 자연주의 생기론은 일종의 발생학적 생명이론이다. 생기론은 물리적 원리로 설명할 수 있다는 물리주의 일원론과 정반대의 관점이다. 전통적인 생기론자들은 물리적 작용과 다르게 비물리적이고 초자연적인 어떤 힘이 생명계를 움직인다고 믿었다. 생기론자에 따르면, 생명체 안에 스스로 생명을 유지할 수 있는 힘이 들어 있고 그 힘은 생명개체 모두에게 골고루 나타나며 그 생명의 힘은 개별 생명체보다 앞서 있고 더 원리적이다.

자연주의 생기론으로는 아리스토텔레스 그리고 드리슈(Hans Driesch, 1867~1941)의 엔텔레케이아(Entelecheia) 생기론이 있다. 드리슈에게 이 제어원리(controlling principle)는 오직 그 생명체에서만 발견되는 생기적 힘(vital force)이었다. 그는 이 힘을 물리적 영역으로 환원되지 않는 정신적 영역이라고 보고, 엔텔레케이아라고 불렀다. 그런데 드리슈는 전통적인 생기론자들이 신비로운 힘을 상정한 것과 달리, 엔텔레케이아를 신비로운 힘으로 간주하지 않았다. 엔텔레케이아는 모든 생명체에 고유하게 작용하는 자연의 힘이며 배아 발생과정에서 간접적으로 관찰할 수 있다고 그는 말한다(Williams 1992, p. 4). 드리슈 같은 현대 발생학자도 생기론의 영향력에서 완전히 벗어나지 못한 것이다(최종덕 2014, 32, 33쪽).

생명을 물리 환원주의로 보는 입장

생명현상을 물리현상으로 환원하여 설명할 수 있다는 입장이다. 이러한 방식으로 생명을 정의한다면, 생명은 궁극적으로 그리고 원리적으로 인공지능 로봇으로 대체될 수 있을 것이다. 과학이론으로 생명현상을 설명할 수 있으며 과학기술을 통해서 생명의 생성과 제어가 가능하다는 신념이 곧 물리 환원주의적 생명이해이다. 물리 환원주의는 기존의 생기론 전통에서 벗어나는 결정적인 패러다임이지만, 생명의 복잡성과 내적 연결성을 해명하지 못하는 약점을 지닌다. 최근에는 분자생물학이라는 이름으로 생명의 단위를 분자 차원의 물리화학적 정보단위로 해석하여 유전자공학과 같은 기술로 확장되고 있다.

크릭(Francis Crick)은 "현대생물학의 궁극적 목표는 모든 생물학의 사실들을 물리학과 화학의 언어로 다시 설명하는 것이다"라고 말한다. 이는 생명의 물리 환원주의의 전형을 보여주는 발언이다. 크릭은 분자 차원의 환원주의 생명론을 다음과 같이 설명한다(Crick 1995, p. 7). "복잡한 체계는 그 부분들의 운동과 부분 상호간의 작용으로 설명될 수 있다. 수많은 수준의 활동이 일어나는 체계에서 이러한 운동과 상호작용의 과정은 계속해서 반복된다. 다시 말해 특정한 부분의 움직임은 부분의 속성과 부분 간의 상호작용을 통해 설명될 수밖에 없을 것이다. 예를 들어 뇌를 이해하기 위해 우리는 신경세포들 상호간의 수많은 작용을 알 필요가 있다. 더욱이 각 신경세포의 움직임은 신경세포를 이루는 이온들과 분자로 설명할 필요가 있다." 생명을 분자 차원의 물리화학적 정보와 신호의 집합으로 간주하는 이런 과학기술의 관점을 '분자 패러다임'의 생명관이라고 말하기도 한다.

생명과학에서 정의하는 생명

생명을 생물학교과서 방식으로 정의할 때 공통적인 요소가 있는데, 정리하면 생명은 다음 요소로 정의될 수 있다. 첫째, 외부에서 영양을 섭취한다. 둘째, 대사작용을 한다. 셋째, 생명을 구성하는 세 포는 안과 밖이 세포막으로 구분되고 각각의 생명개체는 대체로 다른 개체와 구분된다. 넷째, 개체 차원에서 유전되며 증식을 하고 세포 차원 에서 탄생과 죽음을 반복한다. 다섯째, 운동과 반응을 한다(최종덕 2014, 46쪽). 그리고 생명의 특징을 진화의 관점에서 설명하면 다음과 같다. 첫 째, 생명체는 유전자집단으로 구성된다. 둘째, 모든 생명은 공통된 세포 특성을 가진다. 셋째, 모든 생명은 공통의 계통성 유전자를 공유한다. 넷 째, 빛을 찾아가는 주광성(走光性, phototaxis)과 어미를 찾아가는 주 모성(走母性, mamataxis)이 있다. 다섯째, 유성생식을 하는 개체 후손 의 변이는 그 어느 것도 서로 같지 않다. 여섯째, 개체는 항상 환경과 상 호 작용한다(Dennett 1996, pp. 99~103).

9.
과학기술 시대의 새로운 윤리
: 생태적 기술윤리

새로운 감시사회

21세기 과학기술의 발달은 폭발적이었지만 향후 기술발달 속도는 지수 함수적이며 예측조차 불가능하다. 전통적으로 현대 과학기술은 탄소를 가시적으로 배출하는 과학기술과 겉으로는 탄소배출과 무관해 보이는 과학기술로 구분되기도 했다. 전자는 전통적으로 산업화된 과학기술이며 소비자가 일상적으로 대면하는 기술이다. 후자는 인공지능과학이나 유전공학과 같이 소비자가 직접 대면하지는 않지만 지구인의 세계관 자체를 바꾸어놓을 수도 있는 비예측적 기술이다. 상대적으로 비대면(非對面) 기술이라고 부를 수도 있다. 물론 비대면 기술이 누적되어 미래 이윤창출이 확실시될 때 기업은 이를 곧 산업화하여 소비자와 상업적으로 만나게 함으로써, 비대면 기술은 대면 기술로 될 것이다. 이렇게 비대면 기술이 대면기술로 될 경우 반드시 그에 적정한 기술윤리가 요청된다.

대면 기술이란 20세기 들어 성장한 거대한 토목공학 기술이나 자동차산업처럼 화석연료 등의 물적 자원을 이용한 일상의 모든 기술을 말한다. 첨단기술이라고 여겨지는 비대면 기술은 인공지능과 연관된 네트워크 기술이나 생명유전자의 기능구현 기술 등을 말한다. 비대면 기술이 향후 산업화되리라는 것은 당연하다. 왜냐하면 비대면 기술을 연구중이거나 보유하고 있는 데가 바로 기업자본과 연결되어 있기 때문이다. 이렇게 기술과 자본이 밀접하게 연관되어 있기 때문에 우리는 그 밀접성을 눈여겨보아야 한다. 특히 비대면 기술이 산업화될 경우 그 사회적 파급력은 상상을 초월하는 문명전환으로 이어질 것이므로, 우리는 비대면 기술을 주도면밀하게 관찰해야 한다.

대면 기술	비대면 기술
• 가시적 탄소배출 • 토목, 조선, 자동차, 텔레비전이나 의료분야 등 일차적인 대면기술 혹은 산업화 공정 • 기술발전을 어느 정도 예측할 수 있음 • 환경윤리, 공학윤리, 직업윤리, 생명윤리가 이미 논의되고 있음	• 탄소배출이 가시적이지 않음 • 인공지능 기술이나 유전공학 같은 이론기반 기술 • 특허권을 통해 항상 대면기술로 전환되도록 유도됨 • 신감시사회 • 미래의 기술발전 향방을 예측하기 어려움 • 신경윤리, 로봇윤리, 포스트휴먼윤리 등 새로운 기술환경에 따른 윤리가 요청됨

　　　　　그리고 비대면 기술을 관찰하는 새로운 윤리가 필요하다. 예를 들어 비대면 기술 발달의 속도를 의식하지 못한다면 수많은 윤리적 갈등과 문화적 충돌 및 사회적 분화현상들을 겪을 수 있다. 다음의 통계그래프에서 보여주고 있는 것과 같은 기술발달의 속도를 제어할 수 없더라도 그 방향을 조정해야 하는 것은 비대면 기술사회를 사는 시민의 기본적인 책임이다(이상욱 2009, 141~51쪽).

　　　　　비대면 기술은 1차 소비자에게 보이지 않지만 거대자본을 통해서 우리를 보고 있다. 미래의 기술, 특히 자본에 포획되어 있는 비대면 기술은 우리를 보고 있지만 우리는 비대면 기술을 보지 못할 뿐이다. 일방적 주시는 인간과 기술 사이에 괴리를 낳는다. 우리는 비대면 기술을 회피할 수 없다. 이동전화가 처음 나왔을 때 나는 그 전화기를 스스로 거부했다가 얼마 지나지 않아서 사용했다. 스마트폰이 처음 나왔을 때 나는 기존의 이동전화기를 고집했으나 1년쯤 지나서 나 역시 스마트폰을 사용하기 시작했다. 나는 스스로 감시사회의 구성원으로 편입되고 있는 것이다.

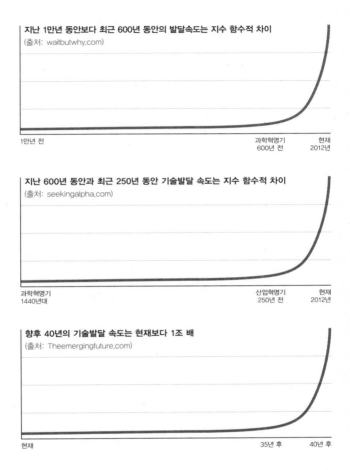

프랑스 철학자 미셸 푸코는 『감시와 처벌』(*Surveiller et Punir*)에서 150년 전 제레미 벤담(Jeremy Bentham)이 구상했던 원형 감옥 '파놉티콘'을 현대사회를 설명하는 데 다시 적용했다. 간수는 죄수들을 한눈에 감시할 수 있지만 죄수들은 간수를 볼 수 없는 감옥의 구

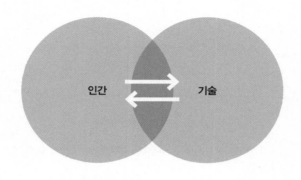

조를 말하고 있다. 마찬가지로 첨단의 비대면 기술은 우리를 보고 있지만 우리는 비대면 기술의 미래상황을 볼 수 없다. 여기서 생기는 불안감이 매우 커지고 있거나 아니면 불안감조차 느끼지 못하도록 만든 기술사회 구조 속에서 우리는 살고 있다. 인간이 정보를 수집하고 분석해서 해석하고 적용하는 것이 아니라 정보가 인간을 해석하고 유도하는 사회가 온다면, 필시 그것은 200년 전 벤담이나 50년 전 미셸 푸코도 예상 못한 미래의 초감시사회가 될 것이다. 이런 비대면 기술 사회의 감시사회적 측면을 연구하는 분야를 바로 감시연구(surveillence studies)라고 말한다.

내가 가는 어디나 설치되어 있는 감시카메라(CCTV)의 존재는 이미 오래전 일이고, RFID(radiofrequency identification, 위치정보를 알려주는 전자꼬리표)와 같은 추적기술도 일반화되고 있는데 이미 스마트폰 소유 자체가 인간 RFID인 것이다. 사물인터넷의 미래는 세상의 온 사물이 정보화된다는 데 있다. 나 자신과 모든 인간을 포함해서 말이다. 나아가 분자인터넷 시대가 올 것이며 이는 첨단 의학기술의 목표로 될 것이다. 아마 비대면 기술의 종착지는 '생명' 자체를 '정보'로 환원하는 '그곳'이 될 것이다. 그곳으로 가는 기술의 방향은 통제되기 어려울지도 모른다는 공포심이 인간에게 있다. 이에 대처하기 위하여 인간 사회는 생명윤리, 의료윤리, 나노윤리, 신경윤리 등 다양한 기술윤리를 제안한다. 그럼에도 불구하고 윤리가 기술을 어떻게 제어할 수 있을지, 확신을 못하고 있다. 그래서 우리는 다른 관점으로 기술사회를 보아야 한다. 결론 먼저 말한다면, 기술이 나를 일방적으로 바라보는 기존의 기술사회에서 벗어나 나도 기술을 '바라보는' 주체적 기술사회를 모색해야 한다는 것이다. 여기서 '바라본다'의 의미는 다음의 뜻을 포함하고 있다. 첫째, 상대의 현존을 인정할 수밖에 없다. 둘째, 상대의 상태를 주시한다. 셋째, 상대와의 관계를 지속 가능하게 한다.

생태적 생명윤리

기술과 나, 서로가 서로를 주시하는 양방향의 대면이 중요하다. 이런 양방향의 상호주시 및 주체적 상관성이 보장된 대면이 바로 미래의 기술윤리이다. 나는 이를 생태적 기술윤리라고 부르려 한다. 생태적 기술윤리는 우선, 인간이 일방적으로 기술에 지배되지 않도록 기술에 대한 능동적 이해를 요청한다. 둘째로, 과학기술이 오용되지 않도록 기술지배 기업에 대한 시민감시 사회를 형성한다. 그리고 마지막으로, 기술과 인간 사이의 상호적 생태성을 유지하는 것만이 아니라 인간과 인간 사이의 평등적 생태성을 유지하도록 기술이 사용되어야 한다. 즉 생태적 기술윤리는 신기술을 소비하는 사람들 이외

비대면 기술에서 확장된 생태적 생명윤리 영역	기능적 (효과, 실용성, 부작용) 관점	유전공학 기술을 인체에 적용할 때 생길 수 있는 예측되는 긍정적 효과와 더불어 부작용 등의 문제
	지식사회학적 관점	생명공학의 비대면 기술이 기업의 이윤행위 혹은 소수집단의 권력수단으로 연결될 위험성이 있는지의 문제

에도 소비할 수 없는 지구 저편의 사람들까지 생각한다.

여전히 지구에는 전쟁의 참상이 현존하고 기아의 현실이 실존한다. 비대면 기술의 패러다임은 기술 자체의 윤리적인 고찰만이 아니라 인간 사이의 공감이 상실되지 않도록 기술사회의 책무를 고려해야 한다. 그리고 과학기술 영역이 생명공학이라고 할 경우 우리에게는 새로운 방식의 생태적 생명윤리가 필요하다. 예를 들어 유전자공학과 관련된 생태적 생명윤리의 관점을 보기로 하자.

과학지식의 방향이 어디로 갈지 예측할 수 없지만 어딘가 앞으로 나아가고 있는 것은 분명하다. 즉 과학기술의 미래 향방은 우리의 역사인식과 무관하게 앞으로 나아갈 따름이라고 생각한다. 기존의 전통 윤리학과 다르게 생태적 생명윤리의 특징은 생명공학 관련 과학기술을 첫째 의도적으로 통제하지 않으며, 둘째 어느 방향으로 가라는 식으로 훈계하지 않으며, 셋째 과학기술과 윤리를 대립적으로 대치시키지 않는다는 데 있다. 그 목표는 일상적 삶의 복지를 진보시키는 수단이 되

생태적 (생명) 기술윤리의 방법과 방향		
시민·윤리학자· 지식사회학자의 태도	**과학기술자의 태도**	**관련 행정가· 정치가의 태도**
• 생명과학 발전의 경청하기 • 생명공학 기술을 겉으로만 보고 훈계하는 대신 안에서 공부하기 • 과학기술을 모두 반자연, 비인간적인 것으로 간주하지 말기	• 실험실 밖 역사를 이해하기 • 일반인 혹은 인문학자들이 과학지식을 모른다고 무시하지 않기 • 반성력과 비판력을 자신의 과학지식과 결합하기	• 과학기술을 권력의 도구로 삼지 않기 • 과학기술을 국력 혹은 정치 세력의 간판으로 삼지 말기 • 기초과학에 투자하기

도록 조율하는 것이며, 그 방향은 자연의 진화론적 역사와 최대한 조화되도록 노력하는 쪽으로 향한다.

자연과 기술의 연속성

기술 개념의 원형으로서 테크네(techne)는 인류가 인류일 수 있었던 진화적 적응과정의 하나이다. 침팬지가 썩은 나무의 구멍에 사는 흰개미를 적절한 모양의 나뭇가지로 잡는 행위가 바로 적응과정의 소산물이며, 이를 테크네라 부른다. 호모 사피엔스로서 우리 조상이 옷을 짓고 움막을 세우고 불을 지피는 행위에서부터 오늘날 유전자공학에서 사용하는 크리스퍼(CRISPR) 시스템이나 이세돌을 이긴 알파고의 인공신경망에 이르기까지 인간이 주체가 된 기술행위들이다. 진화론의 관점에서는 네안데르탈인의 동굴벽화에 사용된 돌가루 염료제조 기술이나 최신의 단백질 질량분석 장비인 오비트 랩(Orbitrap) 모두 연속적인 기술행위이다.

단백질 질량분석기의 예를 들어보자. 침팬지가 나뭇가지를 도구로 사용하듯이 인간의 관찰장비가 세계를 넓혀간다. 2001년 초 게놈 프로젝트 결과를 발표했지만 만족할 만한 유전자 연구는 그 서열 확인만으로 가능하지 않다는 것을 곧 인정할 수밖에 없었다. 분자 차원의 전체 단백질(단백체)의 공간적 특성을 이해하는 것이 유전자 연구의 핵심임을 알게 되었다. 이런 단백체 연구를 가능하게 한 것이 단백질 질량분석기이다. 최근 크게 각광을 받고 있는 단백체학(proteomics) 연구에서 질량분석 장비와 그 기법은 과학 이론과 방법론 이상으로 중요한 의미를 갖고 있다. 2002년 노벨화학상을 받은 다나카 고이치(田中耕一)는 거대 생체분자를 이온화시키는 방법으로 과거와 다른 질량분석기의 신기원을 마련했다. 이런 장비기술로 인해 농약의 잔류 분석이 용이해졌는가 하면 단백질 변형을 일으키는 불명의 원인들에 접근할 수 있게 되었으며 작은 실험실에서도 미세먼지 분석이 가능해졌다. 과학이 기술을 낳지만 거꾸로 기술이 과학을 확장시킬 수도 있다는 뜻이다. 결국 이론과 장비는 본질과 수단이라는 관계를 넘어서 있으며 현대 과학연구는 기기와 이론의 일체화를 통해서만 가능하다. 많은 경우 장비가 이론을 선도하기도 한다.

기술의 연속성은 기술윤리를 확장하는 데 매우 중요한 변수이다. 기술을 인공적 관점에서 자연적 관점으로 바꾸어서 본다면 새로운 기술발전의 생태적 확장이 가능하다는 뜻이다. 과학기술을 바라보는 인간의 사유태도, 즉 과학기술의 세계관과 과학기술의 윤리학은 전환적으로 확장될 수 있다는 것이다. 과학기술의 사회학적 이해는 청동기 도구들을 처음 사용하던 조상들, 그들 집단의 권력지표가 되었던 고대 신석기 사회에서나 현대 자본주의 사회에서나 마찬가지로 중요하다.

기술을 사회의 관점에서 보는 일은 매우 중요하다. 이로부터 과학기술이 가치중립적이라는 허구를 낱낱이 벗겨내 버리는 소중한 성과를 얻어내기도 했다. 익히 들어볼 수 있는 명제가 하나 있다. "기술은 잘못이 없지만 기술을 다루는 사람이 잘못할 경우 기술의 사회 파괴적 파급력은 상당하다." 이와 같은 과학의 가치중립성 논제에 대한 비판적 접근이 바로 과학기술사회학 연구의 핵심이었다. 원색적인 표현일 수 있으나 "기술은 본질적으로 아무 문제없지만 사회적인 현상이 기술을 착하게 놔두질 않는다"는 식의 사고는 대중에서 정책입안자에 이르기까지 의외로 널리 퍼져 있다. 이런 생각은 결국 본질과 현상의 이분법적 태도의 발현이며, 우리의 현실을 잘 보여주는 것이기도 하다. 기술은 인간의 이성과 손재주가 만들어낸 부산물이 아니라 기술 자체가 바로 인간의 삶임을 받아들인다면 이러한 본질론의 허구를 깨뜨릴 수 있다.

한 동물 다큐멘터리 프로에서 보여주었던 것처럼, 침팬지가 호두를 까먹기 위해 사용하는 단단한 나뭇가지와 밑받침은 이미 침팬지 일상으로 흡착된 삶의 양상이다. 침팬지의 지능을 본질로 간주하고 그 지능이 지시한 대로 사용하는 도구를 현상으로 간주하는 선입관의 버릇은 본질의 독립적 존재를 가상한 허구적 실체를 만들어낼 뿐이다. 침팬지 정체성의 본질이 따로 있다고 한들, 침팬지의 행동 가운데 호두를 까고 가느다란 나뭇가지로 개미를 잡고 예닐곱 마리가 집단을 구성해서 사회조직력으로 사냥을 하고 잠자리를 위해 나뭇잎을 끌어 모으는 등의 기술범주 행동을 제외시키고 나면 침팬지 정체성의 내용은 아무것도 남지 않는다는 점을 유념하면 된다. 바나나껍질을 벗겨 먹는 원숭이에게 양파를 처음 던져주면 자신의 꾀를 믿고 열심히 껍질을 벗겨낼 터이고 마침내는 먹을거리 하나 남지 않을 것이다. 현상의 껍질을 벗겨내면 본질이 남을 것이라는 환상에서 벗어나야 한다는 것이 기술이해의 첫 단계이다. 다시 말해 기술은 인간생명의 자연적인 형질이다(나카지마 히데토 2013, 3장).

　　　동굴에서 살았던 우리의 먼 조상들이 능동적으로 말과 사자의 그림을 그렸듯이, 현대인도 능동적으로 유전자공학 기술과 인공지능 기술을 바라보아야 한다. 달리 말해서 과학기술의 현실과 삶의 일상성은 상호 능동적인 관계로 만나야 한다는 것이다. 그 능동적 만남이란 당연히 비판과 반성의 통로를 거쳐야 하며 동시에 주체적 만남이어야 한다. 기술과 일상성의 주체적 만남은 기존의 과학기술에 대한 몇몇 철학적 선입관을 어느 정도 조정해야 가능하다. 여기서 조정이란 과학에 적대적이었던 철학 스스로의 반성을 뜻한다.

과학기술의 철학적 이해

　　　첫째, 이미 자주 검토되고 반성된 내용이지만 과학과 기술의 과학사적 의미가 다르다는 점을 되새기는 일이 중요하다. 앞서 말했듯이 흰개미를 잡기 위해 나뭇가지를 사용하는 침팬지처럼 기술은 자연적인 요소이지 문명적인 요소가 아니다. 기술은 인간의 자연사적 욕망에 뿌리를 두고 있으며 적응진화의 소산물이다. 반면 과학은 가설연역법칙이 그러하듯 이성에 뿌리를 두고 있으며

과학기술을 바라보는 철학의 편견과 선입관	생태적 기술윤리의 철학적 조정안
기술은 문명적이며 반자연적인 것이다.	▶ 기술은 자연의 적응진화의 소산물이다.
현대문명 위기의 역사적 원인은 데카르트의 이원론과 뉴턴의 기계론에 있다.	▶ 린 화이트는 기독교성경의 창세기에서 그 원인을 찾는다. 과학거부를 하는 지식 일반의 공통적인 부분이 데카르트와 뉴턴이다.
기술은 욕망의 '나쁜' 장치이다.	▶ 가치 개념을 자연 개념에 직접 적용하기 어렵다.

문화적 발달의 소산물이다. 구석기시대의 기술과 현대의 기술이 다른 점이 있다면, 구석기시대 기술은 자연적 기능을 모방하기에 충실한 반면 오늘의 기술은 철저하게 과학 의존적이라는 점이다.

둘째, 과학기술의 문명적 부작용을 설명할 때 항상 약방의 감초처럼 등장하는 철학적 인식론으로서 데카르트의 이원론과 뉴턴의 기계론이 있다. 과연 데카르트 철학의 어느 부분이 혹은 뉴턴 자연철학의 어느 부분이 오늘의 과학기술을 그렇게 나쁘게 만들었는지, 귀동냥한 남의 이야기에 의존하지 말고 냉철하고 명확하게 따져봐야 한다. 데카르트의 이원론적 사유체계와 뉴턴의 기계론적 세계관이 현대문명에 그렇게 부정적인 영향을 주었다고 판단하기에는 지나친 일반화의 오류가 그 안에 깔려 있다. 데카르트의 이원론은 오히려 자연의 비밀에 접근하기에는 너무 먼 인간의 한계를 스스로 인정할 수밖에 없었던 철학적 귀결이었다. 뉴턴의 『프린키피아』(*Principia*)의 기계론은 신의 완전하고

전능한 세계구조를 표현하는 수단이었을 뿐이다. 그래서 데카르트와 뉴턴에게 문명의 부작용과 인간소외의 책임을 다 돌리는 일은 사상사적 왜곡이며 현실을 무시한 이상적인 이론에 지나지 않는다.

　　　셋째, 첫번째의 선입관과 연관된 문제로서 과학기술의 주체이며 과학기술의 소비자인 나 자신의 욕망과 구체적 실존성을 인정해야 한다. 이러한 인정이 있어야 비로소 기술문명의 부작용에 강력하게 저항하면서 개선시킬 수 있다. 이는 기술사회의 실존성을 재조명하는 것이기도 하다. 실존성의 반성과 재조명이란 삶의 일상성과 지속 가능성을 조화시키는 일이다. 다시 말해 기술과 자연을 완전히 분리시킬 수 없다는 것이며, 기술은 최대한 자연성에 접근하게 된다면 더 지속 가능하다는 뜻이다(나카지마 히데토 2013, 3장).

　　　이와 같이 과학기술에 대한 몇몇 철학적 편견들을 반성적으로 조정할 수 있다면 과학기술과 일상적 삶의 관계는 새로운 시선으로 조명될 수 있다. 과학기술 비판의 문제는 일종의 문명비판이라는 점에서 거대 담론의 일부로 볼 수도 있다. 그러나 기술이 일상성과 밀착되어 있다는 점에서 과학기술론은 추상적인 비판담론이 아니라 구체적인 현장이론이 되어야 한다. 예를 들어 기계와 기술을 부정하는 극단의 과학부정은, 그것이 아무리 좋은 가치론적 당위성을 지녔다 하더라도 일상성을 벗어나 있기 때문에 유토피아이거나 이념적 허상에 빠질 수 있다. 우리는 기술의 일상성에서 하루라도 벗어나기 어렵다는 엄연한 사실을 인정하는 것에서 생태적 기술윤리는 더 현실적일 수 있다.

생명은 어디까지 특허의 대상인가

권력의 과학들은 공통점을 가지고 있다. 우선 교조적이라는 점이다. 그리고 무엇인가를 이루려는 권력욕구가 과학기술의 내용을 오도한다. 이러한 오도된 권력욕구는 인류복지나 거대 특허산업이라는 명분으로 과학의 본질을 포장해 버리는 경우가 많다. 그중에서 산업화를 지향하는 과학기술 연구개발이 특허권으로 조명되고 있다. 그런데 생명을 다루는 분야에서 특허가 어디까지 가능한지를 따지는 비판적 논의가 반드시 필요하다.

2005년부터 발효된 한국의 생명윤리법은 황우석 사태의 소산물이다. 황우석 사태는 한국뿐 아니라 전세계적으로 충격을 주었고, 그후 전세계 많은 나라들이 생명윤리법을 수립했다. 생명윤리법은 과거의 낙태금지법안처럼 있어도 없는 것처럼 되어서는 안 된다. 생명윤리법의 규준이 느슨해지는 결정적인 이유는 배아 등의 생명복제 기술의 성과가 곧 엄청난 경제적 이익을 수반할 것이라는 기대에 빠져 있기 때문이다. 경제적 이익의 핵심은 생명이 기술특허 여부에 달려 있다고 보는 것이다. 여기서 생명복제 기술이 과연 특허의 대상이 되는지를 진지하게 검토해야 한다.

생명체에 대한 특허를 둘러싼 논의는 이미 국제적으로 수많은 논쟁을 불러일으켰다. 그 핵심은 반도체와 같은 광석물질이나 섬유류 나아가 특수소재 등의 비생명물질과 달리 생명을 가진 자연물에 대해 특정 인간이 특정의 권리를 주장할 수 있는가 하는 물음이다. 생명을 다루는 특정 기술을 특정인이 특허를 받아 소유한다는 것은 생명에 대한 권리를 임의대로 침해할 수 있다는 논리로 이어진다. 이를테면 특정

인이 핸드폰의 신기술 음성인식 기능을 특허 받았다고 할 경우와 인간 배아세포의 분할기 조절기술에 대한 특허를 받았다고 할 경우가 동일한 경우인지를 묻는 것과 같다.

생명특허 논란은 1980년대에 제너럴 일렉트릭(General Electric)의 석유분해 기능의 미생물에 대한 특허에서 유래한다. 제너럴 일렉트릭의 특허신청에 대해, 미국특허청은 미생물은 특허대상이 될 수 없다는 이유로 승인을 거부했다. 이에 GE는 특허청의 결정을 받아들이지 않고 이를 법정으로 끌고 갔으며, 대법원까지의 기나긴 법정공방 끝에 5 대 4라는 근소한 차이로 미생물이 특허대상이라는 판결이 내려졌다. 신종 미생물을 과학자의 발명으로 인정하여 특허를 허용하였던 것이다. 이제는 그 당시와 다르게 인간 외의 동물은 물론이거니와 신체 일부분인 유전자, 세포주, 조직 등은 특허등록이 가능하며 배아나 태아에 대한 특허 신청을 할 수 있도록 되어 있다. 복제양 돌리에 대한 특허권을 가지고 있는 영국 PPL사가 사람을 포함한 포유류 전체의 체세포 복제방법에 대한 특허를 국내에 출원한 것은 황우석 사태 때 다 밝혀졌다.

특허권 심사과정의 구체적인 상황을 한번 들여다보자. 문제는 인간의 유전자나 세포주가 발명으로 인정될 수 있는가 하는 것이다. 인간유전자 유전체 혹은 그 일부는 인류 공동의 자산이어서 특정인의 소유가 될 수 없다. 이와 관련한 과학자의 연구성과는 발견의 대상이지 발명의 대상이 될 수 없다. 반면 일선 연구자들은 체세포 복제기술 역시 인간의 과학기술에 의한 고안품이므로 특허가 가능하다고 주장한다. 원칙적으로 ① 천연물체로서의 생명체 ② 인류 공동자산으로서 생명체 그리고 ③ 인간 존엄성의 기본권 대상인 신체 일부나 ④ 의료복지의 기초가 되는 생명체나 그 운용기술은 발견적 고안이나 재산의 대상으로 취급될 수 없지만, 현실은 다르다.

현행 생명관련 특허규정과 생명윤리법에서 생명의 존엄성 보호 사이에는 상당한 괴리가 있다. 생명윤리법이 특허권 기대심리를 쫓아가지 못한다는 뜻이다. 한국의 생명공학 부문 특허출원 부문의 구체적인 사례를 통해서 공학기술의 발명이 어디까지 특허로 인정되는 것인지를 살펴본다(특허청 2013).

① 모 병증 판정을 받은 환자군과 비환자군의 유전체 혹은 단백질체를 연구자가 분석하여 특정 유전자와 특정 단백질 발현(혹은 발현증가)이 환자군에서 발견되었을 때 그 검출방법의 기술과 항체 유효성분 조성물을 특허로 신청할 수 있다.

② 타세포 감염 및 형질변환에 유효한 벡터를 개발한 경우 염기서열과 분자량 등을 기재한 세균(대장균)의 유전자 벡터를 특허 신청할 수 있다.

③ 모 질환을 가진 환자군에서 정상인에게 볼 수 없는 유의한 유전자나 단백질을 발견했을 때 그리고 그런 단백질을 질병진단에 주요한 바이오마커로 사용할 수 있을 때 그런 기술을 특허로 신청할 수 있다.

④ 식물체에서 형질 변환 제조방법의 기술을 특허로 신청할 수 있다.

⑤ 특정 질병을 유도하는 이상유전자 활성화를 막는 단백질 단편을 발견했을 경우 혹은 단백질 변이체를 발견했을 경우 그 기술을

특허로 신청할 수 있다.

⑥ 병원균에 대한 항체표지를 확인하고 그에 대한 항원단백질을 검출할 수 있는 기술 혹은 전보다 더 우수한 항체를 발견한 경우 그 기술을 특허로 신청할 수 있다.

⑦ 줄기세포를 신경세포로 분화시키는 방법을 개발하여 퇴행성 신경계 질환 치료용도가 확인될 경우 특허 신청할 수 있다.

⑧ 줄기세포 내 특정 유전자를 통해 특정 형질이 억제되거나 활성화되어 손상된 조직을 재생할 수 있을 경우 특허신청이 가능하다.

⑨ 면역세포의 활성화를 통해 항암효과의 물질을 발견한 경우 혹은 효소결합 면역측정법을 개발했을 경우 특허신청이 가능하다.

⑩ 세균DNA에서 수정란과 종자에 이르기까지 신규 미생물 자체를 발명한 경우 혹은 그런 미생물을 처리하는 기술발명을 특허신청할 수 있다.

현실에서는 생명복제 기술 대부분이 이미 특허권으로 인정되고 있다. 생명기술이 산업자본 기술로 이어진다는 바로 이 점 때문에, 황우석 사태에도 불구하고 특허 지향 체세포 배아복제 연구가 전세계적으로 진행되고 있다. 복제기술력이 미래 한국경제의 주춧돌이 될 것이라는 과장된 사회분위기가 존재하기 때문이다. 생명공학 기술을 둘러싸고 국가 간 경쟁과 자본기업의 기술소유 경쟁이 격렬해지고 있는 현실에서 생명을 특허권력으로부터 방어적으로 지키려는 노력 자체가 경제적 반역으로 몰리기도 한다. 이것이 한국의 반(反)생명권력의 현실이다. 이미 '생명의 상업화'는 가속화되고 있다. 배아복제 기술에 대한 특허전쟁이 시작되어, 생명은 상업화 전략에 희생되고 있다. 2001년 8월 미국국립보건원(NIH)은 금전적 관계가 없는 배아에 대해서만 정식등록을 받아준다고 했지만, 이 또한 지금에 와서는 오랜 옛날이야기가 되었다. 이미 실험용 배아줄기주 가격이 흥정되고 있으며 미래 상업적 교환가치의 기대로 해당 기업의 주가가 오르는 일도 다반사다.

앞서 살펴보았듯이 전세계적으로 격론을 일으키고 있는 생명체 특허와 관련한 논쟁에서 핵심 쟁점은 비생명물질과 다른 자연성의 생명체에 대해 특정 인간이 권리를 주장할 수 있는가 혹은 어디까지 권리주장을 할 수 있는가 하는 것이다. 교회 쪽에서는 생명체에 대한 특허권은 오로지 신만이 가질 수 있다(물론 수사적이지만)고 주장하며, 또 어떤 이들은 생명기술이 인간의 과학기술에 의한 고안품으로 볼 수 있기 때문에 특허가 가능하다고 말한다.

그러나 원칙적으로 생명체는 발명의 대상이 될 수 없으며, 따라서 재산의 대상으로 취급될 수 없다. 그 이유는 다음과 같다. 첫째, 생명은 물적 재산의 대상이 아니기 때문이다. 생명은 인공물이 아니며 인간이 자연을 조작할 수도 없고 해서도 안 된다고 보기 때문이다. DNA 염기서열에 대한 인간게놈지도 결과가 특허의 대상이 아닌 이유와 비슷하다. 둘째로, 독점적인 특허점유는 그와 밀착된 관련연구를 저해하는 반작용을 낳는다. 예를 들어 특정 염기서열의 형질관련성을 특허 독점할 경우 그것에 근접해 있는 유전자군에 대한 상관성이나 후속연구를 할 수 없게 되는 상황이 발생할 것이다. 유전체 내의 구성자인 엑손, 단일염기 다형성, 돌연변이체, 전사체 등은 상관적 요소들이다. 그런데 이를 독립적으로 간주하여 발명 혹은 고안의 대상으로서 독립적 개별 특허를 줄 경우, 이들 사이의 총체적 혹은 상관적 기능에 대한 연구는 당연히 지체될 수밖에 없다. 셋째로, 특허로 인한 치료제품의 원가상승으로 그 치료제가 필요한 환자들의 접근성이 어려워질 수밖에 없다는 점이다.

이상과 같은 우려는 현실에서 드러났다. 이미 아프리카에서는 HIV치료제에 대한 특허료가 심각한 문제를 일으킨 적도 있었다. HIV치료제에 대한 상업적 행위가 현재는 일단 원만히 해결되었지만 과거에는 많은 갈등을 빚었다는 뜻이다. 관련사례를 보기로 하자. 미국국립보건원(NIH) 국제부에서 주최하고 세계보건기구와 공동으로 후원한 생명윤리세계포럼 첫 모임이 1999년 메릴랜드 주 베서스다(Bethesda)에서 열렸다. 이 모임은 개도국과 선진국 사이에서 일어날 수 있는 생명윤리에 대한 개념을 공유하기 위한 것이었다. 개회사를 한 케이프타운 대학의 솔로몬 베나타(Solomon Benatar) 교수는 인체 임상연구에서 일어나고 있는 인권 유린과 남용을 지적하였다. 구체적으로 연구펀드가 튼튼한 서구국가들과 달리, 저소득국가에서는 연구수행을 위한 임상시험 때 자원자들에게 거의 노동착취와 다를 바 없는 수준의 매우 낮은 보수를 주는 등과 같은 비윤리적 상황이 나타나고 있다고 말했다. 세계화의 물결은 국가 간 혹은 개인 간 경제적 불균형을 심화시켰고, 이러한 경제적 불균형은 다시 건강, 질병, 삶의 질의 문제에 큰 영향을 끼치게 되었다. 베나타 교수는 이제 보건의료와 관련된 지적 재산권과 지속가능한 재정지원의 필요성을 생명윤리와 의료경제학의 새로운 체계 속에서 재검토할 것을 제안하였다. 이때 재검토의 기본 개념은 단순재분배 윤리학의 규범들을 넘어서 공존의 생태학적 개념이 되어야 한다는 점을 강조했다.

조류독감 치료제 역시 타미플루의 막강했던 특허권이 2016년 종료되면서 오히려 복제약에 대한 후차적인 기업전쟁은 더 커지고 있다. 그렇기 때문에 관련기술이 인간의 진정한 의료복지를 목표로 하고 있는지 아니면 그 목표가 산업화된 자본축적에 있는지를 분명히 따져보아야 한다. 실제로는 이 두 가지 현실적인 목표를 분리하기란 어렵겠지만, 그 우선순위를 명확하게 정할 필요가 있다는 것이 국제 생명윤리계의 한 흐름이다. 예를 들어 줄기세포 치료의 경우 우선순위가 특허권에 있다면 생명기술의 특허를 거부해야 할 것이다. 왜냐하면 치료기술이 확보되었다고 해도 특허권에 의해 제한을 받게 되면, 돈 없는 난치병 환자들에게 줄기세포 치료는 오르지 못할 지붕 위로 올라간 닭 쳐다보는 격이 될 터이기 때문이다.

생명공학 기술의 현재

인간 신체기관의 복제 연구를 위해서는 기본적으로 난자를 인공적으로 수집해야 한다. 난자수집과 관련하여 이미 많은 비판적 문제제기가 있어왔다. 인간의 난자 수집은 불임 치료에 사용하고 남은 잉여 냉동난자를 수집하거나 아니면 직접 여성에게서 채취를 하는 방식이 있다. 현실적으로 공인 불임치료기관에서 쓰고 남은 동결난자는 활성도가 매우 떨어지기 때문에, 후자의 방식으로 수집한 생난자를 원하는 연구그룹이 있을 수 있다. 이럴 경우 인간의 배아줄기세포 형성을 위한 난자는 여성의 몸에서 직접 채취해야 한다. 한 달에 한번 나오는 난자를 한 여성에게서 외과조치를 통해 많은 수의 미성숙 난자를 채취하는 것은 생리적으로 그리고 도덕적으로 상당히 위험한 부작용이 뒤따를 수 있다. 특히 한국은 황우석 사태에서 129명(물론 여성이다)의 비동결 생난자(fresh egg)가 불법적으로 사용된 것이 밝혀 져 사회적으로 큰 물의를 일으켰던 불행한 경험을 갖고 있다.

특수한 경우 여성 자원자에게서 난자가 수집될 수도 있겠 지만, 그럼에도 여성 자원자가 있어야만 연구가 수행될 수 있다는 사실 은 심각하게 고려해 보아야 할 점이다. 이론적으로 난자제공은 불임치 료기관에서도 가능하다. 다만 우리나라에는 500여 개의 불임치료기관 (2013년 기준 체외수정 시술기관 153개, 인공수정 시술기관 388개)이 있는데, 그 병원들이 이전을 하거나 문을 닫을 때 잉여 냉동난자의 관리 가 부실할 수 있다. 또 잉여난자의 제공자에 대한 관리가 허술하며 잉여 난자가 과잉 소모된다거나 자의적으로 폐기되는 사례가 의심되기도 한 다. 그럼에도 현재 대부분의 병원들은 강력한 감독과 규제 장치를 갖추 고 있어서, 인체 유래물과 같은 생명의 신체기관이나 동결난자에 대한 사고가 일어나지 않을 것으로 기대한다.

또 한 가지 사례를 보자. 세간에 어느 유명대학 여학생의 난자가 얼마에 팔린다는 등의 소문에 심심찮게 나돈다. 정녕 헛소문이 기를 바라 마지않지만, 아무리 헛소문이라 해도 이렇게 떠도는 말이 잉 여난자의 관리가 부실할 수 있음을 간접적으로 반영하는 것일 수 있다 는 추측이 가능하다. 여성의 난자를 상업적으로 유통하는 인터넷 사이 트가 다수 있으며, 이 사이트들을 통해서 불임환자와 난자제공자 간의 상업적 거래가 이루어지고 있다는 소문은 오래전부터 떠돌아다녔다. 물 론 이런 얘기는 배아복제 연구와 무관한 것일 수 있다. 그러나 상업주의 의 희생이 될 가능성은 어디에나 있다는 점에서 배아복제 연구의 난자

채집과정은 투명하고 분명해져야 한다는 것이다. 아니면 일본의 연구경향처럼 난자를 사용하지 않는 성체줄기세포 연구를 고려하는 것을 생각해 봄직하다. 생명, 특히 생식생명은 특허의 대상이 될 경우 훨씬 더 많은 불행한 사태가 우려된다.

척수손상자나 난치병환자에게 DNA 핵이식 방법을 통해 인간 배아줄기세포 생산에 주력하고 있다. 지금도 부분적으로는 큰 성공을 거두고 있다. 환자 자신과 면역학적으로 일치하는 인간 배아줄기세포 복제 기술이 관건이다. 세포단위 혹은 기관단위 차원에서뿐만 아니라 신체 전체 차원에서 면역학적 일치가 가능하다면 파킨슨병이나 당뇨병처럼 문제가 된 세포를 대체하는 효율적인 세포치료가 실현될 수 있다. 이런 점에서 과학자의 연구는 매우 의미 있다. 문제는 생물학적 부작용, 나아가 사회적 부작용을 반드시 고려해야 한다는 것이다. 이를 고려하지 않고 눈에 보이는 연구성과물에 매달릴 때 상업주의의 부작용이 뒤따를 수 있다.

과학의 사회적 기능 및 의료복지에 관한 기여는 긍정적으로 인정해야 한다. 그러나 과학이 모든 것을 해결할 수 있다는 과학 신봉주의는 경계해야 한다. 생명복제 기술의 경우, 세포 차원의 복제기술이 성공했다고 해도 세포가 전체 개체 혹은 기관과의 면역반응에서도 문제가 없는지 확인하는 일은 매우 중요하다. 이런 면에서 생명복제 기술은 공학기술 기초단계라 할 수 있다. 자기 체세포 배아복제 기술 역시 면역 거부반응이라는 근본적인 난제를 해결하지 않고서는 임상에 적용할 수도 없고 해서도 안 된다는 것은 익히 알려진 사실이다. 예를 들어 분화의 과정을 마치 기계적인 자동성으로만 취급한다면 전기융합 이후

역분화의 이변과 염색체 텔로머레이스(telomerase) 문제를 결코 해결할 수 없다. 한때 전세계 매스컴이 세상을 뒤집어놓을 듯이 요란하게 뉴스로 내보내었던 돌리 양의 탄생과 달리, 그 돌리 양이 죽었을 때는 매스컴들이 조용히 침묵하고 있었다. 세포의 주요 특징인 '예정된 세포 죽음'(programmed cell death)이라는 세포자살기전이 몇 세대를 거치면서 추후에 나타날 RNA 뒤틀림 현상 등을 고려하는 것은 생명의 구체적 현장에서 최우선의 일일 것이다.

결국 줄기세포 연구를 하는 최종적인 목표인 난치병 치료의 실현수준을 실질적으로 높이기 위해서 면역학의 문제는 부차적인 문제가 아니라 일차적인 문제라는 점을 인식해야 한다. 현재로서는 면역 거부반응에 대한 검증이 보완되어야 한다. 그래서 난치병 치료와 관련하여 구체적인 의료복지 구현을 위해서 면역학 연구가 중요할 것이다. 머리말에서 말한 생명의 면역성은 생명현상을 직접적인 인과관계로 다 밝힐 수 없음을 뜻한다. 생명을 신비한 블랙박스로 보아왔던 신비주의 생명관을 경계하듯이 생명을 조립품으로 보는 기능적 생명관도 경계해야 한다. 생명은 장구한 진화의 소산물이어서 현재의 기능성으로 밝혀내기에는 또 긴 시간이 필요할지도 모른다.

2013년 본격화된 크리스퍼 시스템은 현재에 이르는 생명공학 분야에서 최고의 기술로 평가받고 있다. DNA를 임의로 잘라서 원하는 유전자로 대체하는 기존의 유전자가위 기술과 전적으로 다르게, 크리스퍼 시스템은 박테리아 세포 자체, 즉 생명의 자연적 특성인 면역작용을 이용한 기술이다. 세포는 침입한 외부 바이러스를 잡아가두면서 그 바이러스 유전자 정보를 기억하는데, 그 기억장치는 실제로 DNA

의 복제인 RNA를 세포 자체로 유도하고 그 RNA를 다시 DNA로 분화시키는 기술이다. 크리스퍼 시스템은 기존의 유전자가위와 비교가 안 될 정도로 우수한 결과를 보인다. 그래서 크리스퍼 시스템은 거의 유전공학 전반에 걸쳐 획기적인 전환을 가져올 수도 있는 막강한 기술로 평가받고 있다. 배아복제 기술에서 줄기세포 분화기술에 이르기까지 그리고 작물유전자 개량에 이르기까지 광범위한 적용이 가능하다. 실제로 2015년 중국 상하이기술대학에서는 인간 수정란 배아를 이용한 유전자 편집을 부분적으로 성공시켰다.

바로 이러한 막강한 기술력 때문에 관련 생명윤리가 더 중요하게 제기되고 있다. 한국도 생명 윤리 및 안전에 관한 법률에 의해 인간 생식세포의 유전자 조작이 금지되어 있지만 그 향후는 누구도 예측할 수 없다. 2015년 10월, 크리스퍼 시스템 중에서 가장 강력한 기술의 하나인 크리스퍼 카스9(CRISPR Cas9)의 공동개발자인 유전학자 제니퍼 도우드너(Jennifer Doudna)는 자신이 찾아낸 이 기술의 예측 불허의 강력한 힘을 강조하면서, 오히려 그 유전자 편집기술의 강력함 때문에 과학자공동체 스스로 이 기술의 사용을 잠정적으로 중단할 것을 제안했으며, 이에 대한 생명윤리 논의를 구체적으로 할 것을 동료과학자집단에 공식적으로 요청했다.

생명공학 기술은 생명의 존중감 안에서

2000년대 초, 인간게놈 프로젝트가 공개되면서 생명복제 기술은 새로운 산업영역으로 급부상하였다. 그리고 생명복제 기술이 세계특허권 경쟁의 비즈니스로 전환된 오늘의 상황에서는 복제기술의 윤리적 문제가 거론되기에 이르렀다. 인간의 생명복제 기술은 의료복지라는 인류 보편의 공익을 위해 사용되어야겠지만 현실에서는 블루오션 산업이라는 경제논리로 먼저 받아들여지고 있다. 여기에는 몇 가지 문제가 가로놓여 있는데, 앞절에서 논의한 내용을 다시 정리해 본다. 첫째, 존엄한 생명의 유기체가 산업적 특허의 대상으로 제한되어야 하는지를 따져야 한다. 둘째, 생명복제 기술이 전체 인간을 실험실에서 복제해도 된다는 말과 어떤 차이가 있는지를 따져보아야 한다. 셋째, 생명복제 기술이 임상의료현장에서 실제로 적용할 수 있는 기술인지를 질문해야 한다. 다시 말해 자동차를 조립하는 방식으로 생명의 단백질을 조립할 수 있는가 하는 문제이다. 기술결정론은 이런 기술이 현재로서는 어려워도 미래에는 충분히 가능하다고 본다. 넷째, 생명복제 기술은 과학적 기술의 수준에서만 다뤄질 수 없다는 점이다. 예를 들어 생명복제 기술은 유전적 난치병 환자나 재활환자를 치료할 수 있다는 희망을 연구의 동력으로 삼고 있다. 그러나 실제로 생명복제 기술은 순전히 과학기술에 그치는 것이 아니라 복제기술을 둘러싼 연구자들 사이의 경쟁, 사회윤리와의 충돌, 특허권과 관련 연구비 및 관련 사회 비용, 연구자가 소속된 연구기관이나 기업 간 이해관계 그리고 의료보험사와의 새로운 이해관계 등과 같이 사회적 관점에서 전개되고 있다.

　　　　생명의 세포는 체세포와 생식세포로 되어 있다. 생식세포는 한 개체를 다음 세대로 이어주는 연결세포로서 난자와 정자가 있다. 그외에는 모두 체세포이다. 1997년 초 영국에서 돌리라고 이름 붙여진 양의 복제가 성공했다는 발표 이후, 생명복제에 대한 일반인의 관심이 크게 높아졌다. 그전부터 인공 체외수정과 같이 생식세포를 이용한 인공수정 기술은 있어왔지만, 문제가 되고 있는 생명복제 기술은 체세포를 이용하여 생식세포처럼 복제를 할 수 있는 기술을 말한다. 즉 난자와 정자라는 암수의 생식세포 수정을 통한 것이 아니라 체세포 하나 안에 잠재적으로 살아 있는 DNA군을 자체적으로 증식시켜 특정 신체기관을 만드는 기술이다. 좀 과장해서 말하자면 손오공이 자기 머리카락 한 올을 뽑아 훅하고 불어서 자신과 똑같은 수많은 손오공을 만드는 것과 원리적으로 같다. 이것이 바로 체세포 복제이며, 암수의 구실이 더 이상 필요 없는 자기복제의 속성을 지닌다.

이런 이야기는 많은 공상과학 영화에서 이미 선을 보이곤 했다. 자신과 똑같은 사람을 체세포 복제하여 일상생활 속의 역할을 나누어 한다는 둥, 자신은 죽지만 죽기 직전에 체세포 복제한 동일한 자신을 다시 만들어 영원한 생명을 꾀한다는 줄거리 또는 인류를 정복한 외계인이 그들의 입맛에 맞는 인간을 배양하여 생산하는 대규모 인간생산공장을 운영한다는 등의 황당하고 공상적인 이야기들이다. 이와 같은 이야기들의 원조는 뭐니 뭐니 해도 프랑켄슈타인 소설일 것이다. 프랑켄슈타인이라는 키메라의 등장은 처음에는 생소함, 놀라움, 두려움 그리고 한 편의 재미난 이야기를 제공했으나 이제는 시큰둥한 과거의 이야기가 되어버렸다. 그만큼 과학의 발전은 황당한 이야기들을 무디게 받아들일 정도로 현실인식의 변화를 가져다주었다. 더욱이 최근 생명공학의 획기적인 발달과 함께 사회적으로 논란이 되고 있는 체세포 생명복제 기술이 이제는 과학의 상상적 희망에 그칠 일이 아니라 과학의 구체적 현실이 되었다. 앞서 말했듯이 크리스퍼 카스9는 '공학적으로 설계된 인간' (engineered designed human)의 출현을 기술적으로 충분히 보장하고 있는 수준이기 때문이다. 이 사실은 인류의 희망이기도 하지만, 가공할 만한 위협이 될 수도 있다.

생명공학 기술 분야는 사회적 공감대가 반드시 필요한 영역이다. 생명복제 기술을 무조건 반대할 수 없다. 예를 들어보자. 크리스퍼 유전자 편집기술이 불과 몇 년 사이에 폭발적으로 증가하고 있다. 이 분야 전문가인 김진수 교수는 "1년 전[2012년] 한국연구팀과 미국연구팀 4곳이 거의 동시에 새 기법의 가능성을 보고한 이래 이 기법을 쓰는 생물학 실험실이 크게 늘고 있어서 1년도 안 돼 세계 1천 곳 이상의 연구실이 새 유전자가위 기법을 다양한 연구에 활용하고 있는 것으로 추정되며, 이런 추세로 볼 때 내년엔 1만 곳 이상의 연구실이 관련 연구를 할 것으로 보인다"고 말하고 있다(《사이언스온》 포스트 2013. 12. 30). 현재는 전세계 거의 모든 생명공학 연구소에서 기존의 크리스퍼 시스템과 더 개선된 새로운 크리스퍼 시스템이 작동되고 있다. 그래서 이러한 속도와 범위는 기존의 윤리정책이나 법적 규제로 제재할 수 없으며, 새로운 기술윤리를 바탕으로 한 생명철학을 요청한다.

10

생명철학의 구체적 사례
GMO, MSG, 기후변화
: 생명을 생명답게 하려는 철학과
과학의 연대

과학의 기준: 증거주의

과학은 연역추론의 법칙(이론)주의와 귀납추론의 증거주의
를 기반으로 한다. 많은 귀납적 사례를 수집하여 그들 사이
의 공통요소 혹은 내적 성질을 찾아내어 형식화한 것을 과
학이론이라 한다. 이렇게 정립된 과학이론이 다시 경험적 사례에 적용되
는지 확인하는 작업을 검증 혹은 확증이라고 하며 증거라고도 말할 수
있다. 그래서 경험적으로 증명이 되지 않는 것을 비과학이라고 말한다.
　　1930년대 유럽에서는 통일과학운동이라고 해서 과학을 과
학 아닌 비과학과 구분하는 기준에 대해 철학적 논쟁이 있었다. 그 논쟁
에서의 기준에 따르면, 경험적 검증을 할 수 있느냐 아니면 없느냐가 과
학과 비과학을 구획하는 경계이다. 그런데 경험적 검증을 기반으로 하
는 이 기준은 지나치게 경직된 기준일 수 있다는 비판을 받게 되었다.
바람, 물, 공기입자를 다루는 유체역학의 공기입자처럼 확률적 요소 혹
은 통계적 방법으로 처리할 수밖에 없는 물리적 대상은 개별 대상마다
그 운동의 인과론을 증명할 수 없으며 단지 확률적으로만 대상의 운동
상태를 확인할 수 있다. 그리고 개별 대상 하나하나의 운동방정식이 아
닌 전체의 운동상태를 확률에 근거한 인과관계로 설명하는 것을 검증
(verification)이라는 말 대신에 확증(confirmation)이라고 표현했다.
좁은 의미의 검증주의에서 발전하여 넓은 의미의 증명절차인 확증주의
로 과학의 기준이 확장 발전된 것이다.
　　그 이후 과학철학자 칼 포퍼(Karl Popper)에 의해 주장된
반증주의가 있다. 과학은 자연법칙의 진리명제를 찾아가는 과정적 이론
체계라는 것이다. 그런 이유로 어떤 과학도 완성된 이론일 수 없다. 즉 현

과학의 기준			
가설연역법칙주의		경험적 증거주의	반증주의
가설설정	일반화	검증주의	확증주의
원인을 찾아 일반화하는 추론과정 (인과론)		개별대상 중심	집합적 대상 예측적 대상 개연성 높은 대상

재 진리명제로 간주된 과학이론이지만 미래에 가서는 언제든지 불완전 명제 혹은 거짓 명제로 밝혀질 수도 있다는 것이다. 그렇기 때문에 과학 은 항상 자신의 이론이 변경되고 수정될 수 있음을 스스로 인정해야 한 다. 어떤 특정 과학이론이 완전하다고 주장하며 수정될 가능성을 인정 하지 않는다면 그 과학이론은 이미 과학이 아니라 반(反)과학이다. 예 를 들어 종교의 명제, 즉 교리나 도그마들은 그것이 완전한 진리여서 수 정될 수 없는 절대 진리라고 말하기 때문에 종교적 명제는 과학이 될 수 없는 것이다.

과학적 설명을 위한 인과론

과학적 설명의 핵심은 인과론이다. 과학에서 인과론의 정 의는 다음과 같다. 어떤 자연적 현상이나 물리적 상태에는 그런 현상이나 상태를 일으킨 원인이 이미 있으며, 그 원인 에 따라서 오는 현상이나 상태를 결과라고 말할 수 있고, 그 원인과 결과의 관계를 인과론이라고 한다. 손에 쥔 돌멩이를 던지는데 10만큼의 힘으로 던져서 20만큼의 거리를 날아가서 떨어진다면, 20만큼의 비행거리를 만든 원인은 10만큼의 힘이다. 중성지방이 혈관에 뭉쳐 염증을 일으켜서 혈관 내 혈액흐름에 장애를 가져왔고 그 결과 고지혈증에 이어 췌장염에 걸렸다고 하자. 이 경우 췌장염이라는 결과는 고지혈증을 유발한 혈관 내 중성지방이 원인이 되었던 것이라고 말한다. 고압선에 강한 전기(전류)가 흐르면서 주변에 자기장을 형성했다면 고압선의 전기가 원인이며 고압선 아래(주변) 자기장은 결과에 해당한다. 이런 현상에 대한 설명은 전기와 자기의 관계가 상호 유도된다는 기존의 과학법칙에 힘입어 쉽게 추론할 수 있다. 이렇게 원인과 결과의 관계가 직접적인 경우, 이런 원인들을 근연원인이라고 한다.

그런데 어떤 원인들은 직접적으로 규명이 되지 않는다. 현재 어떤 물리화학적 현상이나 상태가 존재한다면, 그에 해당하는 원인 또한 분명히 있을 것이다. 그렇지만 원인조건이 시간적으로 아주 오래전에 발생했다면 그 원인을 추적하기 어려울 수 있다. 또 어떤 현상이나 상태를 낳게 한 원인이 하나가 아니라 다중적이고 우회적이며 복합적이라면 그 원인들을 개별적으로 일일이 분리해 내기 어려울 것이다. 이런 인과관계를 복잡원인론이라 부르기로 하자. 복잡원인론에는 두 가지 양상이 있을 수 있는데, 하나는 진화론에서 말하는 궁극원인론이고 또 하나는 복합원인론이다.

우선, 궁극원인론의 예를 보자. 새의 깃털은 맨 처음에는 체온유지를 위해 적응된 진화론적 형질이었다. 깃털을 통해서 체온유지를 더 잘할 수 있는 새들이 그렇지 못한 새들보다 번식력이 더 컸을 것이다.

218

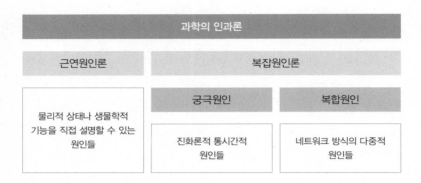

깃털형질과 체온유지 능력 사이의 인과관계가 진화론적으로 형성된 것이다. 그러나 이런 원인과 결과의 최초 인과관계는 변질될 수 있다. 처음에는 체온유지의 결과로 진화했지만 나중에는 원래의 깃털이 하늘을 나는 비행능력의 형질로 전환된 것이다. 이런 적응진화의 전환을 굴절적응 (exaptation)이라고 말한다. 굴절적응에서 보게 되는 진화론적 인과관계는 매우 복잡하고 다중적이며 우회적이고 변화 가능해서 궁극원인이라고 불리며 동시에 우회원인론이라고 지칭할 수도 있다.

다음으로, 복합원인론의 구체적인 사례를 살펴보자. 미국 피츠버그 대학교 연구팀은 TLR4(tolllike receptor 4)라는 유전자의 변이는 태반의 염증 유발 또는 미숙아 출산과 매우 밀접한 연관성이 있다고 발표했다. 여기서 해당 유전자는 백혈구의 면역작용 발현의 원인이라고 했다. 일반적으로 질병의 유전적 요인을 찾는 일은 근접원인 탐구이다. 그리고 TLR4 유전자의 기능적 역할뿐만 아니라 그 유전자의 면역기능이 다른 조직과 어떻게 상관성을 가지는지 혹은 산모와 태아의 면역

관계가 진화론적으로 유의미한지를 탐구하는 것은 전형적인 궁극원인 탐구이다. 이러한 탐구를 통해 궁극원인이 직접적으로 추론되거나 증명 되지는 않지만 실효성 높은 근접원인은 찾을 수 있을 것이다(최종덕 2014, 63쪽).

GMO, MSG, 기후변화 위기 앞에서도 괜찮다고 주장하는 논증에 대하여

검증주의와 인과론의 문제를 구체적인 사례를 가지고 논의 하려 한다. 우리가 '과학적'이라고 말할 때, '과학적'이라는 의미를 충족시키는 가장 중요한 기준은 경험적 검증주의와 인과론이다. 그런데 인과관계와 검증성이라는 기준을 편향적으로 사용 하게 되면, 아무리 그 소재가 과학적 내용이라 할지라도 자칫 비과학적 추론이 될 수 있다. 이와 관련해서는 다음 몇 가지 사례를 가지고 설명 해 보기로 하겠다.

GMOs

유전자 변형 농산물(genetically modified organism, GMO)이란 농약(제초제, 살충제 등)이나 화학비료를 사용 해서 재배하는 관행농업 작물의 유전자를 변형시켜 특정 제초제 혹은 살충제에 저항성을 갖도록 유전공학적으로 설계된 농산물 을 말한다(Zel etc. 2012, Intro.).

제초제 중심의 농약의 시초는 고엽제인데, 미군이 베트남전 에서 이 고엽제를 다량 살포했으며 고엽제 후유증 또한 심각하다는 것은 익히 알려져 있는 사실이다. 고엽제의 피해는 고스란히 베트남사람들이 받아야 했고 전쟁에 참여했던 미군과 한국군도 그 피해를 비켜가지 못했다. 바로 이 고엽제가 현재 제초제의 기원이다. 당시 고엽제를 생산한 몬샌토 사(Monsanto)는 이를 계기로 오늘날 초다국적 기업이 되었다. 특히 몬샌토는 자사의 제초제 라운드업에만 저항성을 갖도록 유전공학적으로 변형된 '라운드업 레디'라는 콩 종자를 개발했다. 이로써 몬샌토의 라운드업 레디 종자로 작물재배를 하는 농가는 반드시 몬샌토의 제초제 라운드업만 구입해서 사용하도록 되었다. 몬샌토는 유전자 변형 농산물을 통해, 종자를 한번만 싹트게 해서 다음번에는 발아가 되지 않는 유전자 조작의 '터미네이터 기술' 그리고 몬샌토 자사제품의 제초제에 노출되었을 경우에만 비로소 싹이 트게 유전자 조작을 한 '트레이터 기술'을 상품화시키는 등 사실상 전세계 식량위기를 더 조장하고 있다.

　　비GMO와 GMO의 농사권역이 서로 가까이 있는 경우, 생태학적으로뿐 아니라 경제적으로도 상당한 피해가 발생한다. 비GMO와 GMO 사이에서 바람을 타고 간 꽃가루에 의해 타가수분이 이루어지기 때문이다. 연구에 따르면, 이 때문에 토종종자가 이듬해 싹을 틔우지 않는 현상으로 인한 경제적 피해, 작물가공 때 GMO 단백질로 인한 경제적 피해, 기존의 토종에서 특정 종이 멸절되는 생태적 파괴로 인한 경제적 피해 등이 일어나고 있다. 특히 유럽연합에서는 회원국들의 협조 아래 체계적인 피해사례 수집 및 분석을 통한 연구가 충분히 수행되어 있다고 한다(Koch ed. 2008; Lee 2008). 몬샌토의 유전자 변형 작물과 몬샌토 제초제와 관련한 최근의 사건들을 간단히 정리해 보면 다음과 같다.

1991	미국정부는 몬샌토의 제초제 글리포세이트(glyphosate)에 대한 자사 기업의 연구는 신뢰할 수 없으며 연구 위·변조로 인하여 글리포세이트가 전혀 안전하지 못하다는 판정을 내림. (『뉴욕타임스』 1991. 3. 2)
1998	캐나다의 과학자 6명은 상원에서 몬샌토가 자신들을 매수하려고 했다고 증언함(몬샌토는 자사 제품에 대한 실험검증을 더 이상 하지 않고 통과시켜 주면 100만 달러를 주겠다고 제시했음).
2002	1997년부터 2002년까지 140여 명의 전·현직 공무원에게 불법뇌물(70만 달러) 제공 (『아시아 타임스 *Asia Times*』)
2002	낮은 농도의 글리포세이트와 종양 사이의 직접적인 인과성은 확인되었지만 글리포세이트 양의 증가에 따른 비례적인 (linear doseresponse) 종양발생 증가는 확인되지 않았음. 이런 이유로 독일정부는 글리포세이트의 위험성에 대한 발표를 미루었음. (Thongprakaisang etc. 2013)
2005	인도네시아에서 공무원을 매수한 혐의로 벌금 150만 달러
2009	쥐 생체실험을 통해 감자 스스로 살충기능을 갖게 한 유전자 변형 감자의 위해성을 실증한 영국 로웨트 연구소 (Rowett Institute)의 아파드 푸스타이(Arpad Pusztai) 박사, 슈투트가르트 평화상(Stuttgart Peace Prize) 수상
2009	유전자 변형 옥수수의 유전자가 멕시코 야생옥수수 유전자로 이식되었음을 확인한 연구결과 (PineyroNelson et al. 2009)

2010	글리포세이트 물질이 항생제로 특허를 받음.
2013	'몬샌토 보호법'(몬샌토의 유전자 변형 작물로 인해 피해를 볼 경우 소송을 할 수 없다는 문구 삽입) 미국상원 통과(3월 20일), 오바마 대통령 서명(3월 26일), 당해년 가을 법안 폐지(12월)
2013	글리포세이트가 에스트로겐 수용체(estrogen receptor)를 통해 인간의 유방암 세포의 성장을 유발한다는 시험관 내 연구결과 발표 (*Food and Chemical Toxicology* 2013. 6. 8)
2014	WHO는 글리포세이트 물질을 2A등급 발암물질로 지정

유전자 변형 작물과 그 가공식품의 직접적 인과율에 의한 위해성에 대하여 결정적이고 논란의 여지가 없는 실험적 확증이 아직까지 부족하다. 그 이유는 유전자 변형의 부작용은 세대를 거치면서 드러나므로 시간적으로 우회적이고 공간적으로 복합적이라는 점 때문이다. 이종(異種) 간 유전자 결합으로 태어난 유전자 변형 작물이 그 작물을 섭취한 다른 종에게 유전자 계승이 된다는 것은 충분히 추론 가능하다. 우회적 인과성이 확증될 때까지 우리는 보수적으로 대처해야 한다.

그 대처방법은 다음과 같다. 첫째 한국정부는 유전자 변형 가공식품에 대해 '유전자변형식품 완전표시제'를 실시해야 하며(Lee 2008, p. 141), 둘째 한국은 현재 세계 1위의 유전자 변형 작물 수입국인데(2014년 기준 옥수수·콩·면화·감자 등 유전자 변형 작물 1082만 톤 수입) 수입량을 40% 이하로 낮추어야 한다. 셋째, 자연상태에서 유전자 이식이 되지 않도록 작물종자 표시제를 실시해야 한다. 그리고 넷째, 몬

샌토 중심의 제초제—유전자 변형 작물의 상업적 연쇄 마케팅을 단호히
거부해야 한다.

　　　　유전자 변형 작물을 보는 관점은 두 가지다. 하나는 유전공
학적 관점이며, 또 하나는 사회적 관점이다. 유전공학의 관점에서 유전
자 변형 작물의 위해성 여부는 충분히 검증되지 않았다. 그렇다고 해서
유전자 변형 작물을 허용하거나 수입해도 된다는 주장이 간혹 있는데,
이는 전적으로 제한적이며 성급하고 일방적인 논리에 지나지 않는다. 유
전자 변형 작물을 보는 사회적 관점이 더 중요하기 때문이다. 유전자 변
형 작물의 허용 여부에 관한 논쟁은 유전공학의 기준에만 얽매여 있으
면 안 된다.

　　　　그 사회적 관점이란 유전자 변형 작물의 90% 이상을 차지
하고 있는 몬샌토라는 다국적기업의 비윤리적 행태에 초점을 두어야 한
다는 뜻이다. 우리가 흔히 먹는 청양고추가 몬샌토 소유의 종자라서 로
열티를 지불하는 작물임을 아는 사람은 많지 않다. 중동아시아나 아프
리카 내전에 참전한 많은 군인들이 몬샌토 기업이 운영하는 '블랙워터'
(Black Water) 용병부대 소속임을 아는 사람은 많지 않다. 한국 청양고
추의 종자소유권에서 사설군대 조직인 블랙워터까지 소유한 몬샌토 기
업의 사회적 권력을 냉철히 주시해야 한다. 유전자 변형 작물이 자연작
물과 물질적 동등성을 지니고 있어서 안전하다는 과학주창론자들이 많
지만 그들의 과학은 닫힌 과학논리이다. 열린 과학이 되기 위하여 과학
은 사회적 환경을 수용해야 한다.

　　　　예를 들어보자. 지난 1993년에 노벨생리의학상을 수상한
리처드 로버츠(Richard Roberts) 박사가 주도하여 유전자 변형 작물을

옹호하는 국제적 지지서명이 2016년 6월에 있었다. 구체적으로 유전자 변형 작물을 반대하는 국제 환경단체 '그린피스'를 격렬하게 반대하는 내용의 서명이었다. 로버츠 박사의 주도와 권유로, 평화부문과 문학부문을 포함한 역대 노벨상 수상자 108명이 이 서명에 참여했다. 로버츠 박사는 유전자 변형 작물 중에서 황금쌀(Golden Rice)의 유전적 안전성을 강조했지만, 그의 의도가 아니라고 해도 결과적으로 그는 몬샌토 기업을 간접적으로 지지하고 있다는 점을 침묵하고 있다.

기후변화의 위기

지구의 기후변화에 관한 매우 의미 있는 연구결과가 2013년에 발표되었다. 1991~2011년에 발표된 기후관련 논문 1만 1944건을 분석한 연구이다(Cook et al. 2013). 지구 온난화 현상에 대한 이전의 주장들 가운데 과학으로 포장한 사이비과학 논증들이 있었다. 그런 가짜 논증들의 핵심은 지구 온난화의 원인을 인류 산업문명이 배출한 공해와 오염에 두는 것이 아니라 태양의 흑점 변화, 행성궤도의 변화, 대양 해류의 변화 등 인간이 어떻게 할 수 없는 지구환경에서 찾는 데 있었다. 이것은 과학의 이름으로 사람들을 현혹시켰던 가짜 논증들 중 하나이다. 이런 주장이 얼마나 허구인지는 드러났고, 쿡의 연구는 그 허구를 낱낱이 밝힌 실증적 연구이다. 지구 온난화를 비롯한 기후변화는 인간행위에 원인을 둔 산업행위의 결과일 뿐이다.

지구 온난화에 따른 기후변화의 위기, 인류 전체의 심각한 위기를 희석시켜 현재의 보수성을 유지하려는 사람들의 허구를 지적한 누치텔리의 저서는 매우 유명하다. 누치텔리는 산업문명을 유지하려는 사람들의 보수성이 스스로의 생명을 소멸시키는 일을 하고 있다고 말한다. 그래서 더 이상 인간이 저지른 산업문명의 결과를 회피하거나 이유를 다른 것으로 돌리는 일을 멈추어야 한다고 주장한다(Nuccitelli 2015, chap. 7). 인간에 의한 문명의 소산물로서 지구 온난화를 누치텔리는 인간이 만든 지구 온난화(anthropogenic global warming, AGW)라고 부른다. 북극빙하는 지구 온난화의 정도를 나타내는 중요한 현상적 기준이라서 많은 연관 학자들이 예의 주시하고 있다. 지구 온난화는 인간이 이룩한 물질문명의 결과이기 때문에 빙하가 녹는 현상은 곧 인간문명이 배출해 낸 이산화탄소의 증가량을 의미한다.

반면 이러한 사실을 인정하고 싶어하지 않는 사람들도 의외로 많다. 가령 지구 온난화의 원인을 인간이 아닌 지구 자체의 이유 혹은 행성 전체의 흐름의 한 현상이라고 주장한다. 그럼으로써 인간의 생명윤리적 책임을 회피하려 한다. 여기서는 이런 사람들을 '기후우파'라고 부르고자 한다(The Guardian 2016. 6. 8) 기후우파들은 기후과학을 자신들의 입맛대로 해석하여 과학의 이름으로 발표하거나 주장을 내어놓음으로 해서 대중사회에 영향력을 행사하고 있다. 이런 점 때문에 기후우파의 전략을 분석하는 것이 중요하다. 기후해석 우파들은 인간이 파괴한 자연, 파괴 결과에 따른 지구 온난화를 끝까지 부정하며 회피한다. 지구 온난화의 냉철한 원인을 다른 곳으로 돌리거나 회피하는 그들의 방식은 간단하다고 누치텔리는 말한다.

여기 그래프를 분석사례로 보기로 한다. 이 그래프는 지구의 기후변화에 의해 북극 빙하가 녹아서 없어지는 변화과정을 나타낸 것이다. 다시 말해 빙하가 녹는 규모가 드러나는 그래프의 하향 기울기

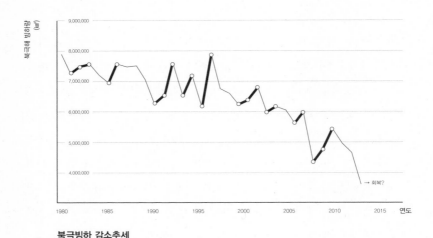

북극빙하 감소추세

는 기후변화의 위기를 나타내는 것으로서 인간이 만들어낸 위기라는 사실을 유의미하게 보여준다. 그래프가 전체적으로 하향 추세라는 것은 기후변화의 위기가 얼마나 심각한 현실인지를 여실히 드러낸다.

그래프를 보면, 전체적으로는 하향 기울기를 이루지만 부분적으로는 상향 기울기를 나타내기도 한다. 그것은 해마다 소폭으로 더 추워지기도 하는 지구온도의 냉한성 임시변화에서 비롯된 것으로서, 그래프에서 굵은 선으로 표시된 부분이 여기에 해당한다. 그런데 전반적인 기울기는 분명히 하향 추세라는 엄연한 사실에도 불구하고, 기후우파들은 이 굵은 선에 해당하는 부분적인 상향 기울기만 조명해서 과학의 이름으로 기후변화는 지구 온난화의 증거로 볼 수 없다고 오도한다. 기후우파의 전략은 자신들이 필요로 하는 부분만 조명해서 전체의 흐름을 무시하는 방식을 취하고 있다(Skepticalscience.com).

인공조미료

인공조미료 가운데 문제가 되고 있는 MSG(monosodium glutamate)는 이미 잘 알려져 있듯이 1987년 세계보건기구(WHO)와 국제연합의 식량농업기구(FAO)에서 최초로 MSG의 안전성 발표를 했으며, 1995년 미국식약청(FDA)으로부터 "일반적으로 안전하다고 볼 수 있다"(generally recognized as safe)는 평가를 받았다. 그러나 FDA는 MSG 첨가제품의 경우 용기에 반드시 첨가표시를 해야 한다는 조건을 달았으며 MSG의 안전성에 대한 논란이 여전히 존재한다고 덧붙였다. 실제로 MSG의 부작용을 문제 삼는 실험실의 연구결과들이 존재한다. 그 부작용으로는 소아천식, 피부 알레르기, 발열, 두통, 만성염증에서부터 비만에 이르는 다양한 이상증이 보고되고 있다. 그럼에도 불구하고 현재까지의 연구결과들을 종합해 보면, 실험실에서 관찰된 MSG의 부작용은 분명하지만 여타의 물질, 즉 아스팜탄(단맛을 내는 인공감미료)을 비롯하여 각종 무수한 식품첨가물질들의 요소에서 생길 가능성이 있는 부작용의 범주와 큰 차이가 없는 것으로 평가받고 있다. 결국 오늘날 MSG는 안전하다는 생각이 지배적이다.

MSG가 안전하다는 생각이 지배적이 된 것은 다음의 추론에서 가능했다. 첫째, 직접인과 혹은 근연인과론에서 볼 때 글루타메이트라는 화학구성물만의 부작용으로 밝혀진 것은 없다. 둘째, 글루타메이트의 생리적 작용을 관찰할 때 뇌과학의 입장에서 연구된 것이 많지 않다. 그러나 지난 10여 년 동안 신경과학의 폭발적인 연구에 힘입어 글루타메이트의 생리적 영향이 신경계 작용의 결과라는 사실이 밝혀져 주목받고 있다. 글루타메이트는 단백질 구성체로서, 신경계에 작용하는 중

요한 신경전달 물질이다. 그래서 기존의 이상증 외에도 신경계 관련 이
상증을 주목할 필요가 있다. 특히 2005년 이후 신경전달 물질로서 글루
타메이트의 항진성 독성이 밝혀지면서 MSG의 글루타메이트 연구는 새
롭게 조명되고 있다. 신경계 관련 이상증으로서는 현재까지 비만, 파킨슨
병, 알츠하이머, ADHD 등의 부작용이 상관적이라는 연구결과들이 있
다(Bennett 1998; Betraan et al. 1992; Botey et al. 1988; Choi 1994; Fisher 1991;
Greenmayre 1998; Murphy et al. 1989; Zukin 1998).

　　　　글루타메이트가 신경전달 물질로서 직·간접적인 영향력이
있음이 밝혀지면서 신경계 관련 질병을 유발할 가능성을 부정할 수 없
게 되었다. 이 문제는 과학의 발전과 함께 새로운 논쟁영역이 될 수도 있
다. 발병 관련 원인자들은 대부분 간접적이며 우회적이며 복합적이며 다
중적이다. 가시적으로 밝혀지지 않은 이런 복합적 인과론 때문에 MSG
의 장기적 문제점을 의심하지 않고 있는 것이 현대 식품문화의 현실이다.

채식의 배신은 없다

　　　　2009년에 출간된 리어 키스(Lierre Keith)의 『채식주의 신
화』(The Vegetarian Myth)는 많은 채식주의자와 채식을
선호하거나 채식 위주로 식사하려고 노력하는 사람들에
게 충격을 던지고 채식에 대한 회의를 가져다준 책으로 유명하다. 키스
가 20년 동안이나 채식을 하다가 건강상의 문제로 채식을 포기했다고
해서 일반사람들에게 더 크게 영향을 끼친 듯하다. 국내 한 매스컴에서
다룬 이 책의 서평 제목도 매우 선정적이었다. "콩고기 버거 먹는 것으
론 몸 건강에도 좋지 않고 지구도 구할 수 없다."(키스 2013, 357쪽) 마치 콩

을 포기하고 고기를 먹으면 지구를 구할 수도 있다는 식으로 들리기 때문이다. 이 책의 대중적 파급력은 생각보다 매우 컸던 것으로 보인다. 20여 군데의 대중매체에서 책 소개를 자세히 다루었을 뿐 아니라 그 접근방식 또한 상당히 긍정적이었다. 고기를 먹고 싶었지만 건강에 나쁘다고해서 먹기를 꺼리던 많은 사람들이 이 책의 영향을 받아서 이제부터 고기를 좀 먹어도 되겠다고 생각했을 터이니 말이다. 고기를 먹는 것이 건강에 좋을 것이라고 생각하는 사람들 그리고 고기가 그냥 맛있기 때문에 먹고 싶은 사람들 모두에게 채식의 배신은 결정적으로 심리적 보상과 후원을 해준 셈이다.

국내방송에서도 건강관련 토크쇼가 급증하면서 육식의 의미가 그 어느 때보다 강조되는 것을 느낄 수 있다. 한 방송국에서는 "채식의 함정"이라는 제목으로 다큐멘터리도 방송했을 정도이다. 이러한 경향은 육식문화가 지배적인 서구사회에서 더 두드러진다. 채식식단이 알고 보니 일종의 허무한 신화에 지나지 않았다는 주장들이 여기저기서 과학의 옷을 입고 나타났다. 그런데 그들이 말하는 과학적이라는 변호는 실제로 과학적이지 않다.

먹이사슬에서 식물계인 곡식류를 육류와 같은 생태적 지위에 놓는 논거방식은 채식비판 주장의 공통된 점이며, 육류를 옹호하는데 자주 사용되는 유사과학적 논리이다. 동물의 권리를 주장하는 동물보호론자들의 주장을 인간 중심주의로 몰고 가는 논법은 더 비과학적이다. 고통에 대한 과학적 이해가 없는 상태에서 육식을 정당화하기 위한수단으로, 겉으로 과학적으로 보이는 용어만 사용했을 뿐이다. 실제로그들의 논리전개는 과학적 논리와 거리가 멀다. 예를 들어 비타민A와

비타민D 같은 지용성 비타민은 지방 없이 흡수되지 않으므로 비타민A
를 흡수하기 위하여 지방인 고기를 먹어야 한다는 키스의 주장(Keith
2009)은 흡사 과학적인 것처럼 들리지만, 실제로는 잘못된 지식에 지나
지 않는다. 혹은 의도된 오류일 수도 있다. 현대 기계문명 사회에서 산업
화된 대규모 농사 자체가 이미 자연파괴를 가져왔다. 육식옹호론에서는
농사의 자연파괴 요소를 지적하면서도 축산업의 대대적인 자연파괴 규
모가 농업에 의한 파괴규모와는 비교가 안 될 정도로 크다는 것을 말하
지 않는다.

현재의 과학을 완전한 것으로 보는
추론과 사유는 비과학적이다
현재의 과학기술로 대상물질을 검사하는 데는 한계가 있다

농약의 물질을 분석할 경우, 검측대상이 되는 물질은 법적
으로 만들어진 유해물질·독성물질·경계물질 목록에 수록
된 것으로 제한되어 있다. 다시 말해 분석장비가 ① 검측하
지(detect) 못하거나 ② 검측하더라도 기존의 물질에 해당되지 않아서
분석하지 않거나 ③ 분석장비가 대상물질을 인식을 해도 규정된 목록
에 올라와 있지 않은 물질에 대해서는 판단을 하지 않는다.

현재 각국에 규정되어 있는 독성 농약물질은 대략 500종
이 넘는다. 그러나 실제로 농약 관련 독성물질로 추정되는 물질은 1만
종 가까이 되는 것으로 추산된다. 현실의 검측분석 장비가 500여 종 이
외의 물질은 인식하지 못하거나 검측하지 않는다는 것이다. 예를 들어
국내수입 승인을 받은 108종의 유전자 변형 생물체 가운데 검사가 가능

물질의 안전성 판단을 위한 조건	
• 특허권과 같은 개념의 법률적 장치에서 • 제조사의 이익을 정부가 보장해 주는 국가권력에서	• 지속 가능한 과학적 논리로 • 인간의 진정한 건강복지를 위해

한 것은 41%인 44종에 지나지 않는다(한국소비자보호원 2014년 2월 기준). 일본이나 유럽의 경우에는 법정기준 목록의 제한을 풀어놓기 위해 '적극적 목록'(positive list) 기준을 적용한다. '적극적 목록'이란 대상물질이 법적으로 독성물질로 규정되어 있지 않더라도 검측결과가 특정 농도(10ppb) 이상으로 나올 경우에는 법적 제한을 두는 규정이다.

　　　현재 사용되는 농약 관련 검측분석 장비로는 크로마토그래피(가스크로마토그래피, 액체크로마토그래피, 이온크로마토그래피 등)를 이용한 질량분석 장비가 주를 이룬다. 그 분석과정은 다음과 같다. 먼저, 검측대상 물질을 이온화시킨다. 이온화된 대상은 전하를 띠기 때문에 물질이 이동하는 통로에 전기 또는 자기장을 걸어주면 물질의 질량 대 전하의 비가 측정된다. 이런 방식의 검측장비를 질량분석기라고 부른다. 1990년대에 주로 이용된 쿼드로폴(Quadrupole) 질량분석기는 독성물질 목록에 열거되어 있는 기존 물질만 인식하는 특정 물질 타깃(target) 방식의 검측장비이다. 최근 장비기술의 급속한 발달로 개발된 오비트랩(orbitrap) 또는 TOF(time of flight) 방식의 질량분석기는 법정기준 목록에 관계없이 지금까지 몰랐던 물질, 검출하지 못했던 물질, 검출하지 않았던 비명명 물질까지 표출된다. 이것을 비(非)타깃

(non-target) 방식의 분석기법이라고 한다. 이 같은 비타깃 방식의 분석
장비는 나날이 발달할 것이 분명하다. 그에 따라 과거에 밝혀지지 않았
던 물질이 새로운 독성물질로 밝혀질 수 있다. 과학적 진보에 대한 마음
의 문을 열어놓는다면 검측목록의 문도 훨씬 더 쉽게 열릴 수 있다(Lee
2008, p. 1).

　　　　　결론적으로 말해서 현재 독성 여부가 밝혀지지 않았다고
해서 모두 안전한 것은 아니다. 광우병의 단백질 계열물질들, GMO의 유
전적 변형으로 생긴 의도치 않은 단백질과 표현형에 미칠 기형적 결과들
의 예측을 현재의 과학추론을 통해서 얻은 결과만 가지고서 단정적으
로 무시해 버릴 수만은 없다.

　　　　　마찬가지 논리로 검측장비의 발전에 힘입어 유해물질 목록
이 확장될 수 있다. 거꾸로 말해서 현재 기술로 내린 안전성 판단은 특
허권과 마찬가지로 일종의 법률적 장치일 뿐이며 나아가 제조사의 자본
을 정부가 보호해 주는 정치적 장치에 지나지 않는다. 진정한 안전성 판
단은 지속 가능한 과학적 논거를 기반으로 하는 방법론과 인간의 건강
복지를 위한 정당성 위에서 이뤄져야 한다.

안전성 문제는 근연원인뿐 아니라 복잡원인을 고려해야 한다

　　　　육식 위주의 식단이 채식 위주의 식단보다 건강에 좋다는
　　　　믿음은 그 반대, 즉 채식 위주의 식단이 육식 위주의 식단
　　　　보다 더 좋다는 믿음보다 상식적 신뢰도가 떨어진다. 통계
학에서는 이를 베이즈 확률(Bayesian probability)로 표시한다. 이런
믿음의 명제가 사실의 명제로 되기 위해서는 검증이라는 문을 통과해

야 한다. 앞에서 논의했듯이 그 통과절차를 '과학적'이라고 한다. 그러나
과학적이라는 기준에는 '검증' 외에 '확증'이라는 기준도 추가되었다는
점 역시 함께 논의했다. 확증의 대상은 그 자체로 확률적 특성을 지닌
것도 있지만, 현재는 확률적이지만 나중에는 검증적 지식이 될 수도 있
다는 지식 인정의 변화가 가능하다.

예를 들어 MSG의 글루타메이트는 신경계 관여 물질이라
서 그 민감성이 상당히 높으며 누적적이어서 작용의 결과가 매우 우회적
이고 중층적이다. 즉 그 결과값이 직접적이거나 가시적이지 않다는 뜻이
다. 직접적이지 않기 때문에 원인이 없다고 판단하는 결정은 과학적 추
론이 될 수 없다. 예를 들어 글루타메이트의 부작용 예측실험 결과 두
통·천식·발열·식은땀 증세부터 치매나 ADHD 등과 같은 부작용이 나
타날 수 있다는 실험결과들이 1990년대까지 있었다. 그렇지만 그 실험
의 부작용 결과들은 오로지 글루타메이트만 원인이 되어 드러난 결과현
상이라는 사실을 증명할 수 없었다. 결국 다수의 연구성과들이 부작용
의 결과를 제시하고 있음에도 MSG의 안전성 평가에는 전혀 영향을 끼
치지 못했다. 이 모두 원인론을 근연원인으로만 국한했기 때문이다.

후각이나 시각의 경우, 인간종은 다른 동물종에 비해 상당
히 뒤떨어진 편이다. 그러나 미각의 경우 인간의 미각 수용기가 매우 발
달되어 있어, 원숭이의 20배 수준이며 쥐보다는 5배나 더 뛰어나다고
한다(MSGTruth.org/Apr.2016). 인간이 미각을 강하게 느낄 수 있게 해주
는 글루타메이트 작용은 그만큼 화학적 작용력도 강력하다는 것을 의
미한다.

물론 이에 대한 직접적인 실험증거는 확실하지 않다. 그러

자연물과 인공물의 관계	
상식추론	**인과추론**
기초명제: 자연물과 인공물은 겉으로 보기에 같아도 질적으로 다를 수 있다.	기초명제: 인공물이 자연물을 꼭 닮았다면(모방), 그 인공물을 자연물처럼 쓸 수 있다.
포괄적 역학조사 기반 논리	직접적 증거 기반 논리
상보적임	

나 인간이성의 누적된 상식은 증거기반 추론과 모순되는 것이 아니라 상
보적이다. 즉 인간의 자연적 상식추론은 증거기반 추론을 강화해 줄 수
있으며, 거꾸로 증거기반 인과추론이 누적되어 상식추론을 확장해 준다.
그 상식추론 중 하나가, 자연물과 인공물은 겉으로 보기에 같아도 질적
으로 다를 수 있다는 논리이다.

　　　이 논리는 생명철학의 주요한 상식추론이며 궁극적·복합
적 증거기반 인과추론이다. 이 논리에 따르면 인공 글루타메이트와 자
연 글루타메이트는 물리적 분자구조가 같다 해도 궁극적으로 신체에
미치는 결과에서 질적 차이를 가질 수 있다. 여기서 질적 차이란 두 가
지로 드러난다. 하나는, 글루타메이트를 병리적 근연 인과관계에서만 볼
것이 아니라 신경전달 물질로서 작용하는 생리적 복합 인과관계로도 보
아야 한다는 점이다. 또 하나는 글루타메이트의 인과관계는 개인의 병
리적 증상으로 나타나는 것이 아니라 집단의 역학조사(epidemiologic

research)로만 그 결과를 확인할 수 있는 물질이라는 점이다. 물론 이 두 가지의 질적 차이를 실제로 확인하는 데는 현실적인 어려움이 있다. 첫째, 글루타메이트만 섭취한 대조군을 만들 수 없다는 점이다. 둘째, 글루타메이트 섭취그룹과 비섭취그룹을 장기간 분리하여 대조실험을 할 수 없다는 점이다.

결론적으로 말해서 장기적 영향력을 확인할 수 없는 인공물질에 대해서는 상식추론과 인과추론을 상보적으로 적용해야 한다는 것이다. 이상하는 상식추론을 통한 인과추론의 확장을 '상식의 보호대'라고 표현한다(이상하 2007, 332쪽). 상식의 보호대를 통해서 상식추론은 자연물질과 인공물질의 차이를 의심하며, 인과추론은 자연물질을 닮은 인공물질의 합리적 이용을 추천한다. 이 두 가지 통로는 상보적이어야 하며, 상보적 추론이 더 개선된 생명과학과 더 건강한 생명철학을 가져올 수 있다.

철학이 '슬픈 학문'에서 벗어나기 위해 우리는 과학을 요청한다

복잡원인 추론을 유전자 변형 작물에 적용한다면, 현재로서는 드러나지 않았지만 향후 나타날 수 있는 부작용의 결과들을 훨씬 더 예측할 수 있다. 앞의 9장에서 논의한 대로 원인불명이 원인부재로 둔갑해 버리는 사회적 오류를 집어내야 한다. 이에 관해서는 현재도 연구가 이루어지고 있지만, 사실 GMO 관련 연구는 정치·사회적으로 제한되어 있는 것이 현실이다.

과학이 제한된 사회는 생명이 죽어가는 사회다. 생명철학의 기초를 놓은 아도르노(T. W. Adorno)는 그런 생명 없는 사회를 어쩌지 못하는 철학의 운명을 두고 '슬픈 학문'(traurige Wissenshaft)이라고 했다. 자본화된 생명을 벗어나기 위해 우리는 생명의 물신화에 저항해야 한다. 그러기 위하여 철학 외에 과학이 요청된다. 그렇게 하지 못한다면 "생명은 살아 있지 않은 것"(Lebens lebt nicht)이 된다(Adorno 1951, S. 2).

11

한국 생명사상의 뿌리

자유와 생명

19세기 말 조선은 추상적인 형이상학의 구조에서 벗어나 개인의 구체적인 자유를 희망했다. 하지만 자유로 가는 길에는 당대의 시대적 장벽이 가로놓여 있었다. 그 장벽이란 첫째 이기론 중심의 성리학이었고, 둘째 기독교와 같이 들어온 서구문명이 있었으며, 셋째 확장일로에 있었던 일본 제국주의였다. 자유의 씨앗은 이 장벽을 딛고 넘어설 때 비로소 싹을 틔울 수 있을 터였다. 군주의 천명을 기반으로 인구의 2%도 채 안 되는 양반 위주의 전통사회로부터 누구나 사람답게 살 수 있다는 자유의 씨앗은 불어왔으나 그 씨앗을 어떻게 싹틔울 수 있는지 쉽지 않았던 역사적 상황이었다. 그럼에도 불구하고 평등한 삶에 대한 민중의 희망을 대변하는 지식체계가 등장했다. 다름아니라 동학과 대종교(大倧敎) 그리고 민중화된 양명학이었다.

불행히도 힘들게 성취된 자유의 씨앗은 일제 강점에 부딪혀 싹을 틔우지 못했다. 생명의 씨앗은 두 가지 구실을 한다. 하나는 호조건에서 싹을 틔우기 위한 것이며, 또 하나는 악조건에서는 오히려 싹을 틔우지 않도록 씨앗의 생명성을 호조건이 될 때까지 기다리며 고이 간직하는 일이다. 역사적 악조건을 거쳐 전환의 시대에서 자유의 씨앗은 결국 생명의 싹을 틔워냈다. 그런 생명의 씨앗으로부터 우리는 현대 생명사상의 뿌리를 볼 수 있다. 이렇게 자유의 희망과 생명의 발아는 같은 시대적 뿌리를 갖게 되었다. 구체적으로 자유의 희망과 생명의 발아는 동학사상의 최제우, 최시형, 이돈화, 김기전, 대종교사상의 전병훈, 나철, 이기, 서일 또한 양명학 계통의 신채호, 이회영, 이건창, 박은식으로 이어지는 지행합일의 선구자들에서 시작되었다.

생명사상의 뿌리		
동학사상	**대종교사상**	**양명학 계통**
최제우, 최시형, 이돈화, 김기전	전병훈, 나철, 이기, 서일	신채호, 이회영, 이건창, 박은식
계급타파 중심	우주적 평등 실현	주체적 자각과 현존적 삶

       생명의 씨앗을 틔운 선구자들의 공통점은 생명의 힘을 우리 내면의 마음에서 찾을 수 있다는 점을 스스로 자각하는 데 있었다(이규성 2015, 765쪽). 여기서 말하는 생명의 의미는 다음과 같다. 첫째, 개인의 해방과 인격성의 자유이다. 둘째, 계급과 성차에서 벗어난 평등성이다. 셋째, 보통사람들은 계몽과 계도의 대상이 아니라는 점이다. 즉 사람은 원래부터 자유의 실현과 생명의 회복력을 스스로 갖추고 있다는 것이다. 넷째, 생명이 생명다워지려면 사회경제적 자립기반이 마련되어야 한다는 것이다. 다섯째, 주지주의적인 관점으로 해명될 수 없는 삶의 세계를 사는 구체적 현존성이다. 예를 들어 동학사상은 주체적 개체성, 계급 없는 평등성, 개인의 마음 안에 세계의 진리가 구현된다는 우주론적 자아론 및 사회경제적 자립성을 강조한다. 대종교사상은 평등함과 경제적 자립 및 삶의 현존성 그리고 누구나 깨달음에 도달할 수 있다는 범신론적 종교관에 맞닿아 있다. 양명학사상은 앞서 말한 심즉리(心卽理)를 기반으로 한 양지의 이론으로 개체성, 평등성, 선천적 도덕론, 자립성, 실천성

삶의 자유를 희망한 '생명력'의 뿌리				
개체의 주체	인권의 평등	마음의 선천성	경제적 자립	실천지향의 현존성
▼	▼	▼	▼	▼
동학 양명학	동학 대종교 양명학	양명학 대종교 동학	대종교 양명학 함석헌, 신남철	양명학 사회적 무정부주의 함석헌, 신남철

모두를 지향한다(이규성 2015, 3부 9장).

　　　이 시기에 형성된 생명사상의 중요한 관점은 풀 한 잎 한 잎의 작은 생명이 우주의 생명을 반영하고 있다는 데 있다. 한 사람 한 사람 누구나 계급이나 성별, 지식이나 재산에 관계없이 생명의 소중함을 안고 태어다는 것이다. 그래서 백성은 계몽의 대상이 아니라 백성 하나하나에게서 대생명의 흔적을 찾아내어 되살릴 수 있다. 이것이 조선의 성리학 전통과 결정적으로 다른 점이다. 기존 성리학에서 대인은 소인이 지향해야 할 모델이며, 거꾸로 소인은 합리적인 절차에 따라 계도되어야 할 계층이었다. 기존의 유가적 수양론에 따르면, 성인의 훈교를 통해 무지한 자는 무지로부터 벗어나게 되며, 무지한 자가 훈교되지 않는다면 계속 무지한 채로 남게 될 수밖에 없다고 한다.

　　　반면 동학으로 촉발된 생명사상은 일방향의 군주정치나 성인정치의 그늘에서 벗어나 있다. 동학은 빈한한 유랑지식인들에 의해 주도되었지만, 크나큰 인간관의 변혁을 일으켰다. 군자가 소인을 훈교하도록 정초된 성리학과 전혀 다른 방식으로 동학은 세상의 도탄을 해결하려고 노력했다(이규성 2015, 24쪽). 이렇게 생명사상의 씨앗은 일방적 계몽정치를 부정한다. 오히려 개인들, 즉 백성은 이미 남녀의 평등성, 아이와 어른의 평등성, 양반과 상인의 평등성의 마음을 선천적으로 구비한 상태이다. 다만 그런 마음이 미발현 상태일 뿐이라는 철학적 존재론을 표명한다.

미발현의 마음이 발현되도록 도와주기만 하면 사람들은 생명과 자유를 스스로 실현할 수 있을 것이라는 생각이 바로 조선말 생명사상의 고유성이며 독특성이다. 그런 변화로의 반등을 촉발하는 철학적 기반은 조선 양명학이다. 중국 명나라 시기 왕양명에서 시작된 양명학이라는 철학은 대학의 격물치지를 양지(良知)라고 해석했다. 즉 생명의 힘과 자유의 권리는 가난한 사람이나 부자에 관계없이, 임금이나 신하에 관계없이 동등하게 이미 내재되어 있으며 그런 내재된 자기를 발견하는 힘이 바로 양지인 것이다. 자기 안에 이미 군자는 들어 있는 것이며 그래서 소인도 자기 안에서 군자를 찾아내기만 하면 되었다.

그런 양명학의 인식론은 조선말에서 일제 압정기를 거치면서 생명사상의 뿌리로 발전했다. 양명학에서 말하는 양지의 사유구조는 평등과 주체, 자립과 현존을 세울 수 있는 철학적 기초이다. 또한 양지는 양명학의 인식론적 기초인 몸과 마음이 하나 되도록 하는 생명사상의 근간인 지행합일의 논리 위에 정초되어 있다(정인보 1972, 1편).

행동하는 생명철학: 저항과 자립의 운동

독립운동가 신규식이 일제에 항거하며 독약을 마셨는데, 죽지 않고 한쪽 눈을 잃었다. 그후 신규식은 한쪽 눈으로 보기를 마치 세상을 흘겨보는 것과 같다고 해서, 자신의 호를 흘겨본다는 뜻으로 예관(睨觀)이라고 스스로 붙였다(한철연 2015, 344쪽). 예관이란 반성하고 비판하며 행동하는 지식의 중요성을 강조한 것이다. 이러한 행동의 중요성을 말한 것이 바로 한국 생명철학의 인식론이다. 생명철학은 출세와 입신양명의 도구로 전락한 지식을 비판하며, 권력에 결탁하는 지식을 거부하는 비판과 성찰의 앎이다(한철연 2015, 341쪽). 그러한 생명의 인식을 우리는 동학에서 함석헌에 이르는 생명사상에서 찾을 수 있다.

동학의 최제우, 대종교의 나철, 양명학의 박은식, 민족주의형 무정부주의의 신채호, 씨알사상의 함석헌의 철학은 바로 생명사상의 뿌리인 것이다. 이들에 관통하는 철학은 이념적으로 평등과 자유에 있었으며, 방법론으로 실천에 있었으며, 내재적으로는 주체와 성찰에 있었으며, 궁극적인 철학의 지향은 생명다운 생명을 되찾는 데 있다.

동학의 철학은 평등사상의 발로에 있었다. "사람이 한울이니 사람을 한울처럼 섬기라"는 평등사상은 누구나 자기 안의 한울님을 찾아내어 마음을 지키고 기운을 바로잡을 수 있다고 했다(한철연 2015, 84쪽). 기존의 성리학에서는 주체가 군자이거나 군주이었지만, 이제 백성 한 사람마다 주체가 될 수 있다는 무계급의 평등철학을 말한다. 수운 최제우(1824~64) 생명사상의 핵심은 생명의 원리가 저 세상에 초월적으로 있는 것이 아니라 내 안에 존재함을 깨닫는 데 있다. 생명원리가 곧 한울이며 한울이 곧 생명원리인데, 그런 생명원리는 이미 내 안에 있으니 무엇이 더 겁나고 무서울 리 있겠느냐는 질문을 수운 선생은 이 세상 사람들에게 던졌다. 수운의 "두려워하지 말고 두려워하지 말라"(한철연 2015, 77쪽)는 말이 곧 생명사상이 원형이며, 이 말은 동학사상의 핵심인 내 안에 있는 한울을 모신다는 시천주(侍天主) 사상의 표현이다.

단군교로 시작한 대종교의 창시자 나철(1863~1916)은 단군을 부흥시키는 일에 머물지 않고 일제탄압에 정면으로 맞서서 국권회복 운동을 전개했다. 천지인 혹은 한인─한웅─한검이라는 3의 구성체는 단순히 절대적인 구원의 길을 제시하는 단순 종교적 특성을 넘어서서, 인간이 살면서 겪는 "느끼고 숨쉬고 부딪히는" 세 가지를 가리켜 '세 길'이라고 했다. 단군의 의미를 일상적 현실에서 구현해야 한다는 의지였다. 인간은 이 세 길 사이에서 방황하며 살아가는 존재이며 그런 존재론적 방황이 곧 생명의 힘이라는 것이다(한철연 2015, 112쪽).

『황성신문』을 창간한 박은식(1859~1925)은 사회진화론을 도입하여 서양과학에 친화적인 양명학자로 잘 알려져 있다. 전통적인 양명학자인 이건창(1852~98)과 달리, 구체적인 현실문제에 천착한 박은식은 양명학의 주요 요지인 양지의 인식론과 지행합일의 도덕론을 실천적으로 보여주었다. 박은식은 양지 개념을 쉽게 설명하고 있는데, 양지는 주자학의 주지주의적 도덕론에서 벗어나 있으며 오히려 맹자가 말하는 측은심의 기반이라고 했다. 후천적으로 습득한 것이 아닌 내재된 도덕적 정감의 의미를 포함하고 있으며, 공정함과 시비선악의 기준으로서 착한 마음의 기반이 된다고 설명했다(정인보 1972, 1편). 특히 박은식은 양지를 자연을 밝게 통찰하는 앎, 순일하고 자연 그대로의 앎, 고정된 지식에 매몰되는 것이 아니라 변화하는 자연을 이해하는 앎, 두루 감응하며 서로 막힘이 없이 공감하는 앎, 성인과 어리석은 사람의 차이가 없는 앎, 우주와 인간이 합일이라는 앎이라고 쉽게 풀어주었다. 박은식이 풀어서 말한 양지는 결국 생명의 개념과 같다.

우리에게 민족 개념이 들어온 역사는 짧다. 그나마도 1960년대 군부독재 국가주의를 옹립하기 위한 이념적 도구로서 '단일민족'이라는 선전구호로 왜곡되었다. 이념적 도구가 아닌 주체로서의 민족 개념을 처음으로 안착시킨 철학자는 바로 신채호(1880∼1936)이다. 신채호는 성균관 박사(교수 지위)로 임용되었지만 과감히 그 자리를 박차고 나온다. 그 첫번째 이유로서 유교적 세계관의 전통으로는 현실의 문제를 해결할 수 없다고 보았으며, 두번째 이유는 자신의 스승 신기선을 포함해서 당시 유가적 전통을 따르는 집단이 친일행위를 하는 것을 보고 분개했기 때문이다. 이러한 외적 역사와 내적 성찰을 거치면서 신채호는 군주와 양반 중심의 일방향적 군주사회가 아니라 백성과 민중이 주인 되는 민족 개념을 형성하였다.

신채호의 민족주의는 오늘날 해석에 따르면 '방어적' 민족주의에 해당한다. 민족이란 민중이 주인 되는 주체의 국민을 의미하며, 서구식으로 말하면 시민에 해당한다. 신채호는 나중에 국가 차원의 주인성보다 개인의 자유와 평등을 더 중시하게 된다. 결국 신채호의 철학적 관심은 1928년 이후 민족주의에서 탈피하고 사회진화론의 영향력에서도 벗어나서 아나키즘으로 변화한다. 신채호는 단순히 민족주의자나 독립투사만이 아니다. "사회를 구성하는 각각의 주체들이 자기성찰과 자기각오를 통해 궁극의 자유를 창조하는 사유의 발판"을 신채호가 마련

했다(한철연 2015, 194쪽). 신채호 철학의 의미는 자유를 기반으로 개인의
의지에 따라 사회를 재구성할 수 있다는 생명의 신호이다.

현대한국 생명사상의 확립: 함석헌과 장일순

씨알 함석헌(1901~89) 철학은 현대 생명사상을 정초했
다. 독재권력의 혼란한 시대를 거친 함석헌의 철학은 과거
2500년 전 춘추전국시대의 제자백가 노자의 철학과 맥을
같이하는 부분이 많다. 함석헌 사유의 노정 중에서 노자 도가철학의 의
미는 크다. 함석헌은 노자를 통해서 독재권력 시대의 사회적 실천운동
과 우주적 성찰을 접목했다. 씨알의 철학자로 알려진 함석헌은 억압에
대한 저항으로 점철된 삶을 살았다. 젊은 함석헌의 오산학교 시절은 일
제 저항의 민족적 정신과 스승 유영모(1890~1981)를 통한 노자철학 그
리고 개신교와 세계의 문화적 보편성으로부터 다층적으로 영향을 받은
시기였다. 이후 일본유학 동안에는 범신론적 종교성, 평화주의, 반자본
주의, 노장사상의 현대적 해석을 통해 실천적 지식의 지평을 넓혔다.

함석헌의 철학은 평화사상과 생명사상으로 줄여 표현할
수 있다. 평화와 생명은 저항으로부터 온다는 점을 강조한 것은 함석헌
씨알사상의 핵심이기도 하다. "비폭력, 불복종, 총단결"로 요약되는 1974
년의 '민주시민을 위한 헌장'은 1960~70년대 국가주의 칙령인 국민교
육헌장에 정면으로 맞서는 씨알의 지표이다. 씨알이란 진보의 역사를 끌
고 가는 주체, "고난의 역사와 고난을 당하는 사람들의 역사"의 주체이
다. 함석헌의 생명은 다음의 말로 요약될 수 있다. "저항하는 것이 사람
이고, 저항할 줄 모르는 것은 사람이 아니다."(한철연 2015, 334쪽) 누가 뭐

라 하던 함석헌은 현대 생명사상의 기초를 다져준 한국 현대사상가이
다. 함석헌의 생명의 원리는 첫째 자연적이며, 둘째 스스로 드러나며, 셋
째 환경에 맞서 고난하며, 넷째 자유로우며 능동적이다. 즉 생명 자체가
평화의 근원임을 보여준 것은 함석헌 철학의 역사적 혁명이었다.

한편 장일순(1928~94)은 많이 알려져 있지 않지만 한살
림운동을 추동하고 동학과 노자철학을 아우른 생명사상가이다. 장일순
의 아호는 '조한알'이었다. 아주 작은 좁쌀 한 알처럼 남이 알아주지 않
더라도 항상 자신을 낮추고 남을 섬기고 모시라는 노자의 뜻을 품고 있
었다. 무위당(無爲堂)이라는 호를 가진 것도 그 때문이었다. 1950년대
20대 나이로 중립화 평화통일 운동과 원주 대성학원을 설립하는 교육
운동을 시작했다. 1970년대에는 협동조합 운동을 통해서 지학순 주교
(1921~93)와 함께 농민들의 두레교육을 하고 오늘의 한살림운동으로
이음끈을 주었다. 1980년대 들어서는 민초의 삶을 그려내는 수묵화의
난초를 치면서, 그의 작품세계 속에 오늘의 생명사상을 구현하였다.

풀 하나, 벌레 하나, 돌 하나, 바로 이웃사람들을 내 부모처
럼 모시면 된다는 뜻을 지닌 그의 생명사상은 사람에서 티끌까지, 만물
에 접하여 서로에게 감동하여 하나가 됨에 있다. 신라시대 최치원이 쓴
"접화군생"(接化群生)이라는 한마디 말로 그의 생명사상을 재현하기도
한다. 나아가 그의 사상은 기독교와 더불어 전통 유·불·도교 및 동학을
품은 종교를 아우르고 있다. 종교의 근간을 영광의 하늘세계에 두기보
다는 이 땅의 낮은 사람들을 위한 일상성에 두고 있다는 점이 장일순을
바라보는 중요한 시각이다.

함석헌과 장일순, 두 사상가 모두 '노자'라는 관심의 창으

로 세상사람들이 살아가는 형편을 낮게 그리고 좋게 하려는 뜻을 가졌다. 함석헌과 장일순은 혁명적 이상과 세상의 세간사가 충돌하는 접점들이 돌출되는 사상적 지평선을 노자사상에서 찾았다. 이 두 사상가의 삶과 세상이 충돌하는 이러한 사상적 지평선에서 국가권력과 역사적 편견과 시대적 선입관에 머뭇거리지 않고 저항하는 동력을 찾을 수 있다. 함석헌과 장일순의 노자사상은 통속적으로 받아들여지고 있는 은둔과 무욕, 초탈과 도인이라는 탈세간적 이해방식과 달리, 피와 권력을 피할 수 없었던 세상과의 직접적인 소통방식이었기 때문에 깊이 살펴볼 필요가 있다(전호근 2015, 768~825쪽).

함석헌은 그의 스승 유영모를 통해 노자를 배우게 되었으며, 장일순은 어릴 적 할아버지 여운(旅雲) 장경호(張慶浩) 밑에서 한학을 익히며 묵객으로 할아버지와 절친했던 우국지사 차강(此江) 박기정(朴基正)에게서 서화를 공부했던 터라 쉽게 노자사상에 접근할 수 있었다. 유영모로부터 자극받은 노자 공부는 함석헌과 장일순 두 사람 모두에게 한평생 삶의 나침반이 되었다. 함석헌이 노자를 접하게 된 생각을 쓴 것이 있다. "나도 2차 대전이 끝나면서 우리는 동양고전 속에 지혜가 있지 않겠느냐, 자유하는 민중으로 가는데 무엇이 있지 않겠느냐 생각한 데서 공맹이나 노장을 파기 시작한 거지요. 될 수 있는 대로 크게 크게 생각하자는 거지요."(『함석헌전집』 4권, 188쪽) 세상을 크게 보는 눈을 키우기 위해서 노자 『도덕경』만큼 좋은 고전이 없다고 함석헌은 생각했다. 장일순 역시 마찬가지였다. "부유부쟁(夫惟不爭)이라. 고로 천하가 막능여지쟁(莫能與之爭)이니라, 대저 다투지를 않기 때문에 천하에 누가 더불어서 싸울 자가 없는 거라. 천하무적이 되는 거지. 이게 뭐 기운

이 세어서 천하무적이 되는 게 아니라 그에게는 적이 없다고 할까?"(장일순 2003, 231쪽)

　　　함석헌과 장일순은 노자를 통해 계몽적 요소와 수양적 요소를 함께 제시하였다. 이 점이 바로 기존의 노자에 대한 해석과 매우 다른 점이다. 기존의 노자 해석 혹은 일반인의 노자 이해는 지나치게 세상을 초탈하고 자연합일의 청정함에 치우쳐 있었다. 이런 해석은 도가에 대한 신비주의 환상만 심어줄 우려가 높다. 신비주의 해석의 틀을 벗겨버리고 현실적 삶의 구체적 동력으로서 노자사상을 해석하고 현실생활에 실천하려고 한 사람이 바로 함석헌과 장일순이었다. 초탈적 이미지의 노자를 독재권력의 피가 넘쳐난 현실에 적용하려는 정신적 고통을 공감하는 일은 우리 생명철학의 과제이다.

노자에 대한 편견들

　　2500여 년 전 풍운의 삶을 살았던 노자를 바라보는 시선은 보는 사람마다 다른 지평선에 놓여 있다. 그래도 역시 노자를 들먹거릴 경우 대개는 말을 많이 하지 마라, 욕심을 버려라, 자연과 합일하라, 세간사에 초탈하라는 등과 같은 이야기가 가장 많이 입에 오르내린다. 나는 몇 년 전에 관련 학술논문을 준비하는 과정으로 노자를 바라보는 일반인의 생각들을 설문조사 형식으로 수집한 적이 있었다. 동양철학 관련 전공자들을 배제하고 주변의 보통 사람들을 대상으로 '노자' 하면 무엇이 가장 먼저 떠오르는지를 물었다. 보기 18개를 예시하여 그중에서 3개를 고르도록 하였다. 그 18개의 보기를 조금은 길어도 나열해 본다(최종덕 2005b).

춘추전국시대 도덕경으로 잘 알려진 '노자'에 대해 많이 들어보셨지요. '노자' 하면 떠오르는 뜻을 다음의 짧은 말 중에서 3개를 선택하여 주세요.

1.　　말로 하는 것은 도라고 할 수 없다
2.　　은둔과 죽림칠현
3.　　욕망의 절제
4.　　만물을 낳는 道
5.　　세속의 초탈
6.　　신선과 도인
7.　　타고난 분수대로 살아가기
8.　　자연과의 합일
9.　　다투어서 이루는 것이 없다
10.　　생태적 자연과 삶
11.　　억지로 하지 마라
12.　　낙천주의
13.　　왕과 신하와의 관계론
14.　　권력무상
15.　　왕은 말없이 다스린다
16.　　무정부주의
17.　　작은 것이 좋다―소국과민
18.　　처세술

노자에 대한 이미지는 자연합일, 욕망초탈, 탈언어 등으로 떠오른다는 것이 설문조사의 대체적인 결과였다. 이러한 노자의 무위사상은 탈세속을 넘어 은둔과 냉소로 이어지는 경향이 강했다. 노자 해석은 그 시대적 상황에 따라 매우 다변적이다.

도가는 한대 이후 정치권력을 유교집단에 내주면서 항상 이단자로 남아 있었고, 이단으로서의 도가는 언어 대신에 묵언으로, 참여 대신에 성찰로, 집단정치 대신에 개인수양으로 그 영역을 이환시켰다. 나는 이러한 영역 이환을 철학적 차이라기보다는 시대적 상황을 슬기롭게 풀어가는 인간과 사회의 관계론에 대한 차이라고 간주한다. 이런 차이를 인정할 경우, 유가를 참여의 나아감으로 상징하고 도가를 성찰의 물러섬이라는 메타포로 대신할 수 있게 된다. 그리고 이럴 경우에만 함석헌과 장일순은 유가적 삶의 방식에서 서서히 도가적 삶의 방식으로 세상에 대처한 것으로 잘못 오해할 수 있다.

함석헌은 삶을 마감하는 그 순간까지도 참여와 계몽의 동력을 놓지 않았다. 그러나 그가 노자를 공부하면서부터 그는 진정한 참여와 계몽이 가능하려면 내적 성찰과 자연합일의 자아 찾기를 같이 공부해야 한다는 것을 깨달았다. 이런 점에서 유가적 삶과 도가적 삶이 공존하고 있음을 유추할 수 있다. 장일순은 1950~60년대 정치활동과 평화운동 혹은 교육운동의 참여와 계몽으로부터 80년 이후 성찰과 무위로 그 철학적 실천방식이 넓어졌다. 장일순 역시 참여와 계몽을 포기한 채, 성찰과 무위만을 말한 것이 아니라 참여와 계몽을 위한 성찰과 무위의 뜻을 강조하였다. 큰 것을 이루기 위하여 작은 것을 먼저 해내야 한다는 것이다. 함석헌의 씨알과 장일순의 조한알(좁쌀)이라는 아호가 바로 그런 뜻을 대신하고 있다.

함석헌과 장일순은 사유와 실천 체계의 중심점을 유가 장르에서 도가 장르로 옮기면서 지역적 혁명에서 보편적 혁명의 길을 보여주었다. 함석헌에게 삶의 준거는 민족, 신앙, 과학이었다(노명식 엮음 2002, 150쪽). '민족'은 자기가 태어난 땅의 마땅한 삶의 근거를 주체적으로 확립해야 한다는 뜻을 담고 있다. 함석헌에게 '신앙'은 기독교신앙에서 시작하여 유·불·선을 포함한 통합적인 신앙으로 가는 통로 전체를 의미하며, 나아가 자아와 우주가 서로 만나는 창이다. 함석헌에게 '과학'이란 단순한 서구 자연과학을 의미하는 것이 아니라 만천하에 두루 통하는 보편적인 사유를 뜻한다. 신비주의적이고 주술적이고 맹목적이며 국수주의적이거나 관습적이어서 겨우 부분이나 볼 수 있는 편견이 아니라, 통합적이면서도 합리적이며 논리적이면서도 종합적이고 큰 지식이지만 민중들도 이해할 수 있어서 전체를 꿰뚫는 보편성을 뜻한다. 아무리 좋은 교리라도 독단적이면 그 종교는 과학만 못하며, 아무리 그럴듯한 민족 중심주의라도 자기만 잘났다거나 남의 민족을 업신여긴다면 그런 민족은 과학만 못하다는 것이 함석헌의 기조이다. 이 점에서 함석헌이 노자를 공부하고 그 공부의 뜻을 그대로 현실에 접목하려 한 이유를 알 수 있다.

함석헌이 노자를 만나는 방식은 앞서 제시했듯이 말로 표현할 수 없는 도, 은둔과 초탈, 무욕과 자연합일, 신선과 도인 등의 신비적이거나 현실 도피적인 이해의 틀을 완전히 깨어버렸다는 점에서 독특하다. 오히려 그가 공부한 노자는 보편적 인간관, 낮은 사람들의 아픔과 아쉬움을 함께 나누는 언어의 소통, 권위와 명예로 치장된 직접적인 사회참여보다는 남이 알아주지 않지만 세상의 진정한 혁명을 가져다주는 간접적인 현실참여라는 보편적 길을 제시한 철학자였다. 그래서 노자가 말한 도(道)는 형이상학적인 구름 위의 형상 개념이 아니라는 것이 함석헌과 장일순의 생각이었다. 오히려 사람들이 살아가는 이 어려운 현실을 타개하기 위한 삶의 지혜인 것이다.

함석헌은 도를 생(生)으로 바꾸어서 이해하면 노자의 도에 더 쉽게 접근할 수 있다고 말한다(『함석헌전집』 2권, 157쪽). 여기서 도는 형이상학적인 존재론이나 절대등급의 신의 위격과 다르다는 것을, 인간의 생명 속에 도가 있으며 일상적인 삶 가운데 도가 드러난다는 뜻임을 눈치 챌 수 있다. 이 점은 생명사상의 스승인 장일순에게서 더욱 잘 드러난다. 장일순 역시 노자의 도를 생명적인 무엇으로 보고 있기 때문이다. 장일순의 1984년 서화작품에는 이런 글귀가 있다. "교황이 풀 한 잎만 못하네." 이 글은 교황의 지위를 격하하는 것이 아니라, 초라하게 보이는

이름 없는 풀 한 포기라도 그 안에는 큰 생명이 들어 있다는 뜻을 나타
내려 한 것이다.

함석헌과 장일순이 이해하는 노자는 결국 신비적인 초탈
의 사상이 아니라 매우 현실적으로 삶과 사회의 문제를 건드리는 또 다
른 방편인 셈이다. 그래서 이들에게서는 유가와 도가를 구분해서 나누
기가 어렵다. 유가는 현실에 참여하여 세상을 바꾸려는 철학이라고 하
고 반면 도가는 세상을 등지고 내면의 성찰만 강조하는 철학이라고 하
는 식의 이분법적 구분을 함석헌과 장일순은 깨버렸다. 두 사람의 생명
철학은 유가와 도가를 상호 모순적인 관계로 보는 통속의 이해방식과
다르다는 말이다. 함석헌과 장일순에게 도가와 유가는 상충되는 것이
아니다. 따라서 유가와 도가를 모순적인 관계로 간주할 수 없다는 것이
이들의 기본적인 입장이다.

유가는 참여의 현실을 강조하지만 권위와 권력 지향의 측
면이 있다. 반면 도가는 자유로움을 구가하지만 회피적 은둔이 도인의
초탈로 위장될 우려가 있다. 그렇다고 해서 유가가 자유를 거부하는 것
도 아니고, 도가가 현실을 무작정 회피하는 것도 아니다. 함석헌과 장일
순은 바로 이런 생명철학을 우리에게 알려준 셈이며, 결국 유가와 도가
는 구체적인 역사를 만들어가는 인간들의 관계성을 조명하는 한 스펙트
럼의 양면성일 따름이다.

유가와 도가의 상징적 양면성으로부터 생겨난 많은 이야기
들은 함석헌과 장일순이 투쟁했던 정치권력의 내막을 짐작하게 해준다.
독재시대 무소불위의 권력구조 안팎을 좀더 이해하려면 먼저 노자로 회
자되는 도가적 상징성과 유가적 상징성의 충돌과 접점을 아는 것도 중

요하다.

무위의 지향점

참여의 나아감이라는 유가적 상징과 성찰의 물러섬이라는 도가적 상징은 마치 진자운동을 하는 진자추처럼 한쪽 끝까지 올라가면 다시 반대편 끝까지 흔들리며 중간에 서지 않고 왔다갔다 왕복운동을 한다. 마찬가지로 유가적 상징과 도가적 상징은 중간에서 쉽게 합쳐지지 못하고 양끝을 왕래하곤 한다. 30년 동안이나 대낮에 시퍼런 칼을 휘두른 군부독재권력이 너무나 극악무도하여 많은 민중들이 한동안 몸을 움츠리고만 있었다. 잔뜩 몸을 움츠리고 있다가는 아예 그 몸이 움츠려진 그대로 굳어버릴 것만 같았다.

그러나 함석헌과 같은 저항의 나침반이 있어서 많은 민중들은 그를 따라 힘을 낼 수 있었다. 함석헌 말고도 민주화를 이뤄낸 많은 저항운동가들은 우리가 살기 위하여 나서서 현실을 타개하는 방법과 실천을 앞장서 보여주었다. 그래서 그들은 감옥에 갇히고 말았다. 함석헌은 돌아가시기 10년 전 78세 고령의 나이임에도 정치권력에 의해 구금당했으며, 장일순 역시 중립화 평화통일안 제안으로 인해 30대 때 옥고를 치른 후 군사정권 시절 내내 정치활동정화법과 사회안전법 등의 제한적 조사대상자였다. 그들은 우리를 대신하여 역사의 고통을 감내하였다. 그 고통을 삶의 지혜로 승화하는 나름대로의 통로가 있었는데, 그것은 바로 자기 내면의 길과 역사의 길이 서로 연결되는 접점을 찾는 것이었다.

내면을 찾아가는 길이 성찰이다. 성찰의 의미는 앞서 말했듯이 참여를 포기하자는 것이 아니었다. 노자의 무위는 다양하게 해석되곤 하지만, 결국 아무것도 하지 말자는 무위(無爲)가 아니라 현실참여라는 유위(有爲)의 방식을 바꾸자는 말이다. 함석헌과 장일순이 말하는 노자사상의 무위란 유위로부터 도피하는 은둔과 초탈의 수동적 무위가 아니라 억지로 하지 말며(『도덕경』 29장), 딱딱하지 않게 부드럽게 하며(『도덕경』 43장, 78장), 나서지 않고서도 싸움에 이기는 법을 터득한다면(『도덕경』 69장), 결국 이득이 된다는 뜻(『도덕경』 43장)에서 긍정적 무위를 말한다. 장일순은 『도덕경』 69장을 설명하는 가운데 이렇게 말한다. "성인은 때로 은둔하지만 그것을 목적으로 삼지는 않아. 나가서 싸울 때는 일어나 전쟁터에 뛰어드는 거라. 그런데 그걸 뭐냐 하면 무심으로, 아무런 적극적 의미 없이, 맹물처럼 담백하게 처리하고 나아간다 이 말일세. 서산 스님이 국난을 당하자 떨쳐 일어나 적진에 뛰어들지 않는가? 그런 거지. 그러다가 전쟁이 끝나니까 언제 그랬더냐 싶게 다시 묘향산으로 돌아가 앉아 계시는 거라."(장일순 2003, 635쪽)

이러한 무위의 성찰을 통하여 함석헌과 장일순이 지향하려는 것이 어디에 있었는지를 물어야 한다. 그것은 통일된 하나의 도 혹은 전체를 얻으려 했음이다. 통일된 전체를 이름하여 도라 불러도 좋고, 성(聖)이라 불러도 좋으며 혹은 기(氣)라고 해도 좋고 태극이라 해도 좋다. 예수라도 좋고 부처도 좋으며 한얼도 좋다. 그 이름과 관계없이 통일된 전체의 가장 중요한 모습은 그 전체가 사람을 노예로 하는 주종관계도 아니고, 인격적인 신도 아니며, 불변의 고정성도 아니라는 점이다. 그 전체는 오히려 첫째 그 스스로 변화하지만 자신의 원인이 자신 안에 있어 스스로 그러한 자연함이며, 둘째 하늘과 사람이 하나 되어 만물 가운

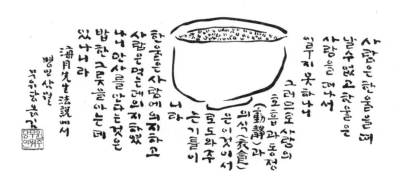

데 하나님이 내재하며, 셋째 뜻 속에 전체가 있어서 우주적 진실과 자연적 사실이 일치되는 까닭이며, 그래서 도덕적 당위가 자연적 사실에 이미 포함되어 있으며, 넷째 전체이지만 씨알이나 좁쌀 한 알과 같은 작은 것에 자신의 전체를 다 드러낸다.

　　　　서양철학 혹은 서구 기독교에서 말하는 통일적 존재는 불변하며 정지성을 지니며 또한 인간과 차별을 두는 절대적이고 최상위의 위계구조를 지닌다. 반면 함석헌과 장일순이 지향하는 통일된 전체는 그 스스로 변화하는 동력학적 전체를 이루고 있다. 동력학적이란 뜻은 전체의 힘과 뜻이 전체적으로 보전되어 규정된 존재가 없어진다 해도 그 틀만 없어질 뿐 그 에너지는 다른 모습으로 남아 존속한다는 것이다. 또한 현재의 존재는 자신의 힘과 뜻을 통일 전체로부터 얻어내어 그 존속을 유지하며, 현재의 존재는 우주의 모든 존재와 경락으로 연결되어 전체를 반영하기도 한다.

　　동학과 대종교는 이러한 통일된 전체를 기꺼이 생명이라고 부르고자 했다. 이런 사상을 유영모가 발전시켰고 다시 함석헌과 장일순이 이어받았다. 특히 장일순은 이런 사상을 그의 독특한 생명사상으로 발전시켰다. 물론 함석헌은 장일순보다 앞서 일본 유학시절 퀘이커 신앙과 만나고, 농사운동을 하며 해방 전후로 불경과 노자 『도덕경』을 공부하면서 생명사상의 기반을 마련했다. 기본적으로 모든 삶은 신성하다는 신앙과 '속생명'(Inward Life)을 통해 개체와 전체가 만난다는 철학이 연결되어 생명의 사상을 이루고 있다. 실제로 함석헌을 이해하는 데 중요한 점은 "궁극적으로 모든 종교는 하나"라는 종교적 보편주의인데, 이 또한 그가 강조한 생명의 보편성에서 우러나온 것으로 볼 수 있다.

　　이렇게 한국의 생명사상은 노자의 무위철학과 전통 기(氣)철학 일반 및 동학의 세계관이 만나 통일된 전체를 이루는 동력학적 존재론의 한 양상으로 나타난다. 한국의 생명사상은 군부독재의 무한권력에 저항하는 하나의 방식이기도 했다. 한국 민주화를 성공으로 이끈 운동의 외형은 매우 독특하다. 우선, 군사정권에 의해 조작된 간첩사건 외에는 지하 게릴라운동이 없었고 대부분 노출된 운동조직이라는 점이다. 둘째, 전문 정치인보다 시인 등의 문예인과 종교인이 상대적으로 많았으며, 종교 간 협력이 상대적으로 잘 이루어졌다는 점이다. 셋째, 노동운동과 민중운동이 통일운동 및 민족운동에 비록 아슬아슬하지만 지속적으로 연결되어 있었다는 점이다. 마지막으로, 생명운동 자체가 현실 역사에 개입하지 않았지만 추후 민주화운동의 많은 주축세력이 생명운동으로 이어졌다는 점이다. 그리고 많은 생명운동가는 시대적 정신을 앞서가는 사상가이자 철학자로 불리어진다는 점이다. 그 대표적인 인물이 함석헌이며, 장일순이다.

역사를 호흡하는 생명

노자의 무위사상이 자칫 침잠과 은둔, 초탈과 신령이라는 신비주의적 편협성으로 굴절되지 않도록 하는 일이 중요하다. 무위의 뜻은 아무것도 하지 않는 것이 아니라 생명의 기운을 억지춘향으로 만들지 말고 저절로 스스로 북돋워지도록 하는 구체적 행동방법론이다. 마찬가지로 생명사상이 영성과 신령, 탈세간과 청정소요로만 해석된다면 결국 생명도 현대 시장경제의 한 상품으로 전락할 수 있었다. 생명의 기운을 되찾기 위하여 기계적인 이성을 비판하는 것인데, 생명을 핑계대고 우리가 이성으로부터 도피한다면 우리의 생명의 기운은 더 멀어지고 더 약해져 갈 것이다. 기계적인 이성에 매몰된 소외로부터 탈출한다고 말하지만 소외는 더 깊어갈 것이라는 뜻이다.

함석헌은 도교의 초탈성을 핑계 삼아 현실을 외면하는 국면을 우려하고 비판했는데, 그런 함석헌의 우려가 현실이 되지 않도록 하는 것이 우리의 몫이다. 장일순이 우려했던 무위의 무위가 점차 커지고 있는 현실에도 불구하고, 장일순의 우려를 덜어 드는 것은 우리의 일이다. 노자 무위의 진정한 철학은 사라지고, 몸보신하는 양생과 처세술이라는 극도의 현실주의와 침잠과 은둔이라는 극도의 신비주의가 양끝에 걸쳐 늘어나게 되었다.

사람들은 『대학』에 나오는 "수신제가치국평천하"라는 말을 수신하고 제가한 연후에 치국하고 평천하할 수 있다고 단계적으로 해석하곤 한다. 불행히도 이런 해석은 권력을 쥔 사람들이 만들어놓은 도구적 언어일 뿐이다. 사람이라면 한평생 해도 다 못할 수신이며 제가인데, 그것을 다 이루어야 겨우 다음 단계로 넘어갈 수 있다면, 치국과 평천하는 아예 입에 올리기는커녕 뻥긋도 못하게 될 것이다. 다시 말해 기성권력이 비판세력을 통제하려는 장치로서 수신제가치국평천하를 단계적 해석으로 뒤바꾼 것으로 볼 수 있다. 제 몸 하나 다스리지도 못하는 자가 감히 어디라고 정치권력에 간섭을 하느냐라는 기득권 전술에 말려든 것이다. 권력의 도구로 전락한 생명 없는 도덕의 한 단면이다. 극단의 현실주의와 극단의 신비주의는 결국 이러한 기성권력의 수신제가치국평천하 전략에 속아 넘어간 결과이다.

수신제가치국평천하 전략은 군사독재정권만 사용했던 것이 아니라 조선시대에도 정권유지의 수단으로 사용되어 왔다. 사회의 강령을 지켜주는 군신간·부자간·부부간[三綱] 사랑의 도리는 사람으로서 지켜야 할 당연사이나, 그런 도리가 인간관계를 차별하게 하는 철학적 근거로 남용될 경우 그런 도덕 또한 권력유지를 위한 사회적 도구이론으로 전락할 수 있다.

함석헌과 장일순의 생명은 우리에게 삶의 원동력이 실천과 양지에 있음을 말하고 있다. 생명이 생명사상으로 고착되어 교조적으로 되어가는 것을 경계하라는 말을 우리에게 전해 준 것이다. 혹시라도 생명사상이 교조화되면 그것은 또 하나의 권력이다. 생명권력으로 교조화된 사람들은 생명사상이 너무 좋고 너무 아름답고 너무 숭고한 것이라서 어느 누구도 그것을 비판할 수 없다고 주장할 것이다. 더 나아가 교조화된 생명에 심취한 사람들은 생명 이미지가 갖는 우주적 차원의 포괄성과 전체성에 눈이 가려져서 작은 것을 못 보고 지나치는 경우가 많다. 장일순은 항상 밑으로 기라는 말을 우리에게 던졌다. 큰 것은 존재의 명분이 분명하여 그것을 다루는 사람은 이론가는 될 수 있을지언정, 큰 것을 작은 것에 견주어보지 못한다면 결코 사상가가 될 수 없다. 생명권력으로 교조화된 사람들은 이론가조차도 되기 어려우며 단지 생명의 전체성을 신앙으로 받드는 신앙가 수준에 머물게 된다. 그것도 자폐적 믿음일 뿐이다.

생명의 의미는 전체와 부분이 상호 소통하는 체계에서 비로소 드러난다. 생명사상의 중점은 전체가 부분에 반영되고 있다는 사실이다. 도와 신, 성자와 도인 모두 아주 작고 낮은 것에서 비로소 자신의 모습을 드러낸다. 도(道)와 신(神), 성자와 도인이 크고 장대한 것을 통해서만 자신의 모습을 드러낸다면, 그것은 이미 성(聖)과 도(道)가 아니었다는 사실을 거꾸로 증명하는 꼴이다. 전체로서의 도는 거창한 말과 화려한 색깔로 드러나지 않으며 어느 산골짜기 작은 풀 한 포기에 드러날 뿐이다. 전체와 부분의 상호소통성을 아는 것은 작은 것을 볼 수 있는 눈이 있어야 한다. 다들 눈을 가졌다고 자부하지만 그 눈을 제대로 쓰는 사람은 많지 않기 때문에 그래서 작은 것을 볼 수 없는 모양이다. 겸손해야 한다고 주장을 하지만 그런 주장 자체가 겸손하지 않다면 과연 그 안에 설득력과 진실이 담겨 있는지 의심을 하게 된다. 교조주의의 문제가 바로 여기에 있다. 어떤 사람들이 말하는 것은 다 옳지만, 옳기만 할 뿐 살아 있는 말이 아니다. 생명이 없는 말잔치일 뿐이다.

전체는 전체로 보이는 것이 아니기 때문에 우리는 단지 아주 작은 부분을 통해서 전체를 볼 수밖에 없다. 그래서 작은 것이 중요하고 낮은 것이 소중하다는 뜻이다. 예를 들어 함석헌 사상을 아무리 많이 알고 유영모 사상을 아무리 많이 알아도, 그 큰 사상을 아주 작은 것에서 찾으려는 마음과 남의 입장에서 남을 배려하는 마음이 없다면 그는 생명의 진실을 모르는 셈이 된다. 생명은 자연에서 산천초목으로 드러나듯이, 인간의 역사 속에서 생명은 민중의 삶으로 드러난다고 함석헌은 말한다(김상봉, 2차 씨알사상포럼 발표자료집 2008. 10).

함석헌은 틀에 갇혀 있지 않은 생명을 보여주었고, 살아 있는 생활의 생동성을 말해 주었다. 타자를 배려하며, 타자에게 귀를 기울이고 타자와 평등하며, 타자를 훈계하지 않으며, 타자에 벽을 쌓지 않는다면 그때 비로소 생명은 생명다워진다. 타자는 나의 가족과 이웃 안으로만 닫혀 있는 것이 아니라 사회와 세계로 확장된다. 구체적으로 말해서 우리는 정부의 정책을 감시하고, 초등학교의 급식제도에 관심을 두고, FTA의 진실을 알리는 의지로부터 생명의지가 발현될 수 있다. 그런 실천행동이 녹색사회를 사는 시민의 생명성이다. 녹색사회의 생명의식이 살아 있을 때 우리는 설악산의 산양, 광양만의 두꺼비, 계양산의 반딧불이, 백령도의 점박이 물범들 그리고 산천초목의 생명을 비로소 살릴 수 있다. 생명이 역사를 호흡하고 있을 때 생명은 생명다워진다.

참고문헌

가이스, 페터. 기욤 르 캉트렉(2008), 『독일·프랑스 공동역사교과서』, 김승렬 외 옮김, 휴머니스트.

가자니가, 마이클(2009), 『왜 인간인가』, 박인균 옮김, 추수밭.

강성화(1995), 「기술철학의 근본문제」, 『시대와철학』 11호.

강신익(2012), 「사회생물학 달리 보기: 새로운 사회생물학 또는 생명사회학을 찾아서」, 『대동철학』 59집.

고영수(2009), 『신자유주의와 한국농업의 위기』, 한국학술정보(주).

굴드, 스티븐 J.(2004), 『생명 그 경이로움에 대하여』, 김동광 옮김, 경문사.

권광식·최덕천(2008), 『환경·생태경제학』, 한국방송통신대학교출판부.

기요히코, 이케다(2009), 『굿바이 다윈』, 박성관 옮김, 그린비.

김경만(1994), 「과학지식사회학이란 무엇인가」, 『과학사상』 10호.

김교빈(1995), 『양명학자 정제두의 철학사상 존재론·인성론·사회인식에 대한 구조적 이해』, 한길사.

김교빈 외(2015), 『망각과 기억의 변증법』, 이파르.

김대식(2012), 『함석헌의 철학과 종교세계: 생각 없는 세계에 대한 저항』, 도서출판 모시는사람들.

김미경(1996), 「평등한 과학을 향한 페미니즘」, 『창작과비평』.

김상봉(2012), 『기업은 누구의 것인가』, 꾸리에.

김성우(2012), 「푸코와 권력의 문제」, 『시대와철학』 23권 1호.

김성한(2008), 『생명윤리』, 철학과현실사.

김성환(2008), 『17세기 자연철학』, 그린비.

김영식(1983), 『과학사개론』, 다산출판사.

김영한·임지현 편(1994), 『서양의 지적 운동』, 지식산업사.

김용휘(2012), 『시천주와 다시 개벽』, 이화여자대학교출판부.

김원식(2015), 『배제, 무시, 물화』, 사월의책.

김정현(1997), 「생태학적 생명사상」, 『범한철학』 15호.

김환석(1997), 「과학기술에 대한 사회학적 이해」, 『과학사상』 20호.

나르디, 제임스 B.(2009), 『흙을 살리는 자연의 위대한 생명들: 흙에서 발견한 경이롭고 역
　　동적인 생명이야기』, 노승영 옮김, 상상의숲.

나카지마 히데토(2013), 『사회 속의 과학』, 김성근 옮김, 도서출판 오래.

노명식 엮음(2002), 『함석헌 다시 읽기』, 자연과인간사.

뉴턴, 하이라이트(2008), 『생명이란 무엇인가? 어떻게 진화해 왔을까?』, 뉴턴코리아 편집부
　　옮김, (주)뉴턴코리아.

더블린, 막스(1993), 『왜곡되는 미래』, 황광수 옮김, 위암.

듀보, 르네(1986), 『지구는 구제될 수 있을까』, 김용준 옮김, 정우사.

드발, 프란시스(2014), 『착한 인류』, 오준호 옮김, 미지북스.

라이트, 에릭올린(2012), 『리얼 유토피아: 좋은 사회를 향한 진지한 대화』, 권화현 옮김, 들녘.

라투르, 브뤼노(2009), 『우리는 결코 근대인이었던 적이 없다』, 홍철기 옮김, 갈무리.

러셀, 버트런드(1988), 『권력』, 안정효 옮김, 열린책들.

로버츠, 폴(2010), 『식량의 종말』, 김선영 옮김, 민음사.

리벤스테인, 하비(2012), 『음식 그 두려움의 역사』, 김지향 옮김, 지식트리.

마굴리스 외(1999), 『생명이란 무엇인가?』, 황현숙 옮김, 지호.

맑스코뮤날레조직위원회(2011), 『현대자본주의와 생명』, (주)그린비출판사.

매킨토시, 로버트(1999), 『생태학의 배경: 개념과 이론』, 김지홍 옮김, 아르케.

맥칼레스터, A. 리(1987), 『생명의 역사』, 장기홍·박순옥 옮김, 민음사.

머천트, 캐롤린(2001), 『래디컬 에콜로지』, 허남혁 옮김, 이후.

무니, 크리스(2006), 『과학전쟁: 정치는 과학을 어떻게 유린하는가』, 심재관 옮김, 한얼미디어.

문성원(2012), 『해체와 윤리: 변화와 책임의 사회철학』, (주)그린비출판사.

문순홍 편(2006), 『녹색국가의 탐색』, 아르케.

바람과물연구소(2002), 『한국에서의 녹색정치, 녹색국가』, 당대.

바우만, 지그문트(2013), 『왜 우리는 불평등을 감수하는가?』, 안규남 옮김, 동녘.

바우어, 요아힘(2007), 『인간을 인간이게 하는 원칙』, 이미옥 옮김, 에코리브르.

박병상 (2015), 『동물인문학』, 이상북스.

박상철(2009), 『생명의 미학: 어느 생화학자의 뜻으로 본 생명』, 생각의 나무.

박이문(1998), 『문명의 미래와 생태학적 세계관』, 당대.

박이문 외(1998), 『녹색한국의 구상』, 숲과나무.

박재순(2012), 『함석헌의 철학과 사상』, 한울아카데미.

배원병 외(2006), 『공학윤리』, 북스힐.

벡, 울리히(1997), 『위험사회』, 홍성태 옮김, 새물결.

백위드, 존(2009), 『과학과 사회운동 사이에서: 68에서 게놈프로젝트까지 과학과 사회운
      동 사이에서』, 이영희 외 옮김, 그린비.

브라운, 레스터(2005), 『지구의 딜레마』, 고은주 옮김, 도요새.

사르트르, 장 폴(2008), 『실존주의는 휴머니즘이다』, 박정태 옮김, 이학사.

스켑틱(2015), 『무엇을 먹어야 하는가』, 한국스켑틱.

싱거, 프레드 외(2009), 『지구온난화에 속지 마라』, 김민정 옮김, 동아시아.

싱어, 피터(2003), 『세계화의 윤리』, 김희정 옮김, 아카넷.

애거시, 조셉(1990), 『현대문명의 위기와 기술철학』, 이군현 옮김, 민음사.

애커먼, 제니퍼(2001), 『유전, 운명과 우연의 자연사』, 진우기 옮김, 양문.

애트필드, 로빈(1997), 『환경윤리학의 제문제』, 구승회 옮김, 따님.

양종회 외(2002), 『아시아·태평양지역의 환경문제, 환경운동 및 환경정책』, 서울대학교출
      판부.

양해림 외(2006), 『과학기술시대의 공학윤리』, 철학과현실사.

에얼릭, 폴 외(2012), 『공감의 진화』, 고기탁 옮김, 에이도스.

에코포럼(2006), 『생태적 상호의존성과 인간의 욕망』, 동국대학교출판부.

엘루, 자크(1996), 『기술의 역사』, 박광덕 옮김, 한울.

엥달, 윌리엄(2009), 『파괴의 씨앗 GMO』, 김홍옥 옮김, 도서출판 길.

염운옥(2009), 『생명에도 계급이 있는가: 유전자 정치와 영국의 우생학』, 책세상.

오진곤(1993), 『과학과 사회』, 전파과학사.

올슨, 맨슈어(2003), 『집단행동의 논리』, 윤여덕 옮김, 한국학술정보.

왓슨, 제임스 외(2002), 『인간복제, 무엇이 문제인가』, 류지한·박찬구·조현아 옮김, 도서출
      판 울력.

요나스, 한스(1994), 『책임의 원칙』, 이진우 옮김, 서광사.

윌슨, 에드워드(1995), 『생명의 다양성』, 권기호 옮김, 까치.

_____ (2005), 『생명의 미래』, 전방욱 옮김, 사이언스북스.

_____ (2007), 『생명의 편지: 과학자가 종교인들에게 부치는 생명사랑의 편지』, 황현숙 옮
      김, 사이언스북스.

유네스코한국위원회(2001), 『과학연구윤리』, 당대.

유상렬 외(2009), 『식품미생물학』, 수학사.

이규성(2015), 『한국 현대철학사조』, 이화여대출판부.

이상욱 외 (2009), 『욕망하는 테크놀로지』, 동아시아.

_____ (2011), 『과학윤리 특강』, (주)사이언스북스.

이상하(2007), 『상황윤리』, 철학과현실사.

이영석(2009), 『영국, 제국의 초상』, 푸른역사.

이주행(2005), 『무위유학: 왕기의 양명학』, 소나무.

이중원 외(2004), 『인문학으로 과학읽기』, 실천문학사.

이진우(1998), 『녹색사유와 에코토피아』, 문예출판사.

자콥, 프랑수아(1994), 『생명의 논리, 유전의 역사』, 이정우 옮김, 민음사.

장일순(2003), 『무일당 장일순의 노자이야기』, 이현주 대담, 삼인.

장춘익(1999), 『생태철학: 과학과 실천 사이의 지적 상상력, 생태문제와 인문학적 상상력』,
       나남출판.

전호근(2015), 『한국철학사』, 메멘토.

전의찬 외(2012), 『기후변화 25인의 전문가가 답하다』, 지오북.

정병일(2013), 『과학기술과 지식재산』, 카오스북.

정병훈(1993), 「뉴턴과 버클리」, 『과학과 형이상학』, 자유사상사.

정인보(1972), 『양명학연론(외)』, 삼성문화재단.

정혜정(2012), 『동학의 심성론과 마음공부: 생명의 감응, 우주 마음의 활동』, 도서출판 모
       시는 사람들.

진달용(2011), 『문화제국주의의 해석』, 커뮤니케이션북스(주).

최병인(2009), 『생명과학 연구윤리』, 지코사이언스.

최윤섭(2014), 『헬스케어 이노베이션』, 클라우드나인.

최종덕(1993), 「물질의 끝과 마음의 끝」, 『인공지능연구센터/한국인지과학회 논문집』.

_____ (1995), 『부분의 합은 전체인가』, 소나무.

_____ (1999), 「신과학운동의 평가와 전망」, 『과학사상』 겨울호.

_____ (2000a), 「면역학적 자아」, 『과학철학』 3권 1호.

_____ (2000b), 『함께하는 환경철학』, 동연.

_____ (2003a), 『함께하는 환경철학』, 동연.

_____ (2003b), 「생명복제: 생명위기의 기폭제」, 『아웃사이더』 12호.

_____ (2003c), 『인문학: 어떻게 공부할 것인가』, 휴머니스트.

_____ (2003d), 『사이언티아: 과학에 불어넣는 철학적 상상력』, 당대.

_____ (2005a), 「과학의 희망, 희망의 과학」, 『교수신문』 2005. 8. 22.

_____ (2005b), 「인간의 영원한 이중성: 無爲의 진화론적 해석」, 『시대와 철학』 16권 2호.

_____ (2006a), 「면역학의 결핍, 애국심의 충만」, 『민주사회와 정책연구』 9호.

_____ (2006b), 「저분산도 사회시스템 구현을 위한 철학적 성찰」, 철학연구 99집.

_____ (2007), 『이분법을 넘어서』, 한길사.

_____ (2008), 「생명에는 권력이 없다」, 『실천문학』 92호/겨울호, 실천문학사.

_____ (2014), 『생물철학』, 생각의 힘.

_____ (2015), 「알아야 한다: 은폐와 광신에서 공공성 인식으로」, 김교빈 외, 『망각과 기억의 변증법』, 이파르.

최훈(2012), 『철학자의 식탁에서 고기가 사라진 이유』, 사월의책.

_____ (2015), 『동물을 위한 윤리학』, 사월의책.

카발리스포르차, 루이기 루카(2005), 『유전자, 사람 그리고 언어』, 이정호 옮김, 지호.

커슈너, 마크(2010), 『생명의 개연성』, 김한영 옮김, 해나무.

케슬러, 데이비드 A.(2010), 『과식의 종말』, 이순영 옮김, 문예출판사.

콜린스, 프랜시스(2012), 『생명의 언어』, 이정호 옮김, 해나무.

클라인맨, 대니얼 리 엮음(2012), 『과학, 기술, 민주주의』, 김명진 외 옮김, 갈무리.

키스, 리어(2013), 『채식의 배신』, 김희정 옮김, 부키.

특허청(2013), 『생명공학 특허출원 길라잡이』.

포스터, 존 벨라미(2001), 『환경과 경제의 작은 역사』, 김현구 옮김, 현실문화연구.

피쇼, 앙드레(2009), 『우생학: 유전학의 숨겨진 역사』, 이정희 옮김, 아침이슬.

하버마스, 위르겐(1993), 『이데올로기로서의 기술과 과학』, 하석영 옮김, 이성과현실사.

하이트, 조너선(2014), 『바른 마음』, 왕수민 옮김, 웅진.

하정옥(1997), 「페미니즘과 과학, 행복한 결합」, 『여성과사회』 8호, 창작과비평.

한국불교환경교육원(1996), 『동양사상과 환경문제』, 모색.

한면희(1997), 『환경윤리』, 철학과현실사.

한양대학교 과학철학교육위원회(2004), 『과학기술의 철학적 이해』, 한양대학교출판부.

한철연(2015), 『처음 읽는 한국현대철학』, 동녘.

험프리스, 존(2004), 『위험한 식탁, 이대로 먹을 것인가?』, 홍한별 옮김, 르네상스.

현대과학신서 42(1974), 『생명의 기원: 분자와 자연도태』, 소현수 옮김, 전파과학사.

호아글랜드, 말론 외(2001), 『생명의 파노라마』, 황현숙 옮김, 사이언스북스.

홍성태(2000), 『위험사회를 넘어서』, 새길출판사.

_____ (2002), 『현실 정보사회의 이해』, 문화과학사.

환경연구회(1994), 『환경논의의 쟁점들』, 나라사랑.

Hickman, Roberts, Keen, Larson, Eisenhour(2013), 『동물다양성 6판』, 김원 외 옮김, (주)라이프사이언스.

Ablondi, Fred(1998), "Automata, Living and Nonliving: Descartes' Mechanical Biology and His Criteria for Life," *Biology and Philosophy* vol. 13/no. 2.

Adorno, Theodor W.(1951), *Minima Moralia*.

BaronCohen, S.(1991), "Precursors to a Theory of Mind: Understanding Attention in Others," A. Whiten ed., *Natural Theories of Mind: Evolution, Development and Simulation of Everyday Mindreading*, Oxford: Basil Blackwell.

Bateson, Patrick. and P. Martin(1999), *Design for a Life: How Behavior and Personality Develop*, Jonathan Cape.

Bavelas, M., A. Black, C. R. Lemery, and J. Mullett(1996), "I Show You How You Feel," *Journal of Personality and Social Psychology* no. 50.

Bennett, Gary J.(1998), "The Role of Glutamate in Chronic Inflammatory Pain and Painful Peripheral Neuropathies," Speaker, NIH National Meeting, *The Glutamate Cascade: Common Pathways of Central Nervous System Disease States*, May 3~5.

Benson, J. ed.(2000), *Environmental Ethics*, New York: Routeledge.

Betraan, M. A. et al.(1992), "Nitrogen Metabolism in Obesity Induced by MonosodiumLGlutamate in Rats," *International Journal of Obesity and Related Metabolic Disorders* vol. 16/no. 8.

Bookchin, Murray(1982), *The Ecology of Freedom*, Palo Alto: Cheshire Books.

Botey, J. et al.(1988), "Monosodium Glutamate and Skin Pathology in Pediatric Allergology," *Allergology and Immunopathology* vol. 16/no. 6.

Callicott, J. Baird(1989), *In Defense of the Land Ethic: Essays in Environmental Philosophy*, Ithaca: SUNY Press.

Chartrand, T. L. and J. A. Bargh(1999), "The Chameleon Effect: The Perception-behavior Link and Social Interaction," *Journal of Personality and Social Psychology* no. 76.

Choi, D. W.(1994), "Glutamate Receptors and the Induction of Excitotoxic Neuronal Death," *Prog. Brain. Res.* no. 100.

Code, Lorraine(2006), *Ecological Thinking: The Politics of Epistemic Location*, Oxford Univ. Press.

Cook, John, Dana Nuccitelli, Sarah A. Green, Mark Richardson, Bärbel Winkler, Rob Painting, Robert Way, Peter Jacobs, and Andrew Skuce(2013), "Quantifying the Consensus on Anthropogenic Global Warming in the Scientific Literature," *Environmental Research Letters* vol. 8/no. 2.

Cooper, Gregory J.(2003), *The Science of the Struggle for Existence: On the Foundations of Ecology*, Cambridge Univ. Press.

Crick, F.(1995), *The Astonishing Hypothesis*, Touchstone.

Damasio, A.(1994), *Descartes' Error: Emotion, Reason, and the Human Brain*, New York: Putnam.

Danziger, N., K. M. Prkachin & J. C. Willer(2006), "Is Pain the Price of Empathy? The Perception of Others' Pain in Patients with Congenital Insensitivity to Pain," *Brain* no. 129.

Darwin, C.(1859), *On the Origin of Species by Means of Natural Selection, or the Preservation of Favoured Races in the Struggle for Life*, John Murray(6th edition published 1872).

Dawkins, Richard(1982), *The Extended Phenotype*, Oxford Univ. Press.

De Vignemont, F. and T. Singer(2006), "Empathic Brain: How, When and Why?," *Trends in Cognitive Sciences* no. 10.

Decety, J. and P. L. Jackson(2004), "The Functional Architecture of Human Empathy," *Behavioral and Cognitive Neuroscience Reviews* no. 3.

DeLaplante et al.(2011), *Philosophy of Ecology*, Elsevier.

270

Dennett, Daniel C.(1996), *Darwin's Dangerous Idea: Evolution and the Meanings of Life*, Touchstone.

Desjardins, J. R.(1993), *Environmental Ethics*, Wardsworth Publishing Company.

Devall & Sessions(1985), *Deep Ecology*, Salt Lake City: Peregrine Smith Books.

Dobbs, B.(1982), "Newton's Alchemy Band His Theory of Matter," *A Journal of the History of Science* no. 73.

Donnelley, S.(2002), "Natural Responsibilities," *The Hastings Center Report* no. 32.

Eigen, Manfred(1987), *Stufen zum Leben. Die frühe Evolution im Visier der Molekularbiologie*, Piper.

Eisenberg, N. and A. Fabes(1998), "Prosocial Development," W. Damon and N. Eisenberg eds., *Handbook of Child Psychology*, Wiley.

Ellul, J.(1954), *The Technological Society*, J. Wilkinson trans., New York: Alfred A. Knopf(1st French ed., Paris: A. Colin).

Ferry, L.(1992), *The New Ecological Order*, Chicago: Chicago Univ. Press(1st French ed., Paris: Grasset).

Fine, Gail(2004), "Knowledge and True Belief in the Meno," David Sedley, *Oxford Studies in Ancient Philosophy* vol. XXVII/Winter, Oxford Univ. Press.

Fischer, E. and K. Mainzer(1990), *Die Frage nach dem Leben*, München: Piper.

Fisher, R. S.(1991), "Glutamate and Epilepsy," *Frontiers of Clinical Neuroscience* no. 11.

Gallese, V., C. Keysers, and G. Rizzolatti(2004), "A Unifying View of the Basis of Social Cognition," *Trends in Cognitive Science* no. 8.

Gerrie, J. B.(2003), "Environmental Ethics: Should We Preserve the Red Herring and Flounder?," *Journal of Agricultural and Environmental Ethics* vol. 16/no. 1.

Goodin R.(1991), "A green Theory of Value," D. J. Mulvaney ed., *The Humanities and the Australian Environment*, Canberra: Australian Academy of the Humanities.

Goodstein, Eban(2014), *Economics and the Environment*(7ed.), University of Minnesota: Library of Congress.

Greenmayre, J. Timothy(1998), "Glutamatergic Mechanisms in the Cause and Treatment of Parkinson's Disease," Speaker, NIH National Meeting, *The Glutamate Cascade: Common Pathways of Central Nervous System Disease States* May 3~5.

Grey, William(1986), "A Critique of Deep Ecology," *Journal of Applied Philosophy* vol. 3/no. 2.

_____ (1993), "Anthropocentrism and Deep Ecology," *Australiasian Journal of Philosophy* vol. 71/no. 4.

Griffiths, Mark and Jill Kickul(2013), "The Tragedy of the Commons," *Social Responsibility* March/April.

Gunderson, Ryan(2014), "Habermas in Environmental Thought," *Sociological Inquiry* vol. 84/Issue 4.

Haidt, J.(2012), *The Righteous Mind: Why Good People Are Divided by Politics and Religion*, Vintage Books.

Haken, H. and A. Wunderlin(1990), *Die entstehung von Ordnung aus dem Chaos*, Piper.

Handgraaf, Michel J., Eric Van Dijk, Riël C. Vermunt, Henk A. Wilke, Carsten K. W. de Dreu(2008), "Less Power or Powerless? Egocentric Empathy Gaps and the Irony of Having Little Versus No Power in Social Decision Making," *Journal of Personality and Social Psychology* vol. 95/no. 5.

Hardin, Russell(2003), "The Free Rider Problem," *The Stanford Encyclopedia of Philosophy* May 21.

Hardy, Henry ed.(2002), Isaiah Berlin: Liberty, Oxford Univ. Press.

Hatfield, E., J. Cacioppo, and R. L. Rapson(1994), *Emotional Contagion*, Cambridge Univ. Press.

Hoffman, M. L.(2000), *Empathy and Moral Development*, Cambridge Univ. Press.

Iacoboni, M. and M. Dapretto(2006), "The Mirror Neuron System and the Consequences of Its Dysfunction," *Nature Reviews Neuroscience* no. 7.

Ito, T. A. and E. Willadsen-Jensen, and J. Correll(2007), "Social Neuroscience and Social Perception: New Perspectives on Categorization, Prejudice, and Stereotyping," E. HarmonJones and P. Winkielman eds., *Social Neuroscience, Integrating Biological and Psychological Explanations of Social Behavior,* The Guilford Press.

Katz, Eric(2000), *Beneath the Surface: Critical Essays in the Philosophy of Deep Ecology,* MIT Press.

Keith, Lierre(2009), *The Vegetarian Myth,* Flashpoint Press.

Kenneth, David and Paul B. Thompson(2008), *What Can Nanotechnology Learn from Biotechnology? Social and Ethical Lessons for Nanoscience from the Debate over Agrifood Biotechnology and GNOs,* Elsevier.

Koch, Bernhard A. ed.(2008), *Economic Loss Caused by Genetically Modified Organisms,* Springer.

Korkmaz, B.(2011), "Theory of Mind and Neurodevelopmental Disorders of Childhood," *Pediatr. Res.* no. 69.

Latour, B.(1991), *We Have Never Been Modern,* C. Porter trans., Cambridge/MA.: Harvard Univ. Press(1st French ed., Paris: La Découverte.

_____ (1999), *Politics of Nature: How to Bring the Sciences into Democracy,* C. Porter trans., Cambridge/MA.: Harvard Univ. Press(1st French ed., Paris: La Découverte.

Lazarus, R. S.(1991), *Emotion and Adaptation,* Oxford Univ. Press.

Lee, Maria(2008), *EU Regulation of GMOs,* Edward Elgar.

Leopold, Aldo(1966), *Thinking like a Mountain, in: A Sand County almanac,* Oxford Univ. Press(송명규 옮김, 『모래군의 열두 달』, 따님, 2000).

Martin, R.(2013), "Who Is the 'Devil's Advocate'?," *Weekend Edition Sunday. NPR* (Retrieved 9 February 2014).

Meltzoff, A. N. and J. Decety(2003), "What Imitation Tells Us about Social Cognition: A Rapprochement between Developmental Psychology and Cognitive Neuroscience," *Philosophical Transactions of the Royal Society, London, B,* no. 358.

Mies, Maria and Vandana Shiva(1993), *Ecofeminism,* London: Zed Books(손덕수·이난아 옮김, 『에코페미니즘 , 창작과비평사, 2000).

_____ (1995), *The Philosophy of Social Ecology*, Montral: Black Rose Books(문순홍 옮김, 『사회생태론의 철학』, 솔, 1997).

Morgan, Alastar(2007), *Adorno's Concept of Life*, Continuum International Publishing Group.

Murphy, T. H. et al.(1989), "Glutamate Toxicity in a Neuronal Cell Line Involves Inhibi-tion of Cystine Transport Leading to Oxidative Stress," *Neuron* vol. 2/no. 6.

Naess, Arne(1973), "The Shallow and the Deep, Long range Ecology Movements: A Summary," *Inquiry* no. 16.

_____ (1989), *Ecology, Community and Lifestyle: Outline of an Ecosophy*, Cambridge Univ. Press.

_____ (2000), "Identification, Oneness, Wholeness and Selfrealization," J. Benson ed., *Environmental Ethics*.

Newton, I.(1962), *Mathematical Principles of Natural Philosophy*, A. Motte trans., F. Cajori rev., Berkeley: Univ. of California Press.

Nuccitelli, Dana(2015), *Climatology versus Pseudoscience: Exposing the Failed Prediction of Global Warming Skeptics*, Praeger.

Orwell, G.(1944), *Review of The Road to Serfdom*.

Pfeifer, J. H. and M. Dapretto(2009), "Mirror, Mirror, in My Mind: Empathy, Interpersonal Competence, and the Mirror Neuron System," Jean Decety and William Ickes eds., *The Social Neuroscience of Empathy*, The MIT Press.

Phillips, David(2006), *Quality of Life: Concept, Policy and Practice*, Routledge.

PineyroNelson A. et al.(2009), "Transgenes in Mexican Maize: Molecular Evidence and Methodological Considerations for GMO Detection in Landrace Populations," *Molecular Ecology* vol. 18/no. 4.

Plumwood, Val(1991), *Ethics and Instrumentalism: A Response to Janna Thompson*.

Popper, Karl(1963a), *Conjectures and Reputations*, RKP.

_____ (1963b), "The Demarcation between Science and Metaphysics," *Schilpp*.

Premack, D. G., G. Woodruff(1978), "Does the Chimpanzee Have a Theory of Mind?," *Behavioral and Brain Sciences* vol. 1/no. 4.

Rizzolatti, G. and L. Craighero(2004), "The Mirror Neuron System," *Annual Review of Neuroscience* vol. 27/no. 1.

Rodman, John(1978), "Theory and Practice in the Environment Movement: Notes towards an Ecology of Experience," *The Search for Values in a Changing World: Proceedings of the 6th International Conference on the Unity of the Sciences*, San Francisco: The International Cultural Foundation.

Rolston Ⅲ, Holmes(1986), *Philosophy Gone Wild: Essays in Environmental Ethics*, New York: Buffalo.

Sagi, A. and M. L. Hoffman(1976), "Empathic Distress in the Newborn," *Developmental Psychology* no. 12.

Serres, M.(1990), *The Natural Contract*, E. McArthur and W. Paulson trans., Ann Arbor: Univ. of Michigan Press(1st French ed., Paris: François Bourin).

Shermer Michael(2015), "Why Climate Skeptics Are Wrong," *American Scientific.*

Taylor, Paul(1986), *Respect for Nature: A Theory of Environmental Ethics*, Princeton: Princeton Univ. Press.

Thongprakaisang, S., A. Thiantanawat, N. Rangkadilok, T. Suriyo, J. Satayavivad(2013), "Glyphosate Induces Human Breast Cancer Cells Growth via Estrogen Receptors," *J. Food Chem Toxicol.*

Walsh, Bryan(2009), "Why the Stamford Chimp Attacked," *TIME*(Retrieved 2009. 6. 6)

White, L. T. Jr.(1967), "The Historical Roots of Our Ecologic Crisis," *Science* vol. 155/no. 3767.

Williams, George C.(1992), *Natural Selection*, Oxford Univ. Press.

Wilson, Edward O.(1975), *Sociobiology: The New Synthesis*, Harvard Univ. Press.

Wundt, W.(1907), *Outlines of Psychology*, Wilhelm Engelmann.

Zel, Jana, Mojca Milavec, Day Morisset, Damien Plan, Guy Van den Eede, and Krisstina Gruden(2012), *How to Reliably Test for GMOs*, Springer.

Zimmerman et al.(1993), *Environmental Philosophy*, Englewood Cliffs.

Zukin, Stephen R.(1998), "Schizophrenia: A Glutamatergic Perspective," Speaker, NIDA Meeting, *The Glutamate Cascade. National Institute on Drug Abuse, National Institutes of Health.*